POLITESSE
OBLIGE

PRINCESSE HERMINE
DE CLERMONT-TONNERRE

POLITESSE
OBLIGE

LE SAVOIR-VIVRE
AUJOURD'HUI

l'Archipel

Un livre présenté par Jacqueline Raoul-Duval

Si vous désirez recevoir notre catalogue et être tenu au courant de nos publications, envoyez vos nom et adresse, en citant ce livre, aux Éditions de l'Archipel,
13, rue Chapon, 75003 Paris.
Et, pour le Canada, à
Édipresse Inc., 945, avenue Beaumont, Montréal, Québec H3N 1W3.

ISBN 2-909241-96-3

Copyright © L'Archipel, 1996.

*A ma bonne-maman,
à mes parents,
pour ce qu'ils m'ont appris
et donné.*

Introduction

> *Il faut être poli avec la vie si vous voulez qu'elle le soit avec vous.*
>
> Françoise Sagan

Ma famille est l'une des plus anciennes de France et même d'Europe : elle a ses origines dans le Saint Empire romain germanique.

Aynard, le premier de mes ancêtres, vécut en Dauphiné vers 1070. Son fils, Sibaud Ier, qui avait épousé la petite-fille d'Henri II, empereur d'Occident, participa à la Première Croisade en 1096. Son petit-fils, Sibaud II, prit la tête d'une expédition qui rétablit le pape Calixte II à Rome. En signe de reconnaissance, celui-ci attribua, par faveur exceptionnelle, à Sibaud et à ses descendants, en 1120, les armoiries et la devise de Saint-Pierre surmontées de la tiare papale. Au XIXe siècle, le pape Léon XII accorda aux Clermont le titre héréditaire de Princes romains. Leurs descendants héritèrent des charges importantes et héréditaires de connétable et de grand-maître du Dauphiné, jusqu'à la Révolution.

Le comté de Tonnerre entra dans la famille par héritage de la comtesse Anne de Husson qui avait épousé Bernadin de Clermont à la fin du XVe siècle. Le titre de duc et pair héréditaire fut donné par lettres patentes du roi Charles IX en 1572 à Henri de Clermont-Tonnerre, qui fut tué au combat l'année suivante, avant l'enregistrement au Parlement. Louis XVI rendit ce titre au maréchal de Clermont-Tonnerre par lettres patentes enregistrées en 1775.

En 1789, Stanislas de Clermont-Tonnerre, petit-fils du maréchal et filleul du roi de Pologne, fut l'un des premiers députés de la noblesse à l'Assemblée constituante, qu'il présida deux fois. Il fonda le parti des « Monarchiens » d'inspiration anglaise.

Ma famille donna également à la France de nombreux hommes d'Église, parmi lesquels saint Amédée, prince-évêque de Lausanne et chancelier de l'empereur Frédéric Barberousse, vers 1160. François, pair-évêque de Noyon au XVIIe siècle ; et au XIXe siècle, Jules, cardinal archevêque de Toulouse.

Elle fournit aussi maints hommes de guerre dont un maréchal de France assurant la charge de connétable au sacre de Louis XVI, un ministre de la Marine, puis de la Guerre sous la Restauration. Ce dernier prépara en particulier la conquête de l'Algérie.

Les Belles-Lettres ne furent pas non plus négligées, puisque François de Clermont-Tonnerre, évêque de Noyons, fut reçu à l'Académie. Claude-Catherine de Clermont, duchesse de Retz, appelée la « Quatrième Grâce » à la cour de Valois, fut choisie pour sa beauté et sa culture afin d'accueillir la délégation de Pologne venue offrir le trône à Henri III, qu'elle harangua en latin. Enfin, plus récemment, l'épouse de Philibert de Clermont-Tonnerre, Élisabeth de Grammont, publia des chroniques de la Belle Époque.

Si ma famille a plus de mille ans d'âge, elle a su s'adapter, de génération en génération, aux usages et à l'évolution des mœurs. Peut-être y a-t-elle même un peu contribué...

En ce XXe siècle qui s'achève, nous avons à peu près tout oublié des bonnes manières de l'Ancien Régime. C'est fort heureux. A Versailles, on ne marchait pas, on glissait ; on ne frappait pas aux portes, on y grattait, à tel point que les domestiques gardaient l'ongle de l'index plus long que les autres. En revanche, on crachait volontiers par terre et le premier venu pouvait, à quatre mètres du roi, assister au déjeuner du souverain, pourvu qu'il portât l'épée au côté. On pouvait d'ailleurs louer une de ces épées à la grille du palais où les Suisses et les gardes étaient en faction. De quoi faire pâlir les agents de sécurité de l'Élysée !

INTRODUCTION

Lorsque à la Restauration les émigrés rentrèrent, qui de Londres, qui de Saint-Pétersbourg, et reprirent leurs anciennes habitudes, les Français, transformés par vingt-cinq ans de Révolution et d'Empire, crurent rêver : les vieux gentilshommes qui n'avaient « rien appris et rien oublié », le chapeau sous le bras gauche, se saluaient d'une inclination profonde suivie de trois petits pas glissés, puis d'une autre inclination, trois autres petits pas, troisième inclination... Cette politesse surannée faisait beaucoup rire !

Les mœurs changent donc et le savoir-vivre s'adapte. La politesse, elle, demeure. Intangible, comme la morale.

Les convenances ne sont nullement ce qu'il est « convenu » de faire, mais bien ce qu'il convient de faire. Les bonnes manières ont comme unique fondement le souci de ne pas gêner autrui, d'éviter tout incident, de se sentir à l'aise partout et, bien souvent, de venir en aide à son prochain dans l'embarras.

Quant à moi, je m'en tiens à ce que l'on m'a appris, sans en faire une religion. L'art de vivre consiste à s'adapter avec finesse à tous les milieux sans jamais paraître rustre ni prétentieux.

Certains des miens me reprochent parfois ce qu'ils nomment mes « extravagances », mais ils conviennent que, les années passant, ma conception des bonnes manières ressemble à la leur. Du reste, ma mère et ma grand-mère, tout bien considéré, n'ont pas tout à fait la même approche du savoir-vivre.

« On doit se conduire, affirme ma grand-mère, exactement de la même façon avec un duc et un maréchal-ferrant. La politesse est un absolu, elle ne se détaille pas.

— Mais, rétorque ma mère, un élément affectif peut entrer en ligne de compte.

— Je ne vois pas pourquoi ! Les bonnes manières l'emportent sur toute autre considération. La politesse est la première vertu et l'origine peut-être de toutes les autres. Elle précède le jugement et le fonde. On interdit à l'enfant de dire des gros mots, de voler, de parler la bouche pleine, de manquer de respect à ses aînés. Toutes ces règles se présentent pour lui identiquement. La politesse est donc antérieure à la morale, ou plutôt la morale n'est d'abord que politesse. N'est-ce pas Kant qui écrivit : " L'homme ne peut devenir homme que par l'éducation. Il n'est que ce que l'éducation fait de lui "? Les bonnes manières précèdent les bonnes actions et y mènent. La morale est comme une politesse de l'âme, un savoir-vivre, une étiquette de la vie intérieure, un code de nos devoirs, un cérémonial de l'essentiel. La politesse est, inversement, une éthique du comportement, un code de la vie sociale. Quel enfant deviendrait vertueux, sans cette agréable apparence et sans cette belle amabilité ? Apprendre à un enfant à dire : "S'il vous plaît" ou "Merci, maman", c'est lui apprendre à être reconnaissant. Le respect s'apprend dans ce dressage. Je ne sais rien de pire qu'un enfant mal élevé. »

Et ma chère grand-mère de se tourner vers moi avec un clin d'œil complice : « Je me demande, ma chère Hermine, si ta mère t'a suffisamment dressée ! »

Je n'ai jamais été une petite fille modèle. De mille ans de traditions, il me reste quelques bribes, d'innombrables sermons, d'interminables leçons de savoir-vivre, des réprimandes et de bien rares félicitations.

Mon père, le duc de Clermont-Tonnerre, ancien officier de Chasseurs alpins, parachutiste dans la Légion étrangère, et dont on devine le sens de la discipline, s'amusait de mes frasques. Il était bien le seul ! Ma mère était ferme, voire sévère. Cavalière émérite, elle avait souvent la cravache à portée de main. J'en garde quelques souvenirs cuisants. Il y a quelques années à peine, je lui ai demandé :

« Maman, pourquoi utilisiez-vous si facilement la cravache ?

– Comme tous les pianistes, je dois protéger mes mains, me fut-il répondu avec un sourire espiègle. Elles sont si fragiles ! »

Ma mère, tenue d'accompagner mon père de régiments en garnisons, m'avait confiée aux excellentes sœurs de la Sainte-Croix de Jérusalem dans leur « Maison française », nichée dans la forêt de Compiègne. Je les taquinais tant qu'elles finirent par me renvoyer au prétexte que j'avais « détourné » le car scolaire. Oh ! rassurez-vous, ni sur Damas ni sur Téhéran.

INTRODUCTION

Nous passions les épreuves du baccalauréat et j'avais réussi à convaincre le chauffeur qu'il était inutile de nous ramener déjeuner au collège, puisque nous ne disposions que d'une petite demi-heure. Le café du coin me semblait parfaitement convenir !

J'évolue depuis des années dans des milieux très différents. Passionnée de moto, je côtoie des jeunes de mon âge que j'apprécie beaucoup et qui ne ressemblent en rien à des aristocrates.

Je jette sur la politesse un regard « personnel », ni plus ni moins moderne que celui de mes parents ou de la génération précédente. Un peu différent, sans doute, mais cependant respectueux des principes essentiels.

Les règles que j'énonce sont faciles à suivre ou à consulter. Elles vous éviteront bien des désagréments dans la vie et notamment celui d'être classé parmi les brutes et les snobs, avec ou sans quartiers de noblesse.

1

SAVOIR VIVRE AU QUOTIDIEN

SAVOIR S'HABILLER AU FÉMININ

Si la mode masculine a toujours obéi à des règles strictes, le vêtement féminin est plus libre : il change, évolue selon les saisons, la mode et les époques. Depuis la guimpe montant jusqu'au cou, agrémentée d'une fraise de dentelle, des élégantes de la Renaissance jusqu'à la minijupe en Skaï, la mode féminine est passée par d'innombrables variations.

Courte histoire de la mode

Au XVIIIe siècle, les femmes osaient d'invraisemblables décolletés, même en plein hiver. Sous la Révolution, Mlle Lange, actrice célèbre, et son amie Joséphine de Beauharnais provoquèrent un scandale en remontant à pied les Champs-Élysées vêtues de « robes à la grecque », sorte de tuniques de linon transparent qui ne dissimulaient pas grand-chose de leur anatomie.

Tout change au début du XIXe siècle : l'émancipation du corps féminin prend fin. Avec la Restauration reviennent les corsets baleinés, serrés de lacets, qui font « une taille de guêpe » mais causent, en empêchant de respirer librement, une maladie aujourd'hui disparue : la chlorose. La jeune fille pâle et chlorotique fait partie de l'imagerie romantique au même titre que le poète tuberculeux.

Sous le Second Empire, les robes deviennent de véritables cloches, très élégantes mais fort peu pratiques, étayées de cerceaux de métal, les crinolines.

Dès 1881, les Anglais réagissent : le couturier Redfern s'inspire du costume masculin et invente le « tailleur ». A l'époque, il se compose d'une jaquette et d'un corsage, avec ou sans cravate, et d'une longue jupe droite. Très vite, cette tenue fait fureur à Paris. C'est aussi la première fois qu'un homme se mêle d'élégance féminine.

Dès 1906, Paul Poiret, l'un des prodiges de la haute couture, entreprend de libérer enfin la femme de la dictature du corset. La silhouette, échappée de son carcan, s'orne de couleurs somptueuses et de turbans.

1913 : le premier « défilé de mode » ! Il est dû à Jeanne Paquin, restée célèbre grâce à une chanson de Marie-Paule Belle : « Je suis biaiseuse chez Paquin... »

Vient la Grande Guerre. Les préoccupations de l'Europe sont alors bien loin de la mode. D'ailleurs, le tissu est fort rare ; on taille ses vêtements dans de vieux rideaux ou, comme cela s'est vu, dans la toile des parachutes.

Juste après guerre, en 1919, une certaine Coco Chanel s'installe rue Cambon. Elle ne jure que par le jersey, alors que son concurrent de l'époque, Jean Patou, défend les motifs géométriques très colorés. Matière contre couleur...

En 1925, la mode « garçonne » bat son plein ; la taille descend, les cheveux sont coupés court et les robes s'arrêtent au genou. Cette révolution de la mode féminine va gagner le monde entier.

Inutile de poursuivre cet historique dans le détail. Il faut cependant noter que les femmes créatrices de mode sont devenues de plus en plus rares et que les hommes ont pris leur place. Est-ce un bien ? Est-ce un mal ? Torrente, l'une des dernières femmes à compter parmi les grands couturiers, explique qu'un homme « met en scène » la femme tandis qu'une femme l'« habille ». Les hommes seraient plus doués pour le spectaculaire que les femmes. Exit donc la petite couturière de quartier...

Mode et élégance

Aujourd'hui, la mode féminine a définitivement perdu cette rigidité qu'elle conserve pour les hommes. Une femme peut tout oser, tout porter... ou presque.

Les audaces de la haute couture doivent être réservées à des occasions particulières. Les défilés de mode parisiens sont des événements retransmis par toutes les télévisions de la planète. Mais qui oserait sortir dans la rue affublé en astronaute ou à moitié nu dans une tunique de gaze ? Même une femme audacieuse se doit d'éviter la vulgarité et les fautes de goût.

Invitée à une soirée à l'ambassade des États-Unis, si je m'y présente en « santiag » et débardeur fluo, je serai sans doute la plus gênée de tous. Autant par les regards désapprobateurs qui ne vont pas manquer de se tourner vers moi que par mon « look », déplacé dans un tel lieu. Il existe en effet des règles vestimentaires correspondant à chaque situation et à chaque moment de la journée.

Suivre la mode, est-ce être élégante ? Oui et non. Si je m'habillais comme ma mère – qui est fort chic, je n'hésite pas à le dire –, j'aurais immédiatement l'air d'un « bas-bleu ». En revanche, si ma mère s'habillait comme j'aime le faire dans les soirées branchées, elle laisserait sans aucun doute les autres invités perplexes. Une robe se juge sur celle qui la porte : seyant merveilleusement à une femme de quarante ans, elle peut être grotesque sur une jeune fille de seize ans. Et vice versa.

Suivre aveuglément la mode conduit infailliblement au ridicule. Comme l'a écrit Rivarol dans ses *Maximes et Pensées* : « On n'imagine pas combien il faut d'esprit pour n'être pas ridicule. »

Les vêtements

Le tailleur

Indémodable comme l'est le complet masculin, il constitue la base de la garde-robe féminine. On vous pardonnera volontiers de le porter plusieurs fois de suite – nos armoires ne sont pas si grandes ! Mais il en faut au moins trois : un tailleur sport pour le matin ; un autre, plus classique, dans des tons sages, en tweed, en lainage, en jersey, ou même en velours, pour le déjeuner; le soir, un tailleur noir fait toujours beaucoup d'effet, de même que le bleu marine ou le bordeaux. Les variations viendront du chemisier qui l'accompagne.

Le chemisier

La soie imprimée, le cachemire et la popeline sont parfaits dans la journée. Attention cependant à ne pas mélanger les styles: on ne porte pas un chemisier de soie imprimée avec un tailleur à fleurs! Pour le soir, on préférera le crêpe de soie, la mousseline ou encore le damas et le brocart.

Le pantalon

Une femme est-elle faite pour porter un pantalon? A vrai dire, l'anatomie féminine ne s'y prête pas vraiment, à moins d'afficher la silhouette longiligne et presque masculine des mannequins des années 80. Quant au blue-jean, pantalon devenu universel et unisexe, il est incontournable et très commode, mais il ne va pas non plus à tout le monde. Mieux vaut le réserver aux travaux de bricolage ou, à la rigueur, aux promenades en forêt.

Le manteau

Un seul manteau ne suffit pas. Il en faut au moins trois. Un manteau «sport» pour la vie de tous les jours, ceinturé ou non, et de la couleur que l'on voudra. L'un de ceux que j'ai le plus admiré, porté par une femme célèbre dans le monde de l'édition, était bleu, d'un bleu électrique qui n'aurait pas convenu à tout le monde, mais si admirablement coupé qu'on aurait dit qu'elle allait s'envoler à chaque pas...

Une femme élégante disposera également d'un manteau habillé pour le soir, d'un noir flamboyant ou d'un rouge profond, comme elle voudra, pourvu qu'il ne jure pas avec le reste de sa toilette. Il peut s'agir d'une pelisse, c'est-à-dire d'un manteau doublé de fourrure à l'intérieur, car le célèbre «manteau de vison» n'a guère résisté aux campagnes hostiles des défenseurs des animaux.

Un manteau de pluie imperméable, style Burberry's, est également indispensable. Mieux vaut laisser les cirés jaunes aux pêcheurs bretons.

Les chaussures

Si flatteuses soient-elles à l'œil, les chaussures féminines doivent d'abord être adaptées au pied et à la silhouette. Un talon trop haut entraînera une démarche hésitante, incompatible avec l'élégance. Les souliers plats, le soir, ne sont guère plus flatteurs. Il est vrai que certaines femmes très grandes hésitent devant les talons hauts de peur de dominer la plupart des hommes...

Quoi qu'il en soit, les chaussures doivent toujours être impeccables, sans un accroc au talon, une tache de boue, ni la moindre éraflure.

Il existe des chaussures pour la marche et d'autres que l'on porte dans les salons. Vos gracieuses chaussures de daim ne sont pas faites pour marcher dans la rosée ni sur la plage. Quant à vos bottes de chasse, elles ne conviendront pas sur un parquet en point de Hongrie.

Le bottier Lobb eut jadis à ce propos une réflexion merveilleuse en affrontant une cliente mécontente : cette dernière lui avait fait exécuter une paire d'escarpins de grand prix. Hélas ! ils ne durèrent qu'une soirée. M. Lobb considéra les merveilles, désormais informes et déclara : « Je vois... Madame aura marché avec. »

Les mocassins accompagneront une tenue sport mais en aucun cas une toilette du soir. Les chaussures du soir peuvent s'agrémenter de perles, de paillettes... ce qui serait ridicule dans la journée.

Faut-il assortir les chaussures au sac ? Oui, si l'on ne quitte ni son sac ni son manteau. Sinon, il est préférable qu'elles rappellent les tons de la robe ou du tailleur.

En été, une plus grande fantaisie est autorisée par le biais des nombreuses formes de sandales ou de ballerines que les modélistes ne cessent de créer.

Le sac

S'il n'est pas nécessairement assorti aux chaussures, le sac ne doit pas non plus jurer avec elles. Cela tient à la matière dont il est fait. Un sac en crocodile – rappelons que le crocodile ne se cire pas, il se graisse – même très beau, ne « supporte pas » des chaussures de daim. En revanche, des chaussures de chevreau noir s'accommoderont d'un sac d'une couleur différente, pourvu qu'il soit lui aussi en chevreau. C'est la raison pour laquelle il convient d'éviter la peau d'autruche, le zèbre, le plastique...

Les gants

On ne porte plus beaucoup de gants et c'est bien regrettable car ils donnent une touche décisive à l'élégance d'une femme. Il est vrai que, de nos jours, les longs gants du soir en satin montant plus haut que le coude feraient un peu « vamp », ou tout au moins franchement « rétro ». Sauf, peut-être, dans de très grandes soirées. On ne porte plus guère que des gants d'hiver, en chevreau ou en daim, souvent doublés de cachemire, ou des gants de conduite en pécari sur la paume, en filet sur le dessus. Dans tous les cas, ils doivent être de la même couleur que les chaussures.

Le maquillage

Je n'aime pas ce mot. On « maquille » une voiture volée. Quant à moi, je préfère penser qu'une jolie femme se farde.

Très violent aux XVIIe et XVIIIe siècles – de larges plaques de carmin ornaient un visage passé à la céruse, un oxyde de plomb particulièrement néfaste pour la peau –, le fard fut pratiquement délaissé au XIXe siècle : la pruderie victorienne régnait alors sur l'Europe entière. Le XXe siècle, en revanche, aura été celui des cosmétiques.

Aujourd'hui, il n'est plus question de laisser voir que l'on est fardée : il faut au contraire imiter si parfaitement la nature que l'on croie à un éclat naturel. Très discret le matin, le fard sera beaucoup plus soutenu le soir. C'est à cet instant que les lèvres rougissent ou que l'œil s'ombre. Il faut choisir : les yeux ou la bouche ! Car, si la peau doit toujours être parfaitement maquillée, une femme ne doit jamais farder tout à la fois ses lèvres et ses yeux. Choisissez donc lequel de ces deux « ornements » vous voulez mettre en valeur. Apprenez également à vous farder chaque fois de manière différente ; vous apparaîtrez dès lors comme un personnage nouveau, donc plus mystérieux.

Autre chose : on ne se farde pas pour un dîner entre amis comme pour une soirée à l'Opéra, et les « yeux de danseuse » qui furent à la mode voilà un certain temps marquent l'âge des dames qui les affichent encore.

Un dernier conseil : si vous portez une robe décolletée, n'oubliez pas de vous farder également le cou et les épaules, tout au moins ce que vous en montrez, sinon vous risquez fort de ressembler à ces femmes au visage parfait surmontant un décolleté qui accuse leur âge. On dirait qu'elles portent un masque.

Le parfum

Complément indispensable de la toilette féminine, le parfum doit être choisi avec soin. Le matin, préférez l'eau de toilette, plus discrète. Réservez le parfum pour le soir. C'est lui qui fera de vous la femme attirante qui fait se retourner les hommes sur son passage. Le parfum s'ancre dans la mémoire comme le plus évocateur des souvenirs. Il est des parfums qu'on n'oublie jamais. Mais attention, ne confondez pas votre vaporisateur et une pompe à incendie ! Un soupçon derrière les oreilles, sur les poignets, au creux de la poitrine... Éventuellement sur l'ourlet de la robe, comme le préconisent certaines élégantes. N'en mettez surtout pas sur vos perles, que cela abîme, ni sur votre manteau de fourrure : l'odeur sera très tenace. Ne vous parfumez pas à la plage : la réaction du parfum au soleil risque de laisser sur votre peau des taches qui mettront longtemps à disparaître.

Comment choisir un parfum ? Une femme blonde ne portera pas le même parfum qu'une brune capiteuse. Trouver «son» parfum est un art. Il vous faudra sans doute de nombreux essais chez le parfumeur avant de découvrir le vôtre. Vous en laisserez agir une goutte sur votre poignet afin de voir comment il réagit à votre peau. Cela dit, si vous avez le coup de foudre, n'hésitez pas ! C'est qu'il est fait pour vous. La mystérieuse alchimie a fonctionné : le parfum et vous-même vibrez aux mêmes accords.

Pour la nuit

On a beau aimer les fêtes et les soirées prolongées, il arrive un moment où il faut aller se coucher. Comment rester élégante jusque dans son lit ? Lors d'une interview, un journaliste demanda à Marilyn Monroe ce qu'elle portait pour dormir. «Chanel n° 5», répondit-elle ! Pour ma part, je préfère un long T-shirt. Mais j'ai gardé des années passées à la Maison française une certaine crainte du froid et, l'hiver, je n'hésite pas à garder un caleçon. Il est vrai que dans l'Oise les hivers sont presque polaires. En pension nous dormions, Stéphanie de Monaco et moi, emmitouflées dans d'épais pyjamas, un chandail et des chaussettes de ski aux pieds... Nous portions même des gants !

Si vous partagez votre couette avec quelqu'un, vous revêtirez une jolie nuisette de soie, de satin ou de coton. De grâce, n'infligez pas à votre partenaire le spectacle du masque au concombre et des bigoudis ! Évitez également les robes de chambre ornées de plumes de cygne rose bonbon, mauves ou trop brodées. Mieux vaut s'abstenir de tout ce qui rappelle les excès hollywoodiens !

Quelques conseils

Il est certains détails impardonnables qui font fuir jusqu'au plus fidèle des chevaliers servants.

- Les bagues à chaque doigt par exemple : êtes-vous donc menacée physiquement pour vous équiper ainsi d'un coup-de-poing américain ?
- Relever sa jupe ou son manteau avant de s'asseoir est de mauvais goût. Une femme doit savoir s'asseoir sans faire de faux plis à ses vêtements.
- Sauf si vous êtes une post-soixante-huitarde attardée, évitez de vous parfumer au patchouli !
- Les bas résille sont à proscrire.
- Fumez tant que vous voudrez, mais pas dans la rue !
- Évitez de porter des barrettes fluorescentes dans les cheveux, sauf si vous êtes encore à l'école.
- N'oubliez pas que les boucles d'oreilles tuent le collier et que des talons hauts s'accommodent mal d'un pantalon collant. A ce propos, un pantalon, tout comme une robe, ne doit jamais être si moulant que l'on devine les coutures de vos sous-vêtements.
- Si vous avez plus de quarante ans, assumez votre âge : ne vous habillez plus en petite fille !
- Réservez les décolletés trop importants pour la ou les grandes occasions.
- Soyez aussi naturelle que possible : évitez les faux-ongles trop longs, les faux-cils, etc.
- Ne soyez jamais décoiffée, évitez la coupe « tête de loup ».
- Évitez les jupes trop courtes si vous êtes un peu « ronde », de même que les pantalons trop serrés : ce n'est pas du tout sexy.
- Si vous avez la cinquantaine, réservez la paire de baskets à votre footing dominical.

SAVOIR S'HABILLER AU MASCULIN

Tous les hommes devraient se souvenir de ce conseil de lord Chesterfield dans ses *Lettres à mon fils* : « Vous faites affront à toutes les femmes que vous rencontrez en négligeant de vous bien mettre, écrivait-il. Cela suppose que vous ne les croyez pas dignes de cette attention que personne ne leur refuse. La toilette leur tient au cœur et vous ne leur plairez jamais si vous négligez la vôtre. »

Le costume

Il se compose d'un pantalon et d'une veste le plus souvent taillés dans le même tissu. En dépit de quelques variantes dues à la mode, deux modèles doivent être distingués : la veste droite et la veste croisée. La première ne comporte qu'une seule rangée de boutons. Deux ou trois. C'est affaire de goût. Sachez cependant qu'une veste à deux boutons allonge et flatte la silhouette. La veste droite à trois boutons, qui nous vient d'Angleterre, est réservée aux messieurs élancés. La veste droite peut également comporter des poches à rabat. Ce n'est pas une règle absolue. La poche ticket, en haut à gauche, n'est pas obligatoire non plus. Elle tient en fait son origine des costumes de tweed et confère une touche « décontractée ».

Les manches doivent s'arrêter de façon à laisser dépasser un centimètre au moins du poignet de chemise. A cela, une raison historique : à une époque où le chic voulait qu'un homme du monde ne travaille pas de ses mains, la preuve était ainsi apportée, à toute heure du jour, que la profession exercée par cet homme n'était pas manuelle puisqu'il conservait ses manchettes propres. Il y eut d'ailleurs, jusqu'à une époque récente, des chemises à col, voire à manchettes amovibles, qui « rafraîchissaient » une chemise et que l'on fixait par les fameux « boutons Tibi » – toujours perdus, parfois retrouvés. Si les faux cols faisaient partie de la garde-robe de l'homme élégant, les manchettes de Celluloïd, elles, étaient réservées aux petits employés. L'invention de la machine à laver a éliminé ces pratiques.

Pourquoi les vestes possèdent-elles une boutonnière sur le revers gauche alors qu'il n'y a pas de bouton en dessous ? Pour y fixer des rubans de décoration, affirment les uns ; pour y glisser une fleur, prétendent les autres. Le comble du raffinement veut qu'une bride légère et invisible destinée à maintenir la tige de la fleur soit présente sous la boutonnière. Cet accessoire ne se trouve que sur les costumes faits sur mesure par les meilleures maisons. A ce propos, l'œillet à la boutonnière est une habitude anglaise, tandis que la branchette d'orchidée est une coutume américaine. En France, on arbore plutôt le gardénia... si difficile à trouver hors saison.

Quant à la seconde boutonnière, sur le revers droit, elle ne doit sa présence qu'à un souci de symétrie.

Les boutons au bas des manches sont au nombre de trois ou quatre. Un bon tailleur leur adjoindra de vraies boutonnières. On peut s'interroger sur l'origine de ces accessoires, parfaitement inutiles au demeurant, mais devenus classiques. Il semble que la reine Victoria, ayant un jour remarqué que ses soldats avaient en hiver la désastreuse habitude de s'essuyer le nez sur leur manche, exigea que l'on y cousît des boutons, ce qui força les troupes à utiliser des mouchoirs pour ne pas s'égratigner ! L'habitude est restée, à cette nuance près que les boutons sont maintenant placés en dessous des manches et non au-dessus. Il convient de noter qu'ils doivent être en os et cousus en croix, ce qu'aucune machine ne peut réaliser...

Dernier détail : une veste droite à deux boutons se ferme par le bouton du haut. Une veste à trois boutons, quant à elle, se fermera par les deux boutons supérieurs. On ne boutonne jamais celui du bas ! La veste droite peut également être portée ouverte, comme les habits du XVIIIe siècle.

En revanche, la veste dite croisée ne peut en aucun cas être portée déboutonnée. Les vestes croisées de style italien possèdent six boutons avec un seul boutonnage extérieur. Les « croisés » anglais, eux, comportent deux boutonnages externes. Ces derniers présentent un léger avantage : la veste est un peu plus longue, plus près du corps et possède des épaules moins larges que les vestes italiennes. Autre différence, la veste croisée anglaise affiche deux fentes dorsales tandis que la veste italienne n'en a pas. Quant à la fente unique dans le dos, elle est passée de mode.

Sans entrer dans le détail des innombrables types de tissus, sachez que vous n'avez droit qu'à deux couleurs : le gris plus ou moins sombre et le bleu marine. Le noir est réservé aux vêtements de cérémonie. En revanche, vous avez parfaitement le droit de porter une veste marron, brune, ou couleur châtaigne, mais avec un pantalon d'une autre teinte ; et inversement. De même, vous pouvez porter un blazer, sorte de veston croisé bleu marine, à l'origine tenue de yachtman, que l'on revêt avec un pantalon gris... ou éventuellement blanc, si vous vous trouvez réellement sur un bateau. A terre, cela ne fait pas très sérieux.

Il est vrai que si tout cela vaut pour la France et les pays anglo-saxons, il n'est pas rare, en Italie par exemple, d'admirer d'étonnants complets vert tilleul ou mauves à l'harmonie savante se déclinant entre le costume, la chemise, la cravate, la pochette et les chaussures. C'est un enchantement pour l'œil !

Le complet veston

Lord Chesterfield serait surpris de constater que le complet veston, qu'il fustigeait alors sous le nom de « costume de voyou » – en fait celui des hobereaux de la campagne qui passaient leurs journées à cheval – est aujourd'hui devenu la tenue de ville de l'homme du monde !

La veste droite accompagnée d'un gilet taillé dans le même tissu est à l'origine du fameux « costume trois-pièces ». Très élégant, il est aussi quelque peu désuet et souvent trop chaud.

Le gilet doit monter assez haut. Il sera pourvu de quatre poches et de six boutons. On ne boutonne jamais celui du bas. Cet usage viendrait du prince de Galles, fils de la reine Victoria. Le premier, il se serait permis cette petite désinvolture à la suite d'un dîner un peu trop copieux et prolongé. La mode était lancée !

Par ailleurs, à moins de vouloir se donner un genre « vieille France », on ne porte plus de chaîne de montre barrant le gilet d'un côté à l'autre, et encore moins de breloques. Quant au complet marron, il est à proscrire.

Le smoking

Il nous vient d'Angleterre où les hommes le revêtaient au moment d'aller au fumoir. Lorsque, ensuite, ils rejoignaient les dames au salon, ils l'ôtaient et endossaient de nouveau leur habit. Ils ne risquaient pas ainsi d'incommoder ces dames par l'odeur du tabac.

Un smoking élégant sera en grain de poudre, en Barratea (laine et mohair) ou en laine « super 100 », noir, les revers en satin mat ou en ottoman. On le portera avec une chemise blanche finement plissée, en voile ou en nid d'abeille, à poignets mousquetaire. Le nœud papillon sera noir. Une large ceinture à plis en soie peut compléter l'ensemble. Quant aux chaussettes, choisissez-les de préférence en fil noir et non transparentes. Les chaussures seront en velours ou en vernis noir. La pochette sera blanche. L'été, on peut préférer une veste blanche accompagnée d'un pantalon noir, mais attention : seulement au sud de la Loire ; au nord ce serait de mauvais goût.

Le pantalon

Dans les années 70, la mode était au pantalon à « pattes d'éléphant », taille basse, long et évasé du bas au point de recouvrir la chaussure. Puis vint la mode exactement inverse : le pantalon, plus court, était un peu blousant du haut et très resserré du bas.

La forme actuelle du pantalon est plus classique : la taille, assez haute, ne doit pas comporter plus de quatre pinces, lesquelles sont appelées « à l'italienne » lorsque tournées vers l'extérieur, « à l'anglaise » quand elles le sont vers l'intérieur. Beaucoup d'hommes élégants estiment que deux pinces à l'anglaise confèrent une coupe plus raffinée. Il s'agit d'une question de goût.

Le revers du pantalon doit avoir 3 ou 4 cm. Sa fonction n'est pas uniquement décorative : il alourdit le bas et lui donne un meilleur « tombant ». Le revers, qui sera replié trois fois avant d'être cousu, doit casser légèrement sur la chaussure, d'un pli net. Ajoutons que l'arrière du pantalon doit se trouver exactement au niveau du talon de soulier ; c'est pourquoi il faut toujours essayer un pantalon avec des chaussures. Un pantalon trop court donne la même fâcheuse impression de ridicule qu'un pantalon trop long. Un pantalon de smoking, en revanche, ne comporte jamais de revers.

Faut-il porter une ceinture ? Ce n'est jamais très élégant sur un costume habillé. On préférera des bretelles, en soie et à boutons – surtout pas à pinces –, ce qui constitue encore la meilleure solution pour maintenir en place le pantalon. Certains modèles comportent cependant des pattes de serrage au niveau de la taille, très sobres et invisibles. Sur ces derniers points, comme sur celui de la braguette – boutons ou fermeture à glissière ? – les avis diffèrent...

Quant au pli du pantalon, il doit être impeccable. Jusqu'au début du siècle, il était fort mal vu. Vint l'ère du prêt-à-porter : les pantalons, tous semblables malgré le choix des tailles, étaient repassés avant d'être empilés sur les étagères ; ils comportaient donc un pli. Un jour, le prince de Galles – encore lui ! – déchira son pantalon au cours d'une promenade. Il pria son valet d'aller immédiatement lui en acheter un autre dans la première boutique. Une demi-heure plus tard, le prince reparaissait : il portait un pantalon de confection. Le pli était pris.

La cravate et la pochette

Contrairement à ce que prétendent certains grands couturiers qui vendent des cravates et des pochettes assorties, la pochette ne s'arbore qu'à partir de 18 heures et ne doit pas, en principe, être assortie à la cravate. Elle doit seulement en rappeler les tons, ainsi que ceux des chaussettes.

La cravate, sous une forme différente, existe depuis l'Antiquité. Sur les bas-reliefs des colonnes Trajane, à Rome, figurent des légionnaires romains portant une sorte d'écharpe nouée autour du cou, avec un pan glissé dans une boucle. Plus tard, cette coutume disparaît complètement... pour réapparaître avec les régiments de mercenaires croates levés par le roi de France, qui avaient la singulière coutume de nouer leurs cols par un ruban au lieu d'un jabot de dentelle. Le régiment de Royal-Cravate va donner le ton à toute l'armée, puis à la population civile.

Il existerait cent quatre-vingt-huit façons de nouer sa cravate ! Brummell, dandy anglais, est resté célèbre pour les vingt pièces de batiste empesée qu'il utilisait chaque jour. En effet, si son nœud de cravate n'était pas parfait du premier coup, il en prenait une autre, refaisait le nœud... et ainsi de suite jusqu'à satisfaction. Un rêve de blanchisseuse !

Le plus célèbre « cravaté » fut sans aucun doute Royer-Collard, professeur d'histoire de la philosophie à la faculté des lettres de Paris, à qui un de ses collègues n'hésita pas à envoyer une lettre avec l'adresse suivante : « A Monsieur Royer-Collard, dans sa cravate, à Paris ». La lettre parvint à son destinataire.

De nos jours, on n'utilise plus que trois nœuds de cravate : le nœud « anglais », le Windsor et le demi-Windsor.

Le nœud « anglais » s'applique surtout aux cravates en tricot. Il permet d'éviter les nœuds énormes et ridicules, mais présente l'inconvénient de partir en biais. Le demi-Windsor, lui, est parfaitement triangulaire et symétrique. La cravate s'enroule une ou deux fois autour du bras principal, ce qui lui confère plus ou moins d'épaisseur. Quant au Windsor, il ressemble beaucoup au précédent, en plus étoffé.

Une cravate bien nouée ne doit pas s'arrêter au nombril ni descendre à mi-braguette. A vous de jouer de façon que la pointe s'arrête juste au niveau de la ceinture du pantalon. Certains hommes, très corpulents ou fluets, portent des cravates faites à leurs mesures. Les plus célèbres sont exécutées à Naples.

Une cravate froissée ou tachée est inacceptable. De même, on ne doit pas glisser le pan arrière dans la chemise. Il existe pour fixer ce dernier une petite patte prévue à cet effet. La pince à cravate est autorisée en toute circonstance – au contraire de l'épingle de cravate, exclusivement réservée au costume de chasse ou à la jaquette. La mode actuelle exige que la cravate se termine en pointe. Auparavant, elle était souvent à bout carré.

Certains hommes d'affaires affectionnent les cravates imprimées de papillons, de Babars, de parapluies, de nounours... Laissez-leur la responsabilité de ces fautes de goût. Sachez rester sobre !

Les chaussettes

Un homme politique français s'est rendu célèbre par ses chaussettes rouges qu'il faisait acheter à Rome chez un fournisseur pour ecclésiastiques. Il portait des chaussettes de cardinal !

Règle absolue : les chaussettes doivent monter assez haut pour que la peau n'apparaisse pas lorsqu'on s'assied. Leur couleur doit être la même que celle du pantalon ou des chaussures. Le blanc est interdit, sauf sur un court de tennis. Seules cinq matières sont convenables : le coton, le fil d'Écosse, la soie, la laine et le cachemire. Lors de soirées habillées, on portera des chaussettes noires.

Proscrivez les chaussettes courtes, à n'enfiler que pour une séance de gymnastique.

Les chaussures

C'est à ses chaussures que l'on jugera l'homme élégant. Elles représentent d'ailleurs un critère décisif aux yeux des portiers de casino ou de clubs sélects lorsqu'ils filtrent les clients.

Il a fallu des siècles de perfectionnement pour en arriver aux modèles actuels. Certaines matières ont malheureusement disparu au fil des ans. C'est notamment le cas de l'admirable « cordouan », un cuir tiré de la couche inférieure de la croupe du cheval, matière aussi ductile que souple et résistante qui pouvait prendre les teintes les plus profondes, comme les plus lumineuses. Le « cordouan » était également l'artisan qui travaillait le cuir de Cordoue. D'où le mot « cordonnier ».

Jusqu'au XVIIIe siècle, l'usage ne distinguait ni pied droit ni pied gauche. Qu'ils fussent « à cric », « à pont-levis » ou à boucle, les deux souliers étaient exactement identiques. Aux pieds de s'y tailler une place ! Un jour, un bottier anglais inventa la forme de bois dite « à pied tournant », sorte de moule qui reproduisait la forme des pieds, droit et gauche, et permettait de répéter autant de fois qu'on le désirait un même modèle, qu'on ornementait ensuite de diverses façons.

Il ne subsiste aujourd'hui qu'un très petit nombre de modèles classiques. Les principaux sont les Richelieu et les Derby. La différence essentielle entre ces deux modèles vient du laçage. Sur les Richelieu, les œillets permettant le passage des lacets sont directement percés sur le dessus de la chaussure. Sur les Derby, ils sont placés sur une languette cousue de chaque côté du dessus du soulier.

Les deux modèles peuvent être à bout fleuri, c'est-à-dire ornés d'une autre couche de cuir harmonieusement ajourée, ou à bout droit, sans autre ornement qu'une couture vers l'avant pour le Richelieu et lisse pour le Derby.

La chaussure italienne, d'une grande élégance, d'une finition impeccable, est taillée dans les plus beaux cuirs. Elle diffère de la chaussure anglaise par la semelle. Tandis que cette dernière est large, carrée, épaisse, faite pour durer, pour affronter les éléments, la semelle italienne, tout aussi solide, est amincie sur les côtés, au-delà de la couture, ce qui lui donne un singulier aspect de légèreté.

Souvenez-vous qu'on ne porte pas de chaussures bordeaux, marron, et encore moins jaunes, après 6 heures du soir, heure à laquelle le noir devient obligatoire. Les chaussures marron sont d'ailleurs réservées à la campagne.

Le soir, vous pouvez toutefois risquer des chaussures à boucle ou des mocassins de belle qualité.

Un homme élégant ne portera jamais ses chaussures « neuves ». Il convient d'abord de les préparer, de les enduire de crème à la lanoline, de les cirer et de les faire briller. Jadis, les bottiers se livraient à un travail de fourmi : ils frottaient le soulier à l'aide d'une peau de daim enduite de cirage, avant de le polir à l'os. Après avoir renouvelé ces opérations des dizaines de fois, ils obtenaient un poli incomparable. Une égratignure ? Un coup d'os la faisait disparaître. Au bout de plusieurs années, les chaussures prenaient un aspect de miroir. A ce propos, méfiez-vous des « cirages miracle ». Ils sont très efficaces en cas d'urgence, mais détériorent le cuir en lui superposant une couche de vernis qui l'empêche de respirer. Préférez la vieille méthode qui consiste à imprégner longuement le cuir de cirage avec le pouce jusqu'à ce qu'il pénètre, comme si vous enduisiez de pommade une épaule rhumatisante. Et, lorsque vous donnerez le coup de brillant final, avec un chiffon de flanelle ou de coton non pelucheux, n'oubliez pas de l'humecter de quelques gouttes d'eau avant de le charger de cirage : c'est cela qui donnera « la glace » à vos chaussures. Elle pourra durer des mois !

Il est d'ailleurs préférable de posséder plusieurs paires de souliers, de façon qu'ils « récupèrent » sur des embauchoirs. L'idéal est d'investir dans ce que l'on appelait jadis un « semainier » : sept paires portées en alternance. Reste que disposer de sept paires de couleur noire et sept autres de couleur bordeaux ou marron n'est pas à la portée de toutes les bourses.

Il est plus raisonnable d'investir dans quelques paires de souliers indémodables et d'excellente qualité, plutôt que d'acheter tous les six mois des chaussures médiocres que vous jetterez très vite ! L'un de mes amis, lors des grands soirs, porte encore les souliers de son grand-père né en 1870 ! Leur aspect est un peu désuet mais ils sont comme neufs.

Quant à mon arrière-grand-père, son goût du luxe en matière de chaussures lui valut quinze jours de « trou » pendant son service militaire au fort de Vincennes : il avait profité d'une permission pour courir à Londres, chez Lobb, faire copier ses croquenots militaires. Le célèbre bottier lui fit une paire de brodequins apparemment réglementaires (patine boueuse, cuir de basse qualité, etc.) mais en fait incroyablement légers, aussi confortables que des chaussons. Une astuce qui fut déjouée le jour où le commandant de la garnison procéda à l'inspection des uniformes.

Quelques conseils

- Évitez à tout prix les boucles d'oreille, à la mode dans certains milieux.
- Les cravates de cuir sont interdites – à moins que vous ne teniez également au pantalon de skaï et aux santiags !
- Une chemise se porte à même la peau, sans T-shirt ou chemise de corps dessous. Frileux, débrouillez-vous ! J'allais oublier : jamais de chemise à manches courtes sous une veste. Et jamais de manches trop longues !
- Pas de ceinture avec un costume sombre, encore moins avec un smoking. La boucle d'une ceinture ne doit en aucun cas s'orner des initiales d'un maroquinier ou d'un grand couturier.
- Les hommes ne doivent pas porter de manteau de fourrure, à la rigueur une pelisse.
- Lorsque vous cirez vos chaussures, n'oubliez pas le talon, qui fait également partie du soulier.
- Agrafer un stylo à la poche-poitrine de votre veste constituerait une faute de goût.
- Ne portez à votre cou ni chaîne ni médaille ; on ne vous fera grâce que d'une croix religieuse.
- Évitez les bagues et les chevalières à vos initiales, qui sont rarement du meilleur goût.

SAVOIR VIVRE DANS LA RUE

La rue, comme les salons, a ses usages. Je passerai sous silence les règles évidentes de sécurité : traverser dans les clous, etc., pour m'en tenir aux principes élémentaires de courtoisie.

Le degré de civilisation d'un peuple se mesure à sa façon de se comporter dans la rue. Ainsi, le citadin anglais ou japonais, quelle que soit la densité d'une foule, est capable de s'y mêler sans jamais heurter quiconque.

A ce sujet, les spécialistes du comportement expliquent que l'habitant des villes a assimilé depuis l'enfance la « gestuelle inconsciente » qui lui permet de repérer en une fraction de seconde, d'après le mouvement du corps et du regard, la direction que va prendre une personne qui se trouve sur son chemin.

J'ai toujours été étonnée par le décalage qui existe en France entre l'indifférence totale que se témoignent les gens dans la rue et l'exquise politesse dont ils font montre par ailleurs envers ces mêmes inconnus. Combien de fois par jour disons-nous ou entendons-nous le mot « pardon » ? Tout y est prétexte. Cela fait beaucoup rire les étrangers !

Le poids de l'histoire et des traditions

Nos rues n'ont pas toujours été ce qu'elles sont. Autrefois, le ruisseau nauséabond des égouts s'écoulait à ciel ouvert, au beau milieu de la voie pavée et dépourvue de trottoirs. Un fiacre filant à belle allure risquait fort d'occasionner de fâcheux dégâts aux belles robes des promeneuses. Pour éviter ce genre de désagrément, le gentilhomme d'alors laissait aux dames

« le haut du pavé », c'est-à-dire la partie de la chaussée se trouvant au ras des maisons. De là vient la tradition qui veut que l'homme marche toujours du côté de la circulation lorsqu'il est accompagné d'une femme. Il est également tenu de lui éviter de porter quoi que ce soit, excepté, bien entendu, son sac à main.

A ce propos, je voudrais raconter une anecdote qui m'a beaucoup amusée : un de mes amis a épousé une jeune femme corse dont la famille, du meilleur monde, est établie depuis trente ans à Paris. Un jour qu'il faisait ses courses en compagnie de sa belle-mère dans la supérette du village corse dont elle est originaire, celle-ci lui prit des mains les nombreux paquets dont il était chargé et, à sa grande stupéfaction, exigea de les porter elle-même. La vieille dame effectua le long trajet qui les séparait de la maison chargée comme un baudet. Elle marchait derrière son beau-fils à distance respectueuse, les yeux baissés. Lorsque, enfin, mon ami osa lui demander la raison de son étrange comportement, elle s'exclama : « Ici, ce sont les femmes qui portent les fardeaux ! C'est la tradition, et je dois l'observer. Sinon, je serais déconsidérée dans tout le village ! »

Il est vrai que les mœurs diffèrent selon les pays, parfois même selon les régions...

Du sens civique

La rue est le reflet de la société et le baromètre de sa stabilité. Le comportement de chacun doit y être régi par une solide conscience collective, autrement dit par l'indispensable sens civique : aide aux handicapés, aux personnes en difficulté, surveillance des enfants seuls, etc.

Je suis frappée par la déliquescence du sens civique dans nos villes depuis quinze ans. Afin qu'il ne tombe pas en désuétude, inculquons-le à nos enfants.

Il n'y a pas si longtemps, la rue était une sorte de grande famille, le plus fort veillant sur le plus faible. Aujourd'hui, les gens ont des œillères, ils jouent au sourd et à l'aveugle.

Ils interviennent peu lorsqu'ils sont témoins d'une injustice ou d'une agression, laissant ce soin à la police.

Il y a quelque temps, je dînais chez des amis lorsque nous entendîmes une voix de femme qui hurlait : « Au secours ! » depuis la rue. Aucun des hommes présents ne remua le petit doigt : « C'est sans doute une bagarre de couple, cela ne nous regarde pas ! » expliqua l'un d'eux. Je m'indignai de leur inertie et courus à la fenêtre d'où j'adjurai l'agresseur de laisser cette femme tranquille. Rien n'y fit : les coups pleuvaient sur la victime. Je suppliai ensuite mes hôtes de lui venir en aide. Ils me rétorquèrent que s'il s'agissait réellement d'une agression, l'homme était probablement armé et qu'ils ne voulaient prendre aucun risque. « C'est le rôle de la police », entonnèrent-ils en chœur. Alors que je m'apprêtai à téléphoner au commissariat, l'un des convives me lança : « Vous perdez votre temps, les voisins ont déjà dû le faire... » Ma colère fut telle que je quittai aussitôt le dîner et ne revis jamais ces « amis ».

N'oubliez pas que l'inconnu d'aujourd'hui auquel vous venez en aide peut être celui qui, demain, volera au secours de l'un de vos proches. L'entraide doit revenir dans les mentalités et rester l'une de nos valeurs.

Faire ou ne pas faire l'aumône

Il est difficile d'éviter de nos jours la multitude de clochards qui nous sollicitent sans répit.

Tout d'abord, vous avez le droit de choisir celui auquel vous ferez l'aumône. Mon choix s'oriente toujours vers les personnes âgées, les handicapés, ou encore vers ceux qui se donnent de la peine (les musiciens, notamment).

Je n'oublie jamais d'accompagner mon geste d'une parole aimable. Cela rend un peu de leur dignité à ceux qui en sont réduits à se livrer à la mendicité.

Les rencontres fortuites

L'automne dernier, je me promenais avec un ami de fraîche date lorsque nous rencontrâmes un de ses camarades que je ne connaissais pas : ils se saluèrent chaleureusement et se racontèrent les derniers potins sans tenir compte un instant de ma présence, puis l'ami rencontré s'en alla sans m'avoir été présenté. J'étais au comble de l'indignation !

En cas de rencontre fortuite, dans la rue par exemple, on doit toujours commencer par des présentations en bonne et due forme.

Du bon usage du téléphone portatif

Les téléphones portatifs, bien que très utiles, sont devenus une véritable plaie !

Ces gens qui vous abandonnent au beau milieu d'un repas au restaurant ou d'une promenade et qui vociferent interminablement dans leur petit appareil, un doigt comprimant l'oreille afin de limiter les bruits de la circulation se comportent avec la plus totale incorrection.

L'utilisateur d'un téléphone portatif doit apprendre à s'en servir dans le respect des règles de la courtoisie. J'en possède un moi-même et je dois avouer qu'il m'est précieux, voire indispensable, dans le cadre de mes activités professionnelles. Je n'interromps jamais pour autant une conversation entre amis et ne m'en sers qu'en cas d'urgence, de manière discrète et rapide, mais jamais au restaurant.

Je veille aussi à toujours appeler d'un endroit calme afin de ne pas gêner mon interlocuteur.

Du port du parapluie

Même les parapluies obéissent à un code précis de savoir-vivre !

Comment tenir son parapluie lorsqu'il est fermé ? La mode n'est plus aux élégants du début du siècle qui s'en servaient comme d'une canne et qui, tous les trois pas, le dressaient horizontalement comme s'il s'agissait d'une épée.

Un homme tient désormais son parapluie fermé au bras gauche, au niveau du coude pour être précis. Une femme le portera plutôt le poignet passé dans la dragonne.

Évitez les teintes trop voyantes ainsi que le « fluo » : le parapluie est avant tout un objet utilitaire qui doit rester discret. Lorsqu'il pleut, c'est bien entendu l'homme qui tient le parapluie, de manière à abriter la dame qu'il accompagne, quitte à être trempé lui-même. Et tant pis si monsieur est beaucoup plus petit que sa compagne : il devra stoïquement tenir l'instrument à bout de bras aussi longtemps que durera l'averse !

Bien qu'il existe des cours d'escrime « au parapluie », où l'on apprend à déséquilibrer un éventuel agresseur, veillez à ne pas transformer ce pacifique ustensile en arme offensive : sur un trottoir étroit, haussez votre « indispensable », comme on disait jadis, afin qu'il ne heurte pas celui du passant qui arrive en face de vous. Les Anglais sont passés maîtres dans cet exercice !

SAVOIR VOYAGER

En voiture

Distance de sécurité, prudence, respect des priorités... Inutile de revenir sur tous ces impératifs qui relèvent du code de la route. En revanche, il existe d'autres situations où le savoir-vivre a son mot à dire.

La place d'honneur

Elle est destinée au passager ou à la passagère le ou la plus âgé(e) et se situe sur la banquette arrière, à droite. En revanche, dans une automobile à deux portes, la place d'honneur est à l'avant, à côté du conducteur.

Cette tradition vient du temps des calèches et des berlines attelées. La place d'honneur se trouvait alors dans le sens de la marche et du côté du trottoir, afin de faciliter la descente.

Comment pénétrer dans une voiture

Il existe pour les dames vêtues de jupes ou de robes une manière discrète et élégante de monter en voiture. Elle est connue aussi bien des princesses que des top models : il suffit de s'asseoir sur le siège ou la banquette à la perpendiculaire de l'automobile, puis de ramener les genoux dans le sens de la marche. C'est aussi simple que cela !

Pour sortir, exécutez la manœuvre inverse : tournez-vous du côté de la portière ouverte, allongez vos jambes à l'extérieur et sortez d'un mouvement gracieux du buste et des hanches ; le tour est joué !

Un homme bien élevé monte le dernier, sauf s'il s'agit d'un géant obligé de caler ses grandes jambes à l'arrière d'une petite auto à deux portes. C'est à l'homme d'ouvrir puis de fermer, sans la claquer, la portière de la dame. Ensuite, il contournera le véhicule pour s'installer du côté de la circulation, que ce soit à l'avant, s'il conduit, ou bien sur la banquette arrière, s'il s'agit d'un taxi.

Aujourd'hui, le trafic est tel que le règlement apposé dans les taxis recommande de monter et de sortir du côté opposé à la circulation. Les hommes courtois, habitués aux vieilles traditions, en sont tout décontenancés. Il en découle un curieux manège : l'homme ouvre la portière droite du taxi à la dame qui se glisse aussitôt vers la portière de gauche, afin que son compagnon puisse s'asseoir à son tour, mais ce dernier a déjà fait le tour du véhicule et ouvert la portière de gauche. A ce moment, la dame se précipite vers la portière de droite, tandis que l'homme, bien élevé, s'empresse de refaire le tour de la voiture...

Ce petit ballet est charmant mais il complique bien les choses. C'est donc à la dame d'observer ce que fait son compagnon ! S'il referme la portière dès qu'elle est entrée, inutile de bouger : elle peut être sûre qu'il s'agit là d'une personne bien élevée qui connaît la manœuvre. Pour sortir de voiture, la technique est identique : l'homme descend le premier, contourne l'automobile et ouvre la portière de la dame.

L'impatience qui caractérise le monde moderne fait que, bien souvent, la dame n'attend pas son chevalier servant pour ouvrir la portière et sortir. Voici bien la rançon de l'égalité des sexes !

La courtoisie au volant

On a parfois bien du mérite à ne pas se sentir une âme d'homme des cavernes lorsqu'on se retrouve coincé derrière un camion indûment garé « pour livraison » au beau milieu de la chaussée. Seule ma bonne éducation me retient de répondre vertement au chauffeur qui me lance pour toute excuse : « Je travaille, moi ! »

Le fait de conduire une automobile n'autorise personne à se comporter comme un malotru, et ce n'est pas parce que certains agissent ainsi qu'il faut les imiter.

Quant aux agents de police, il est inutile de les agresser. Si vous êtes arrêté, pour une vérification des papiers du véhicule par exemple, veillez à sortir de votre voiture. C'est un geste qui prouve votre considération pour votre interlocuteur et qui rendra de ce fait la discussion plus courtoise.

Fumer en voiture

Toutes les automobiles disposent d'un cendrier et d'un « allume-cigares ». Cela ne signifie pas pour autant que l'on est autorisé à y fumer sans permission. Bien des passagers sont en effet incommodés par la fumée.

Lors de courts trajets, il est préférable de s'abstenir : cela constitue un bon exercice de volonté et, vis-à-vis des autres passagers, la moindre des courtoisies.

Lors de trajets plus longs, et au cas où vous vous trouveriez en compagnie de non-fumeurs, vous tâcherez de ne fumer qu'aux étapes. Si vous ne pouvez pas tenir jusque-là, ayez au moins la politesse, avant d'allumer une cigarette, de demander l'autorisation à chacun des passagers.

Le « manque » dont souffrent les fumeurs invétérés est compréhensible, mais qui doit en faire les frais, le fumeur ou le non-fumeur ?

Cette remarque en appelle une autre : il peut être tout aussi désagréable d'aller de Paris à Nice dans une voiture saturée de parfum. Mesdames et messieurs, ne vous inondez pas d'eau de toilette !

Dépasser ou croiser un cavalier

Il s'agit d'un détail mais qui a son importance, un cas particulier qui n'a pas été prévu par le code de la route : celui où un véhicule rencontre au détour d'une petite route un ou plusieurs cavaliers à cheval.

Surtout, ne klaxonnez pas pour prévenir ! Le cavalier et sa monture vous ont parfaitement entendu et s'attendent à être dépassés. Le cheval, si bien dressé qu'il soit, reste un animal extrêmement nerveux : un coup de Klaxon impromptu a de grandes chances de l'effrayer. Ses fers n'étant pas prévus pour le bitume, il risque de glisser, ce qui peut lui être fatal. Donc, pas d'avertisseur ! Dépassez le cavalier en roulant au pas.

En autobus, en métro, en tramway

Céder sa place assise aux personnes âgées, aux infirmes, aux femmes enceintes ou accompagnées de petits enfants paraît aller de soi.

Eh bien non ! On voit souvent des garçons de dix ans bousculer une vieille dame pour s'asseoir avant elle... Ou encore des femmes enceintes étouffées par la masse des gens debout dans les rames du métro !

Trop de gens omettent les règles de courtoisie les plus élémentaires. Il est vrai que, lorsqu'on doit parcourir toute une ligne de métro après une journée harassante, céder sa place relève parfois de l'héroïsme.

Si vous êtes accompagné d'un enfant, pensez au moins à le prendre sur vos genoux afin de laisser une place libre. Lors d'un séjour aux Pays-Bas, j'ai vu une dame s'emparer sans façon d'un enfant de sept ou huit ans assis tranquillement en face de sa mère, s'asseoir à sa place et le prendre elle-même sur ses genoux. Après réflexion, je me suis dit que cette femme avait trouvé là une solution de « brutale élégance », si je puis m'exprimer ainsi.

En revanche, il m'est arrivé de me lever pour laisser ma place à une dame plus âgée que moi et de m'entendre dire : « Mais, ma petite, je ne suis pas si vieille que cela ! » Résultat : je n'ai pas osé me rasseoir et la place est restée vacante tandis que nous faisions toutes deux le trajet debout.

En bateau

Sur un bateau de cinquante mètres, la vie en communauté n'est guère compliquée : le personnel de bord y est généralement nombreux et tout est organisé pour vous rendre la vie confortable et divertissante.

Un détail : lors des réceptions à bord, une tenue de soirée est de rigueur (excepté le premier et le dernier soir, je ne sais pourquoi).

En revanche, sur le charmant « vieux gréement » de vos amis bretons, il faut faire preuve de beaucoup de diplomatie et d'une réelle volonté d'adaptation. Un dicton affirme qu'on ne connaît bien quelqu'un qu'après avoir navigué avec lui. Vous aurez à bord maintes occasions d'en vérifier la justesse.

En premier lieu, soyez à l'heure pour l'embarquement. C'est impératif : l'horaire des marées est capricieux et on ne quitte pas un port aussi facilement qu'une bretelle d'autoroute.

A bord, acquittez-vous avec bonne humeur des tâches collectives : participez à la vaisselle, mitonnez des petits plats, acceptez sans rechigner de dormir tête-bêche avec quelqu'un sur une banquette étroite, enfoui dans un sac de couchage humide...

Préparez-vous aussi à tirer des bords devant Saint-Malo, en attendant que la marée permette l'ouverture de l'écluse ; cela peut durer huit heures (le temps d'une marée) !

Prenez garde au mal de mer ! Lorsque le bateau fait tête ou dos à la houle, c'est encore supportable. Dans les autres cas de figure, cela peut devenir difficile.

On cite à ce propos une noble dame du siècle dernier qui, ayant traversé la Manche par mauvais temps avec l'idée d'aller passer un mois dans le Kent chez des amis, préféra demeurer le reste de ses jours en Angleterre plutôt que d'affronter à nouveau l'élément perfide.

Aussi, si vous êtes sujet au mal de mer, déclinez toute invitation. Les véritables marins comprendront votre refus et ne s'en formaliseront pas.

Les « gens de mer » ont, par ailleurs, de singulières superstitions : à bord, il ne faut jamais prononcer l'inoffensif terme de « lapin ». A en croire les marins, il porte malheur. Les estivants qui passent leurs vacances sur l'île de Bréhat, en Bretagne, connaissent bien le problème : ils doivent recourir à toutes sortes de ruses pour pouvoir embarquer sur la vedette du retour le traditionnel lapin de la kermesse du 15 août. Au cas où l'animal est découvert par le personnel de la vedette, il doit être relâché sur-le-champ. Sinon, pas d'embarquement ! Les explications données à cette superstition paraissent toutes fantaisistes. Certains parlent du naufrage d'un navire en route pour les mers du Sud, dont la cargaison de lapins aurait dévoré la charpente du bateau.

Je reste néanmoins sceptique quant à l'existence de lapins, même affamés, se nourrissant de bois de teck...

A moins d'être un marin confirmé, évitez d'user du jargon maritime. Il est compliqué et, dans l'urgence d'un virement de bord par exemple, toute erreur de terme impliquerait une erreur de manœuvre qui pourrait se révéler dangereuse. En disant « lofer » pour « arriver », « amarrer » au lieu d'« arrimer », en confondant le « patara » et le « bredindin », vous risquez de vous ridiculiser et de passer pour un « éléphant ».

Sachez qu'il n'y a pas de « cordes » à bord, excepté celle de la cloche, mais des drisses, bouts, câbles, haussières, boulines ou étais.

Il n'y a pas non plus de « drapeau », mais des pavillons. Ces derniers peuvent prendre toutes les formes : carrées, rectangulaires, pointues, en losange ou en boule. Le pavillon national est appelé « couleurs ». Le règlement de la Marine nationale exige que l'on hisse les couleurs au lever du soleil et que l'on baisse pavillon le soir. On n'« amène » jamais le pavillon en plein jour car, dans le code militaire, il s'agit d'un signe de reddition et, à ma connaissance, aucun navire de guerre français ne l'a fait depuis le premier Empire.

Le capitaine d'un bateau, quel que soit son tonnage, est tenu de saluer un navire de guerre en « affalant les couleurs » (jamais les voiles, comme on le croit généralement). A la vue du pavillon qui s'abaisse et se relève, il y a toujours sur le navire de la Royale un officier pour crier « sur le bord ! », et aussi quelques silhouettes au garde-à-vous pour rendre le salut.

En théorie, même le dernier des « pointus qui va aux gobies », comme on dit à Toulon, c'est-à-dire le moindre des dériveurs, a priorité sur un bateau à moteur, fût-ce un porte-avions. A cela, une raison simple : un bateau à voile est plus difficile à manœuvrer.

En avion

Hormis pour les rares chanceux qui voyagent en première classe, nous sommes aujourd'hui à mille lieues du luxe d'autrefois. Couverts en plastique, plateaux repas déprimants, espace vital réduit...

Cependant le personnel a gardé toutes ses qualités. Stewards et hôtesses font leur possible pour nous être agréables. Évitons donc de les déranger à tout bout de champ. Il faut comprendre leur difficulté à répondre aux desiderata de plusieurs centaines de passagers.

Soyez aimable envers vos voisins de siège en partageant bonbons et journaux et en ne faisant pas semblant de dormir lorsqu'ils veulent entamer une conversation avec vous : j'ai souvent été surprise par la qualité de certains d'entre eux et passé de formidables heures à converser, sans voir le temps s'écouler.

Dans les charters, on est parfois séparé de ceux avec qui on voyage. A condition que vous le demandiez poliment, un des passagers de votre rang sera probablement heureux de vous rendre service et de céder sa place.

A ce sujet, il m'est arrivé une aventure tout à la fois amusante et embarrassante : j'embarquai un matin d'hiver pour l'île Maurice où allait être tourné un film publicitaire pour lequel je devais faire office d'assistante de production. Mon directeur de production, qui empruntait le même charter, m'était encore inconnu et le sort nous avait placés aux antipodes l'un de l'autre. Pourtant, nous avions besoin de faire plus ample connaissance et de préparer le tournage. Je ne savais comment m'y prendre pour que nous soyons assis côte à côte. Mon voisin de siège, peu conciliant, avait refusé en grognant d'échanger sa place.

J'appelai une hôtesse et lui glissai à l'oreille que le monsieur là-bas était mon mari. C'était d'autant plus dommage d'être ainsi séparés qu'il s'agissait là de notre voyage de noces. L'hôtesse me fit un clin d'œil et partit vers la cabine de pilotage.

Une demi-minute plus tard, la voix grave du pilote annonçait dans le haut-parleur : « Nous avons la joie d'accueillir à bord un jeune couple en voyage de noces auquel nous offrons d'assister au décollage depuis la cabine de pilotage. » Un charmant steward vint me chercher tandis que l'hôtesse faisait de même avec mon « mari » – qui ne comprenait rien à ce manège.

Nous parcourûmes la distance qui nous séparait de la cabine de pilotage sous les applaudissements des passagers. Après le décollage, nous fûmes placés en première classe l'un à côté de l'autre et, durant tout le voyage, nous eûmes tout à la fois le plaisir d'être traités avec les plus grands égards et l'ennui de subir les regards de connivence égrillarde des autres passagers.

Les compagnies aériennes font tout leur possible pour diminuer le stress des voyageurs : jeux pour les enfants, projection de films, musique...

Beaucoup de gens redoutent de prendre l'avion, bien qu'il soit reconnu comme le moyen de transport le moins dangereux, et présentent les symptômes d'une véritable névrose : mains moites, malaises, etc. Les grandes compagnies mettent gratuitement à la disposition de leurs clients des psychologues spécialisés qui enseignent la manière de combattre cette peur irraisonnée.

Le chansonnier Jean Amadou raconte que sa terreur de l'avion est telle qu'il tente de se rassurer avec n'importe quoi. Un jour qu'il voyageait avec un ami voulant engager la conversation, il lui lança sans aménité :

« Laisse-moi tranquille, tu vois bien que je lis le journal !

– Je vois bien, lui répondit son ami, mais alors pourquoi le tiens-tu à l'envers ? »

Lors de longs trajets, il est permis de se mettre à l'aise. Oter ses chaussures n'est cependant pas une bonne idée : les pieds gonflent à cause de la pression atmosphérique et, ensuite, il est très difficile de se rechausser. Gardez tout de même une certaine dignité. Que penser de ces passagers dépenaillés, le masque sur les yeux, la chaussette exposée aux regards comme à l'odorat, et qui ronflent en s'affalant sur l'épaule de leur voisin ?

N'oubliez pas de faire un petit tour dans les toilettes avant l'atterrissage afin de vous refaire une beauté. J'ai toujours admiré ces Mexicaines qui descendent de l'avion à l'aéroport de Mexico par 40° C à l'ombre, dans un air saturé à 90 % par l'humidité, impeccablement maquillées, voire gantées, en talons hauts et collants miroitants. Il est vrai que, dans les pays tropicaux, le bon goût consiste à faire fi de la chaleur et, surtout, à ne jamais s'en plaindre.

Veillez aussi à prévoir des vêtements adaptés au pays où vous vous rendez et à ses mœurs, mais ne faites pas comme cette mère de famille dont le fils partait pour les tropiques en plein été. Autoritaire, elle lui dit :

« Pierre, prends un chandail !

– Mais, maman...

– N'oublie pas que tu vas passer au-dessus du pôle Nord ! »

SAVOIR-VIVRE ET ARGENT

Dans beaucoup de familles, issues ou non de l'aristocratie, parler d'argent est considéré comme une grossière inconvenance. C'est un péché que de faire étalage de ses biens.

Les gens qui pensent ainsi estiment que la valeur des choses n'est pas liée à leur prix puisque les valeurs les plus hautes : honneur, fidélité, foi, sont justement inestimables. Ils ne méprisent pas l'argent pour autant. Ils ne font que lui accorder une importance secondaire. Le riche aristocrate met un point d'honneur à vivre raisonnablement, sans ostentation ni caprices excessifs. S'il aime paraître, ce sont ses mérites et sa lignée qu'il mettra en avant, rarement sa fortune.

L'argent prêté

Il m'est arrivé, comme à la plupart des gens, de prêter... ou d'emprunter de l'argent. Je me suis fait une règle d'acquitter mes dettes dans les plus brefs délais. Je suis, en revanche, incapable de réclamer ce que l'on me doit ! J'attends de mes amis qu'ils aient l'élégance de rembourser leur dette sans que j'aie à la leur rappeler. Un soir, j'ai réglé une note de restaurant à la place de l'ami qui nous avait invités (nous étions dix !) et qui avait oublié son portefeuille : il n'a jamais parlé ensuite de me rembourser.

On a parfois aussi, dans ce domaine, de bonnes surprises. Conduire une moto a toujours été mon rêve. Avant de pouvoir passer le permis moto, il faut effectuer quarante heures de cours pratiques et théoriques. Je n'arrivais pas à réunir la somme nécessaire. Un ami proposa de m'aider. Lorsque, un mois plus tard, je lui remis un chèque pour le rembourser, il déchira l'enveloppe sans même l'ouvrir : « C'est ton cadeau d'anniversaire ! » me dit-il.

Je ne manquai pas de le remercier en lui offrant ses chocolats préférés.

Savoir vivre avec ses dettes, c'est savoir les rembourser à la date convenue. N'oubliez pas de joindre à votre règlement un mot de remerciement et un cadeau choisi en fonction du « prêteur » et de la somme prêtée.

Voici trois règles d'or : d'abord, mieux vaut donner une petite somme qu'en prêter une grosse. Ensuite, il convient d'emprunter le plus rarement possible. Enfin, il faut à tout prix éviter les affaires d'argent entre parents, afin qu'aucune ombre ne vienne ternir l'harmonie familiale.

L'argent trouvé

Que faire lorsqu'on trouve un portefeuille, un bijou, des lunettes ou encore un parapluie ? Le laisser là, en espérant que son propriétaire viendra le rechercher, ou bien le déposer soit dans un commissariat, soit aux Objets trouvés.

Mais que faire de billets trouvés dans la rue ? Dès l'enfance, on m'a appris qu'il fallait déposer l'argent trouvé dans un tronc d'église, et j'ai toujours suivi scrupuleusement cette recommandation. Sauf une fois, je l'avoue.

C'était il y a des années. Je passais des vacances délicieuses à Capri, sur un bateau. Une gitane, diseuse de bonne aventure, me prit un jour la main et me décrivit « l'homme de mon cœur » avec une exactitude telle que je lui remis sans hésiter les vingt mille lires qu'elle me réclamait pour, selon ses dires, « mieux voir » la suite de notre idylle.

A peine les avais-je sortis de mon sac qu'elle m'arracha les billets et s'enfuit à toutes jambes.

Aussi, lorsque, à la fin des vacances, je découvris, à la nuit tombée, une poignée de billets froissés sur le trottoir, je les ramassai discrètement et les fourrai dans ma poche. De retour sur le bateau, je sortis de ma poche ma pêche miraculeuse. Cela représentait un peu plus que la somme dérobée par la gitane mais, surtout, il s'agissait de francs français. Quatre cents francs. Le sort me remboursait, avec des intérêts, ce qui m'avait été volé !

Les pourboires

L'usage est de remercier certains corps de métier par une petite gratification. Ceux qui la donnent la nomment « le pourboire » et ceux qui la reçoivent « le service ». Mais il s'agit bien de la même chose : une somme d'argent offerte en sus de la note à celui qui vous a rendu un « service ».

Au fur et à mesure que l'on descend vers le sud de l'Europe, cette habitude gagne des classes de plus en plus élevées, jusqu'aux fonctionnaires et à la classe dirigeante. Dans certains aéroports, les avions ne peuvent décoller avant d'avoir payé un « bakchich », parfois demandé de façon très convaincante : « Dollars ou sterlings ? » lança un jour un douanier qui ressemblait fort à un milicien à l'un de nos amis pilote, dont le petit avion était cloué au sol pour des raisons « administratives » dans un aéroport dont je ne citerai pas le nom. « Dollars ! » répondit-il. Le douanier eut un grand sourire et, seulement alors, la Kalachnikov se releva.

Plus près de nous, en Italie, la *mancia* est une pratique courante. C'est sans doute de ce terme que nous vient l'expression « faire la manche ».

En France, comment et quand doit-on offrir un pourboire ? Dans certaines professions (ouvreuses de théâtre ou de cinéma, garçons de café, etc.), jadis rémunérées à peu près exclusivement de cette façon, l'usage s'est maintenu. Il n'y a pas si longtemps, bien des ouvreuses n'hésitaient pas à rester figées, la main tendue, devant ceux qu'elles venaient de guider jusqu'à leur place. Aujourd'hui, de nombreux théâtres ont donné pour consigne aux ouvreuses de refuser tout pourboire.

Si le pourboire est une coutume, il ne constitue en aucun cas une obligation. C'est une façon de signifier votre gratitude au poissonnier qui a aimablement accepté de nettoyer vos filets de poisson ou au garçon boucher qui a admirablement préparé pour vous un carré d'agneau en couronne.

Le chauffeur de taxi, la dame du vestiaire, le garçon de café, le maître d'hôtel attendent votre pourboire. Vous ne devez pas les en priver car le contrôleur des impôts les taxe d'autorité sur leur chiffre d'affaires majoré du montant estimé des pourboires.

Quel doit être le montant du pourboire ? 10 % de la somme due lorsque le service est compris. 15 %, voire plus, lorsqu'il ne l'est pas. Au restaurant ou au café, on ne laisse pas telle somme pour le garçon, telle autre pour le sommelier, le maître d'hôtel ou le chef de rang : le pourboire est collectif, il sera réparti plus tard entre le personnel.

En taxi, le pourboire est facultatif quoique souhaitable. Il équivaut à peu près à 10 % de la somme indiquée au compteur. Vous pouvez donner davantage si le taxi a été particulièrement efficace et rapide... et moins, dans le cas contraire.

Autre chose : on ne donne jamais de pourboire aux hôtesses de l'air et aux stewards, pas plus qu'à un coiffeur, s'il est propriétaire de son salon, ni à aucun fonctionnaire, sauf s'il s'agit d'étrennes, comme nous le verrons plus loin.

A l'hôtel

Si vous passez une nuit par hasard dans un petit hôtel où vous avez vous-même monté vos bagages dans la chambre, inutile de laisser un pourboire puisque personne ne vous a rendu service. Payez, remerciez et quittez l'endroit. En revanche, lors d'un séjour plus long, si vous avez donné vos chaussures à cirer et vos vêtements à repasser, ou encore, si vous avez profité des services du voiturier, du groom, du liftier, du bagagiste, etc., vous pouvez vous montrer grand seigneur. Mais il faut l'être jusqu'au bout ! La somme doit être remise discrètement. Elle varie selon l'idée et les moyens de chacun mais, de nos jours, une « pièce » est considérée comme bien mesquine. On préférera un billet.

Un conseil : donnez cette gratification en deux fois. Au début du séjour et à la fin. Vos rapports avec le personnel en seront meilleurs.

POLITESSE OBLIGE

Chez vos amis

Vous êtes invité pour un séjour chez des amis disposant de domesticité ? Ne donnez bien sûr jamais d'ordres à ces derniers mais, si la maîtresse de maison insiste pour qu'ils vous rendent de menus services, ne manquez pas de les rétribuer pour ce travail supplémentaire lorsque vous prendrez congé. L'argent, sous enveloppe, doit être remis avec beaucoup de discrétion, hors de la présence de vos hôtes, de préférence.

Aux gardiens d'immeuble

En ce qui concerne les gardiens d'immeuble, on ne parle plus de pourboire mais d'étrennes ou de gratification de fin d'année. Si les termes de « pipelet », de « bignole », de « clos-porte » et de « suisse » ont disparu du vocabulaire, les « gardiens » tiennent de plus en plus à réhabiliter le terme de « concierge », pour une raison qui demeure mystérieuse.

L'usage veut qu'en s'installant dans un nouvel immeuble, on offre au concierge le « denier à Dieu », c'est-à-dire une somme équivalant à peu près à 10 % du loyer. Vous pouvez y ajouter de petits cadeaux plus personnels : parfums, bouteilles de vin... Surtout si vos gardiens se révèlent serviables et compréhensifs.

La tradition se perd. C'est infiniment regrettable, car pour un billet glissé dans une enveloppe, que de préjugés favorables ! Que de facilités dans les rapports !

Sachez que, par contrat, les concierges sont en droit de refuser de se charger de vos clefs de secours, d'arroser vos plantes, de guider le fonctionnaire pour le relèvement des compteurs... De surcroît, ils sont en général fort mal payés. Les étrennes de fin d'année sont donc toujours appréciées, pourvu qu'elles soient données avec le sourire.

Aux fonctionnaires

Les postiers, éboueurs, facteurs, ramoneurs et pompiers passent chaque année, dès le mois de novembre, présenter leurs vœux et leurs calendriers. Accueillez-les de votre mieux et achetez de bon cœur leurs quatre saisons agrémentées de petits chats ou de paysages de montagne.

Gardez cependant les calendriers à portée de main. Il n'est pas rare que le facteur sonne deux fois ! Vous montrerez ainsi que vous avez déjà manifesté votre bonne volonté. Cela dit, et bien que ces calendriers n'aient pas de prix défini, n'en prenez pas cinq d'un coup ou alors... multipliez par cinq votre contribution ! Ne marchandez pas. Pensez qu'il n'est pas forcément gratifiant pour un sapeur-pompier de faire du porte-à-porte. Cent francs paraît une somme honnête.

Si vous êtes opposé à ces démarches, refusez. Mais il y aura, dès lors, peu de chance que ces messieurs fassent du zèle le jour où vous aurez besoin d'eux.

Un dernier conseil : si vous désirez offrir quelque chose à l'inspecteur qui vient déterminer le futur emplacement de votre compteur à gaz, soyez prudent. Cela lui fera peut-être plaisir mais ce geste porte un nom dans le code civil : la corruption de fonctionnaire.

SAVOIR VIVRE AVEC LES ANIMAUX

De nombreuses boutades courent sur la relation homme-animal. Si elles font rire, elles révèlent néanmoins la culpabilité que nous avons à reporter une partie de notre affectivité sur les animaux. Les « amis des bêtes » sont d'ailleurs souvent qualifiés de misanthropes. Il est certes ridicule et pathétique de voir ces « chienchiens à sa mémère », bardés de colifichets, emmitouflés dans des « manteaux » dignes d'une actrice hollywoodienne.

En réalité, les animaux sont des êtres simples : ils vous aiment comme vous êtes. Il n'y a donc pas de désillusion possible.

Quoi qu'il en soit, beaucoup d'entre nous aiment les chiens, les chats, les oiseaux, les poissons rouges, les petits rongeurs. Moi la première ! Hedgard, mon West Island Terrier adoré, est là pour en témoigner...

Posséder un animal entraîne cependant quelques servitudes qu'il ne convient pas de déléguer.

N'emmenez jamais votre chien chez des amis sans vous être assuré au préalable de leur assentiment. Outre les problèmes d'allergie que peuvent provoquer nos compagnons à poils, ils ne sont pas les bienvenus partout. J'en sais quelque chose. Un jour, mon parrain m'offrit un très beau tableau de deux mètres sur deux représentant une vague gigantesque déferlant sur une plage. Je l'avais posé contre le mur en attendant de l'y accrocher quand un de mes amis fit irruption chez moi sans s'être annoncé, accompagné de ses deux Pittbull. Mon ami, qui venait de passer un an à Malibu avec ses chiens, voulut me prouver à quel point ils étaient bien dressés : « Regardez la belle plage, mes agneaux ! leur dit-il en leur désignant le tableau, c'est comme là-bas ! Montrez à Hermine ce que vous avez appris. »

Sur fond de plage, les deux chiens se mirent aussitôt à sauter, virevolter et faire des cabrioles, effleurant chaque fois la toile de leurs griffes. Leur maître était ravi. Moi pas. Lorsque enfin j'osai protester, l'irréparable était commis : la toile était crevée.

En ville

Est-il besoin de rappeler qu'en ville un chien a des droits : sortir tous les jours, courir, flirter, flairer les réverbères... Et aussi des devoirs : ne pas faire fête à tous les passants ni leur sauter dessus, ne pas aboyer devant les voitures d'enfant ni faire ses besoins n'importe où... « Apprenez-lui le caniveau », dit le slogan. C'est élémentaire !

Tenez toujours votre chien en laisse, excepté dans certaines zones particulièrement calmes et dégagées ou à la campagne. Rappelez-vous que s'il se jette contre une voiture, non seulement vous êtes civilement responsable des dégâts occasionnés au véhicule, mais surtout qu'il risque le pire !

Les laisses extensibles qui permettent à votre petit compagnon de gambader à dix mètres de vous sont à éviter. Bien sûr, elles vous épargnent de courir mais elles gênent beaucoup les autres piétons. Un accident pourrait se produire sans que vous ayez le temps de réagir.

Apprenez-lui à marcher sagement derrière vous, ce qui n'est pas très difficile, même si les jeunes chiens, pleins d'enthousiasme, ont tendance à tirer leur maître vers l'avant de toutes leurs jeunes forces.

Munissez-vous d'une branchette feuillue et placez-la devant son museau dès qu'il vous dépasse, sans le frapper avec. Il comprendra vite la leçon et marchera sagement derrière vous. C'est un « truc » de chasseur que j'ai appris toute petite à la campagne.

En vacances

Une ou plusieurs fois par an se pose le problème des vacances. Que faire de Médor ou de Minou ? Passons sous silence les sans-cœur qui les abandonnent sur une autoroute...

Faut-il emmener son fidèle compagnon avec soi ? Certainement, si votre pays de destination est disposé à l'accueillir. Dans presque tous les pays d'Europe continentale, vous ne rencontrerez aucun obstacle à condition que votre animal soit vacciné. Renseignez-vous auprès des agences de voyage ou des ambassades. En revanche, la plupart des pays anglo-saxons (Canada, Australie, etc.) ne les acceptent qu'après des examens médicaux poussés et une quarantaine. La Grande-Bretagne, jusqu'à présent préservée de la rage, se montre très prudente.

Si vous ne pouvez emmener votre chien ou votre chat avec vous, confiez-le à des amis, à la campagne de préférence. Les animaux y sont plus indépendants.

Prenez les dispositions nécessaires : faites un petit tour chez le toiletteur pour ne pas imposer un animal peu avenant, constituez des réserves de nourriture en boîte, etc. Mais, avant toute chose, assurez-vous du plein gré et de la disponibilité de ceux qui auront à garder votre protégé.

En derniers recours, pensez aux « pensions pour animaux ».

En voyage

Dans le train, les chiens sont acceptés mais doivent s'acquitter d'un billet spécifique et rester sagement à vos pieds.

Il en va de même en avion. S'ils pèsent plus de six kilos, ils voyageront dans la soute à bagages. Les chats, eux, seront logés dans un panier spécial et auront au préalable avalé un léger sédatif.

En autobus et dans le métro, seuls sont tolérés les chiens de petite taille susceptibles d'entrer dans un sac, ainsi que les chiens d'aveugle.

Dans les hôtels, il faut s'assurer à l'avance que les animaux familiers sont acceptés. Ce n'est pas toujours le cas, et cela peut être source de malentendus.

L'Aga Khan en fut un jour pour ses frais : il possédait deux fox-terriers qu'il aimait beaucoup et qui ne le quittaient jamais. Il fut un peu surpris, dans un grand hôtel de Monaco, de se voir demander une somme exorbitante pour la pension de ses deux favoris. Il protesta. La direction maintint ses prétentions, arguant que les fox-terriers « amenaient souvent des invités à dîner » !

Sachez enfin que les chiens sont interdits de séjour dans les hôpitaux, les cliniques, les musées et les salles de concert.

2

SAVOIR COMMUNIQUER

SAVOIR PARLER

Jean Giono, à propos d'un procès célèbre, déclarait que le vieux Dominici, accusé d'avoir assassiné des touristes anglais qui campaient non loin de sa ferme, avait été condamné à mort parce que son vocabulaire se limitait à cinquante mots. L'écrivain affirmait que ce paysan eût sans doute sauvé sa tête s'il avait eu à sa disposition deux mille mots.

Plus la langue que l'on utilise est riche, plus on a le pouvoir de rendre sensible la complexité d'une pensée, d'imposer ses idées, d'exercer une influence. « Au commencement était le verbe », nous assure la Bible.

Bien parler et s'exprimer constituent donc les deux faces de l'art oratoire. Car il ne suffit pas de savoir construire de belles phrases, il faut encore qu'elles soient au service d'une pensée et d'un raisonnement lumineux. « Ce que l'on conçoit bien s'énonce clairement et les mots pour le dire arrivent aisément » a écrit Boileau.

Parler bien, c'est d'abord s'exprimer clairement, distinctement, articuler chaque syllabe afin qu'aucun mot de votre discours ne se perde. Votre interlocuteur ne doit pas avoir à faire un effort pour saisir au vol chacun des mots que vous prononcez.

Apprenez également à bien placer votre voix, veillez à ce qu'elle ne soit ni trop basse ni trop haut perchée. Ayez un débit qui ne soit ni trop lent (on bâillerait d'ennui) ni trop rapide (on s'essoufflerait à courir derrière vous). Ne parlez ni trop haut pour ne pas assourdir vos voisins ni trop bas pour ne pas obliger à tendre en vain l'oreille.

Les comédiens n'excellent dans leur métier que si leur timbre de voix, leur élocution et leur phrasé sont parfaits. Les hommes politiques, à la veille d'un débat qui engage leur carrière, s'astreignent non seulement à connaître à fond leur dossier mais aussi à suivre des cours de diction. Si votre métier requiert une bonne élocution, n'hésitez pas à consulter le meilleur professeur de diction. Lequel d'entre nous, à l'instar d'Ulysse, n'a-t-il pas succombé au charme envoûtant d'une belle voix ?

La prononciation

Toutes les lettres d'un mot se prononcent. On dira toujours : « Je t'ai » et non « J't'ai » ; « Tu as » et non « T'as » ; « Bonjour », « Bonsoir », et non « B'jour », « B'soir » ; « Il n'a qu'à » et non « Y'a qu'à » ; « Je l'ai jeté » et non « J'l'ai j'té ».

Le pôle et le vol, le balai et le ballet ne se prononcent pas de la même manière. Un beau temps et un beau thon non plus. Il faut apprendre à différencier les syllabes.

L'accent

Tout le monde se souvient de *Pygmalion,* la pièce de théâtre de George-Bernard Shaw, et de *My Fair Lady,* le film qui en a été tiré. Un riche anglais réussit le pari d'apprendre à une petite marchande de fleurs, affligée d'un terrible accent *cockney,* à s'exprimer comme une aristocrate. En parlant comme « une reine », la jeune clocharde se comporte comme « une reine » : sa démarche, ses manières, sa vision du monde, tout en elle a changé !

Nous l'expérimentons tous les jours : dès que l'on entre en relation avec quelqu'un, on peut dès les premières phrases échangées déterminer son appartenance sociale et son niveau d'éducation. Je ne parle pas de « l'assent » méridional, reconnaissable entre tous, ou des accents régionaux qui fleurent bon le terroir, mais de la façon dont chacun de nous s'exprime.

Le choix et la variété des mots, la construction des phrases sont des révélateurs immédiats. L'âge, bien sûr, joue un rôle essentiel. Un adolescent ne peut échapper au vocabulaire à la mode : « Ouais, super, mec, nana... », la liste est longue. Mais si un père s'exprime en *chébran*, comme son fils, on est en droit de se poser des questions.

Les jeunes de certaines banlieues se reconnaissent à leur vocabulaire si particulier qu'il constitue une langue parallèle, une langue marginale à leur image.

L'argot et les grossièretés

L'argot, ou langue verte, est à l'origine la langue des gueux ; « rouscailler bigorne » leur permettait d'échanger des informations que nul autre qu'eux ne pouvait comprendre.

Chaque corporation professionnelle a compris l'intérêt d'avoir un langage codé et a forgé son propre lexique. L'argot des militaires, des sportifs, des typographes, des gens du bâtiment, des ingénieurs, même des banquiers, a rapidement fleuri et enrichi notre patrimoine linguistique. Les synonymes argotiques du sexe féminin, du sexe masculin, de l'argent, de la nourriture sont innombrables et d'une richesse poétique prodigieuse.

A la question : Peut-on parler argot ? je répondrais : oui, mais à l'intérieur de votre propre corporation ou de votre propre groupe. Quand, casquée et bottée, je pars en randonnée avec des motards, mon vocabulaire n'est pas le même que celui que j'utilise lorsque je pénètre en robe de cocktail dans les salons du faubourg Saint-Germain. De même que nous changeons de toilette selon les moments de la journée, nous changeons de lexique en fonction des personnes à qui nous nous adressons.

Il en est de même des grossièretés. Avec leurs camarades, les enfants en disent autant qu'ils peuvent, ivres de trangresser les règles. Franchi le seuil de la maison, ils réendossent l'uniforme de la politesse.

Parler argot, dire des grossièretés constituent pour un jeune une nécessité, l'épreuve initiatique qui marque son appartenance à un groupe. Peu y échappent tant le besoin de se distinguer des adultes est pressant.

Mais que dire d'un quadragénaire qui n'a pas jeté aux orties l'argot et les grossièretés de ses vingt ans ?

Les fautes à ne pas commettre

Je n'aurai pas ici l'outrecuidance de faire le tour des difficultés de la langue française. On n'apprend pas en quatre pages ce que l'on a omis d'apprendre à l'école, mais on peut toujours consulter un dictionnaire en cas d'hésitation. Hélas ! nombre de gens n'éprouvent aucune hésitation et croient fermement que le passé simple du verbe rire est « il ria » et celui du verbe s'asseoir « il s'asseya ». Invoquer Queneau, Céline et autres fauteurs de troubles n'excuse personne.

Quelques erreurs courantes, quelques tournures malencontreuses sont cependant faciles à éviter, aussi bien dans le langage parlé que dans la langue écrite. En voici une sélection.

Ne dites pas...	**Mais dites...**
Ce midi	A midi
Ce tantôt	Bientôt
C'est émotionnant	C'est émouvant
Solutionner un problème	Résoudre un problème
Je me pose la question de savoir si	Je me demande si
J'ai rêvé à vous	J'ai rêvé de vous
Je m'excuse	Excusez-moi ou Veuillez m'excuser
Des fois	Parfois
Au plaisir !	Au revoir !
Je vous remets	Je vous reconnais
C'est pas croyable ou C'est impensable	C'est incroyable
Bon appétit !	(ne se dit pas)
Bonjour chez vous !	Saluez votre famille de ma part !
Bonjour à votre dame !	Rappelez-moi au souvenir de Mme...
Quoi ? Hein ?	Pardon ? Plaît-il ?
De suite	Tout de suite
Le livre à Pierre	Le livre de Pierre
Amener un plat	Apporter un plat
Partir à	Partir pour
Un espèce	Une espèce

Le cas des étrangers

On peut et on doit pardonner aux étrangers qui se donnent la peine de parler notre langue de commettre des erreurs, si curieuses soient-elles.

Si vous connaissez bien la personne qui faute, vous pouvez vous permettre de la corriger gentiment. Sinon, ayez la politesse de ne pas même esquisser un sourire.

Savoir faire un discours

Même si vos talents d'orateur sont prodigieux, n'improvisez pas un discours qui s'adresse à un vaste public. Prenez la peine d'en rédiger au moins le plan pour définir la progression de votre raisonnement et ordonner vos arguments.

En règle absolue, une allocution ne doit jamais être flatteuse, familière, pédante ou pompeuse. Elle doit être brève, concise, simple, si possible originale, en tout cas personnelle. Évitez d'être trop sérieux : rien de tel qu'une plaisante anecdote pour illustrer un propos et séduire l'auditoire. Évitez les citations, c'est vous que l'on est venu entendre et non vos auteurs favoris.

Si vous n'avez pas l'habitude de prendre la parole en public, si vous êtes sujet au trac, je vous conseille de lire de nombreuses fois votre texte à voix haute, de l'apprendre même par cœur. Mieux encore, de l'enregistrer sur une cassette et de l'écouter attentivement : vous pourrez ainsi corriger ses imperfections et apprendre à mieux contrôler votre voix.

Vous commencez par le traditionnel : « Mesdames, Mesdemoiselles, Messieurs. » A moins qu'une personnalité ne soit dans la salle, auquel cas c'est à elle que vous vous adresserez en premier : « Monsieur l'Ambassadeur – ou Monsieur le Ministre, ou Monsieur le Curé –, Mesdames, Mesdemoiselles, Messieurs. »

Lorsque vous parlerez, le buste bien droit, les yeux fixés sur votre public, dissimulez votre émotion sous un sourire et débarrassez-vous, madame, de votre sac à main, et vous monsieur, ayez la courtoisie et l'élégance de ne pas vous adresser à nous les mains dans les poches.

Parler européen

A l'heure du savoir-vivre européen, il est plus indispensable que jamais de parler l'anglais, l'allemand, l'italien, l'espagnol. Pratiquer les langues européennes relève désormais d'une nécessité économique et d'une courtoisie élémentaire. Dans un minuscule village du Berry, une femme entreprenante dispense une fois par semaine des cours d'anglais que viennent suivre attentivement ma tante et les agricultrices des environs.

Savoir se taire

A l'éloge de l'éloquence ne peut succéder que l'éloge du silence.

Peu de gens savent se taire car il faut beaucoup de caractère pour préférer, aux plaisirs tumultueux et presque charnels de la conversation, l'ombre fraîche du silence et de l'observation. Avez-vous remarqué que l'on se souvient plus longtemps et avec une sympathie plus grande des invités qui savent écouter plutôt que des bavards impénitents... tels que moi ?

SAVOIR S'ADRESSER
A DES PERSONNES TITRÉES

On n'a pas tous les jours l'occasion de rencontrer le président de la République, le pape ou encore une tête couronnée. En revanche, nous fréquentons tous chaque jour des gens dont le nom doit être précédé de la mention de leur fonction ou comportant une particule impliquant un titre.

Il existe des formules spécifiques pour s'adresser à quelqu'un selon son titre de noblesse ou sa charge. Se tromper de titre peut être grave, voire offensant, surtout si la confusion est délibérée.

On raconte ainsi l'histoire d'un évêque et d'un amiral, tous deux ayant été élèves du même collège et se détestant cordialement depuis leur plus jeune âge. Ils se rencontrèrent par hasard sur un quai de gare. L'amiral était en uniforme, avec sa casquette. L'évêque en soutane gansée de violet. Bien entendu, ils se reconnurent aussitôt et évitèrent d'abord de se saluer. Au bout d'un moment, cependant, l'évêque s'approcha et, plissant les yeux comme s'il était myope, demanda à l'amiral d'une voix suave : « S'il vous plaît, monsieur le chef de gare, pouvez-vous me dire à quelle heure part le train pour Paris ? » L'amiral toisa l'évêque et lui répondit du tac au tac : « A 16 h 30, madame ! »

Les titres de noblesse

Quelle est la différence entre la noblesse et l'aristocratie ? Cette question m'a souvent été posée. Suivant en cela l'opinion de ma famille, j'estime que si la noblesse se transmet par le sang, tout le monde peut en revanche accéder à l'aristocratie par le mariage ou l'anoblissement, comme cela se voyait encore sous l'Empire. C'est ainsi que les Médicis, à l'origine marchands drapiers de Florence devenus de riches banquiers, reçurent le titre de ducs et finirent par régner sur la ville. Ils donnèrent également deux reines à la France.

En France, on n'a jamais attaché autant d'importance qu'en Allemagne ou en Espagne aux quartiers de noblesse. On entend par « quartiers », le « taux » de noblesse contenu dans l'ascendance d'un individu. Ainsi, lorsque les deux parents sont nobles, leur enfant possède deux quartiers de noblesse, lorsque les quatre grands-parents le sont également, il en reçoit quatre et, à la condition que les arrière-grands-parents le soient aussi, il peut se targuer de huit quartiers de noblesse. On trouve ainsi, en Espagne, des Burbon y Burbon, Burbon y Burbon : ils sont quatre fois descendants de Bourbon !

En Grande-Bretagne, les rares familles pouvant se vanter d'avoir pour ancêtre un compagnon de Guillaume le Conquérant bénéficient d'une considération exceptionnelle. Plus rares et plus honorables encore sont celles qui ont un ancêtre saxon illustre, antérieur à la conquête normande. On trouve d'ailleurs parmi la noblesse écossaise des dénominations très anciennes qui datent de l'époque des clans : ainsi, alors que tous les membres du clan McGregor s'appellent McGregor, seul le chef de clan est cérémonieusement appelé « Le » McGregor.

La plus ancienne noblesse d'Europe est vénitienne. Les quatre « familles évangéliques » et les douze « familles apostoliques » du « livre d'or de Venise » remontent en effet à l'Antiquité ! Cette communauté, très fermée, n'eut jamais ni fief ni suzerain mais gouverna toujours de manière souterraine : le doge de la Sérénissime République gouvernait en réalité sous la surveillance étroite de ces patriciens tout-puissants. Venise fut donc la République la plus aristocratique du monde !

La noblesse en France

En France, la situation de la noblesse est singulière. « La République française ne confère pas de titres de noblesse ; elle n'accorde pas, en principe, d'intérêt particulier à ceux à qui ils ont été dévolus au cours de l'Histoire mais elle les constate et les enregistre moyennant redevance. » Ces lignes sont extraites du *Manuel de protocole*. Qu'est-ce à dire sinon que, à titre d'« héritière » des anciennes monarchies, la République reconnaît les titres de noblesse ?

A tel point qu'il existe un service du Sceau de France qui, après examen, donne un « avis » au garde des Sceaux, lequel ordonne ou refuse « par un arrêt motivé » l'inscription de tel ou tel titre sur les registres, après acquittement des « droits de chancellerie ».

Prince et président

En tant qu'héritier des rois de l'Ancien Régime, le président de la République est institué co-prince d'Andorre, mais aussi chanoine honoraire de la basilique Saint-Jean de Latran à Rome, de Sainte-Marie d'Auch, par héritage lointain des comtes d'Armagnac, de Saint-Vincent de Chalon-sur-Saône (titre venu des ducs de Bourgogne), de Saint-Hilaire de Poitiers et de quelques autres églises dont Saint-Jean de Lyon, par succession des dauphins de Viennois, suzerains et alliés de mes propres ancêtres. Il faut avouer que c'est là une succession assez peu banale !

La noblesse française n'a jamais été figée. Les anciens rois eurent toujours à cœur de renouveler l'élite du pays en anoblissant des gens de mérite.

Certaines fonctions donnaient accès à la noblesse à partir du moment où elles avaient été exercées de père en fils pendant deux générations et au moins vingt ans. C'était le cas des magistrats municipaux de nombre de villes du Sud-Ouest,

Bordeaux entre autres, dont les « jurats », comme les « capitouls » de Toulouse, devenaient nobles héréditaires. Il en allait de même pour les membres du Conseil d'État, de la Chambre des comptes, du Conseil des aides, etc. Cette « noblesse municipale » était appelée « noblesse de cloche », par opposition à la « noblesse d'épée ».

De même pour la noblesse « de robe » : trois générations successives de juges, voire de magistrats, débouchaient sur l'anoblissement.

Il y avait encore bien d'autres façons de devenir noble : par exemple être bourgeois de Perpignan (de 1449 à 1785 seulement) depuis plusieurs générations, ou encore être anobli par « lettres patentes » conférées par le roi pour services rendus.

Notons au passage que, contrairement à ce que croient bien des gens, les titres ne s'achètent pas. Les rois actuels en confèrent très peu, seulement pour mérites exceptionnels rendus à la nation et en aucun cas moyennant finances.

La particule

La particule, ce « de » qui précède tant de noms de famille en France, n'est en aucun cas une preuve de noblesse. Elle indique simplement qu'une famille possédait, sous l'Ancien Régime, une terre, un fief dont un des membres était le seigneur sans être forcément « né ».

Le snobisme ne date pas d'hier. On vit ainsi au XVIIIe siècle un riche bourgeois « entiché de noblesse » faire creuser un fossé autour de sa propriété et prendre fièrement le titre de Monsieur de l'Ile ! On parle dans des cas semblables de « noblesse d'emprunt ».

L'usage de la particule dans la conversation ou la correspondance obéit à des règles strictes : dans l'immense majorité des cas, on ne la fait pas figurer avant le nom en parlant de quelqu'un. On dit ainsi : « J'ai rencontré La Fère » ou « J'ai déjeuné avec Belzunce », et non « de La Fère » ou « de Belzunce ».

En revanche, la particule doit obligatoirement être prononcée lorsque le nom commence par une voyelle ou un « h » non aspiré : « J'ai fait une partie de tennis avec d'Alençon, d'Herblay et d'Ormesson. » De même lorsque le nom est monosyllabique ou assimilé : « J'ai rencontré d'O, d'Eu, d'Ouince et de Broglie » (qui se prononce « Brôle »), ou encore lorsqu'il est utilisé au pluriel : « J'ai rencontré des Essarts, des Courtils... »

Ces règles ne souffrent pas d'exception.

La valeur réelle de la particule ne semble pas avoir été bien comprise de Napoléon III qui, pendant son règne, n'anoblit personne mais conféra « la particule » en trente-quatre occasions, confondant ainsi l'effet et la cause. A moins qu'il n'y eût ironie de sa part.

Les pseudonymes

Il ne fut pas toujours de bon ton de « faire de la littérature ». Aussi, beaucoup d'auteurs choisirent des pseudonymes qui, tant qu'à faire, étaient précédés d'une particule.

C'est ainsi que l'auteur de *la Féerie cinghalaise*, de son vrai nom Franz Wiener, avait pris pour nom de plume Francis de Croisset. « Et où avez-vous trouvé ce nom-là ? lui demanda un jour Sacha Guitry. – De la façon la plus simple du monde, répondit Wiener. Lors d'un voyage en Normandie, je suis littéralement tombé amoureux d'un petit village nommé Croisset. J'en ai pris le nom, voilà tout. – Quelle malchance ! observa Guitry. A cent kilomètres près, vous vous appeliez Francis de Montmorency ! »

La noblesse d'empire

Napoléon Ier n'a pas créé une nouvelle noblesse. Il n'a décerné que des « titres impériaux », d'ailleurs héréditaires, reprenant les anciennes dénominations féodales à l'exception de celle de « marquis ». Des faits d'armes glorieux valurent à Ney le titre splendide de « prince de la Moskova », à Soult celui de « duc de Dalmatie », etc.

On parla de la même façon, après la Première Guerre mondiale, d'instituer le maréchal Foch « duc de la Marne », et cela en pleine République !

Quant au fils naturel que Napoléon eut d'Éléonore de la Plaigne, il lui donna tout simplement le titre de « comte Léon ». Le dernier descendant de cette famille est mort récemment.

On remarquera qu'aucun de ces titres n'est strictement français, Napoléon ayant prêté serment, lors de son sacre, de lutter contre la féodalité. Par ailleurs, le titre de prince est réservé en France aux « princes du sang », membres de la famille royale. Tous les autres titres de « prince », excepté ceux institués par Louis-Philippe, étaient en fait des titres étrangers, les frontières de la France s'étant élargies depuis : princes lorrains, bretons, flamands...

Il existe cependant des titres de prince rattachés à des terres situées en France, mais il s'agit là de ce que l'on appelait des « francs-alleux », territoires le plus souvent minuscules qui n'avaient été revendiqués par personne au moment des grandes invasions des Francs, des Wisigoths et des Burgondes. C'est le cas des princes de Poix ou de Joinville, sans parler du célèbre roi d'Yvetot, titre qui exista jusqu'au XVIe siècle.

La hiérarchie

Une idée reçue veut qu'il existe une hiérarchie dans la noblesse, dans l'ordre décroissant suivant : duc, marquis, comte, vicomte, baron, chevalier. C'est là une interprétation récente des faits. Bien que le roi Henri III ait instauré en 1582 un début de hiérarchie fondée sur le nombre de baronnies et de châtellenies possédées par un seigneur postulant à devenir duc et pair, cette hiérarchie ne fut réellement instituée que sous la Restauration, pour des raisons juridiques liées aux héritages, et notamment à l'institution des « majorats », c'est-à-dire des biens inaliénables fondés sur la fortune territoriale.

Les majorats n'existent plus aujourd'hui mais la hiérarchie continue néanmoins à s'imposer. Il faut cependant savoir qu'un ancien titre de baron est infiniment supérieur à un titre de comte obtenu sous Louis-Philippe. Le meilleur exemple en est l'illustre famille de Montmorency qui revendiquait fièrement l'appellation de « premiers barons chrétiens ».

Il existe ainsi en France des familles dont la branche aînée porte un titre inférieur à celui de la branche cadette. Dans ce cas, la branche aînée a tout de même le pas sur l'autre.

Les princes de France

Un cas particulier : celui de la famille d'Orléans, également appelée « maison de France ». Les d'Orléans descendent du frère puîné de Louis XIV et se voient qualifiés de « plus vieille famille du monde », car ils sont à même de prouver leurs origines séculaires par des documents écrits et sans faire appel à la légende. Seuls les princes Bagration de Géorgie pourraient, à quelques années près, rivaliser avec eux.

C'est pourquoi mon cousin, Mgr le comte de Paris, n'est pas altesse royale. Ses enfants le sont, lui-même est bien au-dessus ! Comment pourrait-on être altesse royale alors qu'on est roi de droit ? Et de la plus ancienne monarchie du monde ! De même, son épouse, née Isabelle d'Orléans et Bragance, est simplement « Madame ». C'est ainsi qu'il faut l'appeler si l'on a l'honneur de lui être présenté, tandis que l'on s'adressera au comte de Paris en l'appelant « Monseigneur ». De même pour leurs enfants et petits-enfants. Si vous êtes très poli ou fervent monarchiste, vous vous adresserez à eux à la troisième personne.

Le journaliste Ivan Levaï raconte à ce sujet une plaisante anecdote : un jour qu'il devait interviewer le comte de Paris, il lui demanda au préalable comment il préférait être appelé : « Monseigneur » ou « Monsieur » ? « Appelez-moi monsieur, cela ira très bien ! » répondit le prince avec un sourire.

Quelque temps après, le journaliste recevait le prince Henri de France, comte de Clermont, héritier du trône de France. Il lui posa la même question et il lui fut répondu : « Monseigneur ! » Un mois plus tard, il interrogeait le prince Napoléon, chef de la maison impériale. « Comment dois-je vous appeler ? » commença Ivan Levaï. Et le prince de répondre en riant : « Appelez-moi Napoléon ! Ce sera plus simple ! »

Les ducs

Il y a très peu de ducs et de duchesses en France : pas plus de vingt-cinq titres actuellement portés, dont onze remontent à l'Ancien Régime. Certaines familles possèdent d'ailleurs plusieurs titres de duc : c'est ainsi que Nemours et Montpensier sont des titres d'Orléans et que les ducs d'Ayen et de Mouchy sont en réalité des Noailles. Quant aux La Rochefoucauld, ils ne possèdent pas moins de cinq titres ducaux : La Rochefoucauld, Liancourt, La Roche-Guyon, Estissac et Doudeauville !

Rescapés de l'Ancien Régime, ces grands seigneurs sont les seuls à qui l'on doive s'adresser en disant : « Monsieur le duc » ou « Madame la duchesse ». Et encore ! Une fois au début de la conversation et une fois à la fin. Cela suffit.

Les autres titres de noblesse

Pour toutes les autres personnes titrées, la règle est simple : on s'adresse à un homme en l'appelant « Monsieur » et à une dame en l'appelant « Madame ». Pas de « Monsieur le comte », comme on l'entend parfois à la radio ou à la télévision ! On n'est « Monsieur le comte » ou « Madame la baronne » uniquement pour ses domestiques.

Naturellement, lors des présentations, il est tout à fait permis de dire : « Le baron de Riguepeu... le comte de Bazian... »

Les titres de courtoisie

Les titres de noblesse étant autrefois liés à la possession d'un fief, comte d'Herminge signifiait « seigneur du comté d'Herminge ». Il ne pouvait y avoir qu'un seul titulaire du fief en question. Du vivant de leur père, les enfants n'étaient donc que Pierre ou Paul d'Herminge, ou Mlle d'Herminge.

De nos jours, et à la suite du décret du 25 août 1817 visant la « pairie », l'habitude a été prise d'appeler « comte » le fils d'un marquis, vicomte le fils d'un comte et baron le fils d'un vicomte. Reste que le fils d'un général n'est pas forcément colonel !

Ne soyez pas trop pointilleux : accordez généreusement ces titres de courtoisie et présentez, par exemple, « le jeune baron de Riguepeu ». Les membres de la famille ne doivent cependant pas en abuser car il est extrêmement fâcheux de se parer de titres que l'on ne possède pas encore ou, pis, de jouer de l'homonymie pour s'attribuer des titres éteints.

En Grande-Bretagne, le nom de famille est porté avec un titre par l'héritier tandis que le chef de maison en assume un autre. Le système est relativement compliqué. Afin de ne pas commettre d'impair, il est préférable de consulter à ce sujet l'annuaire officiel de la noblesse du Royaume-Uni, le *Debrett's*.

Il existe des répertoires des diverses noblesses d'Europe, officiels ou non, dont on ne peut dire qu'ils soient toujours très fiables. Ainsi, le répertoire de la noblesse italienne passe sous silence bon nombre de vénérables familles siciliennes parce que ces vieux féodaux, attachés aux Bourbons de Naples, refusèrent de faire allégeance au nouveau roi d'Italie venu de la Savoie « nordique ». Que l'*Elenco della Nobilità*, le répertoire de la noblesse italienne, les passe sous silence ne les empêche nullement d'être nobles depuis les croisades !

Comment s'adresser à une personne titrée ?

Si vous êtes amené à vous adresser à un souverain, un prince ou à une haute personnalité étrangère, il vous suffira d'observer quelques règles simples.

• Le **pape** est appelé « Très Saint Père ». On lui parle à la troisième personne et on lui dit : « Votre Sainteté », ainsi qu'au **patriarche œcuménique de Constantinople** : « Très Saint Père, Votre Sainteté peut-elle me dire...? »

• Au **Dalaï Lama,** ou au **Grand Muphti**, vous direz plus simplement : « Votre Sainteté peut-elle me dire...? »

- Lorsqu'on s'adresse à un **roi**, on l'appelle « Sire » et jamais « Majesté », comme on le croit trop souvent. « Sire » constitue en effet ce que l'on nomme « l'appel », « Votre Majesté » et « Votre Altesse » étant le « prédicat » ou « traitement ». La différence est la même qu'entre « Très Saint Père » et « Votre Sainteté ». Ainsi, s'adressant au roi des Belges ou au roi de Norvège, on doit impérativement dire : « Sire, Votre Majesté a-t-elle...? » Seuls les rois régnants ou ayant régné sont appelés « Sire » et « Majesté ».
- Un **prince consort**, en revanche, comme le prince Philip d'Angleterre ou le prince Henrik de Danemark, reçoit le titre de « Monseigneur ». N'étant pas roi, il n'est pas « Sire ».
- Les **reines**, qu'elles le soient par la naissance, comme la reine Béatrix des Pays-Bas, ou par alliance, comme la reine Sonja de Norvège, sont toujours appelées « Madame » : « Madame, Votre Majesté désire-t-elle...? »
- Quant aux **monarques en exil** pour raison de changement de régime, tels les héritiers du trône du tsar de Russie ou de la couronne de Roumanie, ils sont appelés « Monseigneur », ou « Madame », « Votre Altesse impériale » ou, selon le cas, « Votre Altesse royale ». On s'adresse également à eux à la troisième personne du singulier.
- **Le membre le plus illustre d'une ancienne maison souveraine** est appelé « Monseigneur le chef de maison et d'armes », car, en d'autres temps, il serait sur le trône. Les autres membres de la famille sont appelés « Prince ».
- Les **princes** ou **grands-ducs** souverains sont appelés « Monseigneur ». Attention au prédicat, car il y a altesses et altesses : impériales, impériales et royales, royales, sérénissimes, éminentissimes. Ainsi, le Grand Maître de l'ordre de Malte est dit « Altesse éminentissime », mais on dira au prince de Monaco ou au prince de Liechtenstein : « Monseigneur, Votre Altesse sérénissime désire-t-elle...? », au grand-duc de Luxembourg : « Monseigneur, Votre Altesse royale a-t-elle rencontré...? »
- Aux **souverains étrangers**, tels que les sultans ou les émirs, on dit : « Monseigneur, Votre Altesse aimerait-elle...? » Dans ce dernier cas, le titre d'altesse est étendu par courtoi-

sie à toute la famille, mais il ne s'agit que d'un équivalent sans fondement.

Je me suis récemment trouvée à la même table que la Shabanou d'Iran, S.A.I. Farah Pahlavi. Lorsque je lui fus présentée, j'avoue que j'eus un moment d'hésitation et ne sus que bredouiller « Madame... » en faisant une profonde révérence. La duchesse de Wurtemberg, qui était à mes côtés, me dit ensuite que j'aurais dû l'appeler « Votre Altesse impériale » et lui parler à la troisième personne. C'eût été tout à fait exact si j'avais ajouté d'autres mots mais, n'ayant dit que « Madame », on ne pouvait rien me reprocher.

Les autres formules d'usage

Voici les formules habituelles marquant simplement la reconnaissance de certaines fonctions :

- A un **cardinal**, on dit : « Monsieur le cardinal ». Cet usage ne date que de 1967. Auparavant on disait : « Monseigneur » et « Votre Éminence ». On peut encore employer ces formules qui ont tendance à disparaître.
- Un **archevêque** ou un **évêque** s'appelle « Monseigneur » et « Votre Excellence ». Cette dernière appellation a remplacé « Votre Grandeur », en usage jusque sous le pape Pie XI (1922-1939).
- Un **prêtre** est « Monsieur le curé », « Monsieur le chanoine », « Monsieur le recteur », selon les cas, ou bien « Monsieur l'abbé », de manière plus générale. Un **moine prêtre** s'appelle « Mon père », et « Mon révérend père » s'il s'agit d'un supérieur. Un **religieux non prêtre** s'appelle « Mon frère ».
- Une **religieuse** est « Madame », car elle est considérée comme étant mariée avec Dieu. On peut cependant l'appeler « Ma sœur ». « Madame » est toutefois plus convenable. Mais on appellera la **mère supérieure** « Ma mère ».
- Aux **ambassadeurs** et **diplomates** étrangers, on dit : « Monsieur l'ambassadeur » ou « Excellence ». Les Français utilisent très largement ces deux appellations. A tort. Il n'y a

réellement en France qu'une seule Excellence : le président de la République, que l'on appelle d'ailleurs toujours « Monsieur le Président ». Par ailleurs, la France ne possède pas d'ambassadeurs mais uniquement des « ambassadeurs de France », peu nombreux, et des ministres plénipotentiaires dont beaucoup ont rang d'ambassadeur, cela afin de montrer aux États étrangers que leur importance mérite plus qu'une simple « légation ». Il est également plus agréable pour un diplomate d'être appelé « Monsieur l'ambassadeur » que « Monsieur le ministre ». Les étrangers étant appelés « Excellence » par courtoisie, ce traitement a toutefois fini par s'étendre à nos propres représentants.

• On appelle l'**épouse d'un ambassadeur** « Madame l'ambassadrice ». Attention : c'est là un titre, non un grade. Lorsqu'une femme est elle-même représentante de la France à l'étranger, on s'adresse alors à elle en lui disant « Madame l'ambassadeur ». Distinguo subtil qui permet bien de différencier l'épouse de l'ambassadeur de la femme ambassadeur.

• Un **ministre** est « Monsieur le ministre », un **préfet** « Monsieur le préfet », et ainsi de suite pour un secrétaire d'État, un député, un sénateur, un conseiller général, un maire.

• Un **avocat**, un **commissaire-priseur**, un **notaire**, ou un **officier ministériel**, sont appelés « Maître ».

• On dit également « Maître » à un **écrivain célèbre**, qu'il soit ou non académicien, un **artiste réputé**, peintre, sculpteur ou musicien, voire cavalier émérite, mais rappelez-vous qu'une **comédienne** s'appellera par convention, toute sa vie, « Mademoiselle ». Beaucoup d'entre elles y tiennent : ainsi, on devait toujours dire « Mademoiselle Arletty » à la célèbre comédienne. Dans le cas de très grandes dames de la scène ou de l'écran, passé un certain âge, on peut toutefois risquer un respectueux « Madame ».

• Un **juge** sera appelé, selon les cas, « Monsieur le juge » ou « Monsieur le président ». Que vous soyez témoin ou accusé, ne vous aventurez jamais à l'appeler « Votre Honneur » ! Ce terme anglo-saxon a le don d'irriter les magistrats de l'Hexagone.

Comment s'adresser aux militaires ?

Dans l'armée, un subalterne s'adresse à un supérieur en l'appelant « Mon lieutenant », « Mon capitaine », « Mon colonel » ou « Mon général », selon le grade de ce dernier. Notons qu'un lieutenant-colonel est appelé « Mon colonel » et un sous-lieutenant « Mon lieutenant ».

En revanche, un supérieur appelle plus simplement son subalterne « Lieutenant », « Capitaine », « Colonel »...

Un civil qui s'adresse à un militaire ne doit dire « Mon » qu'à partir du grade de commandant. Cependant, une dame ne dira jamais « Mon commandant » ni « Mon colonel » mais « Commandant » ou « Colonel ».

Je rappelle qu'un officier ne peut, en France, faire suivre son grade de son titre de noblesse que s'il est général. Ainsi, on pourra dire « le général baron », mais jamais « le colonel baron »... sauf si le titre est supérieur au grade. Ainsi mon père, qui est officier, avait-il l'habitude de recevoir son courrier ainsi libellé : « Au Colonel, Duc de Clermont-Tonnerre ».

L'habitude, en parlant de l'épouse d'un colonel ou d'un général, est de l'appeler familièrement « la colonelle » ou « la générale ». On s'en abstient évidemment dans la conversation. On dit : « Madame » et non, comme l'inénarrable Sapeur Camembert, « Ma colonelle » !

Dans la Marine, les choses sont moins simples. Ainsi, un amiral est appelé par tout le monde « Amiral », ce qui paraît assez logique, mais un enseigne de vaisseau est appelé « Lieutenant », un lieutenant de vaisseau « Capitaine », un capitaine « Commandant ».

Il existe un moyen bien simple de ne pas se tromper : dans la Marine, l'appellation « Monsieur » peut s'appliquer à tout le monde. L'usage est cependant d'appeler les amiraux « Amiral ». Ils y tiennent.

SAVOIR RÉPONDRE A UNE INSULTE

La plupart des manuels de savoir-vivre oublient ce chapitre. Pour une raison simple : il est très difficile de donner des règles de conduite en ce domaine. Tâchons d'être plus audacieux. D'abord, qu'est-ce qu'une insulte ?

Il y a trois siècles, des insultes telles que « bélître » ou « fesse-mathieu » se payaient à coups d'épée. De nos jours, elles susciteraient le rire.

Il arrive cependant que l'on soit injurié en public par un automobiliste grincheux, un piéton désagréable ou un voisin de métro aigri... et cela dans des termes qui ne varient guère. La plus habile parade reste alors de hausser les épaules et de passer son chemin. Après tout, vous ne serez plus amené à croiser l'insulteur. Il arrive cependant que l'insulte soit si grave qu'elle ne puisse être traitée par le dédain. Que faire alors ?

Le duel n'est plus en usage depuis le début du siècle. On se souvient néanmoins de celui qui opposa le marquis de Cuevas à son danseur fétiche Serge Lifar dans les années 30. Comme de celui de Gaston Defferre, maire de Marseille, avec le député René Ribière.

Quoique le duel ait été proclamé illégal par les édits de Louis XIII et du cardinal de Richelieu, le grand-père de mon cousin, le comte de Clermont-Tonnerre, en provoqua plusieurs au cours de sa vie. Il y acquit le renom d'un fameux bretteur, car il en sortait chaque fois vainqueur, et sans une égratignure. Il est vrai qu'étant à la fois excellent à l'épée et d'un naturel facétieux, il touchait à chaque fois son adversaire... au pied ! Ce qui mettait fin au combat. On cessa donc rapidement de l'importuner.

Le duel étant aujourd'hui exclu, faut-il régler un litige à coups de poing ? Rien n'est moins indiqué ! Les coups de poing n'ont leur place que dans un combat de boxe, que les Anglais désignent comme « le noble sport », ce qui est d'autant plus curieux que les coups de poing sont extrêmement mal vus en Grande-Bretagne. Dans *Barry Lindon*, si le héros est mis au ban de la société, ce n'est nullement en raison de ses origines plébéiennes mais bien parce que, insulté en public par son beau-fils, il l'a frappé.

Que faire alors si l'on est insulté en public, lors d'un dîner par exemple ? La meilleure solution est de posséder suffisamment d'esprit de repartie pour ridiculiser l'insulteur par une réponse bien sentie.

En revanche, un homme qui serait témoin d'une insulte faite à une dame en sa présence ne doit pas laisser passer l'affront. Il se trouve, dès lors, confronté à un problème franchement épineux : doit-il relever ses manches et corriger l'insulteur ? Non. Surtout pas au cours d'un dîner où cela créerait une situation impossible à maîtriser. Laisser passer l'affront sans rien dire ? Cela reviendrait à se comporter comme un lâche. La solution consiste à déconcerter l'adversaire, comme au judo, en faisant semblant d'abonder dans son sens tout en le ridiculisant.

Récemment, lors d'une réception, un homme assis en face de moi, probablement saoul et pris d'une singulière lubie, se mit à railler, très grossièrement et à haute voix, ma tenue vestimentaire ainsi que le fait que j'avais laissé tomber mon écharpe à terre. Il devenait gênant. Je lui proposai donc avec une exquise politesse d'utiliser mon écharpe pour donner un peu de lustre à ses chaussures, qui en avaient grandement besoin. Cette réponse le rendit si perplexe qu'il demeura coi. Sans doute aurait-il poursuivi ses invectives si je lui avais répondu sur le même ton.

A un malotru qui le traitait en public de « mulâtre », Alexandre Dumas répondit ceci : « Vous avez raison, monsieur, mon père était nègre et mon grand-père était singe. Ma famille commence donc où la vôtre finit ! » L'insolent en resta bouche bée.

SAVOIR ÉCRIRE

L'art d'écrire une lettre

A l'époque où n'existaient ni téléphone, ni télécopie, ni journaux, ni télévision, nos ancêtres écrivaient beaucoup.

La lettre qui relatait les derniers « potins » de Versailles ou de la capitale était attendue avec impatience en province. Reçue le matin, elle était lue l'après-midi même en public, au château ou chez les notables, voire à l'auberge, souvent tenue par les maîtres de poste qui jouaient alors un rôle important dans la propagation des nouvelles.

Sachant que leurs lettres étaient attendues par un large public, nos aïeux soignaient leur style. Lorsque Mme de Sévigné écrivait à sa fille, Mme de Grignan, elle se doutait bien et même espérait que ses missives seraient appréciées et commentées par de nombreux lecteurs et auditeurs.

Les nouveaux moyens de communication ont pratiquement mis fin aux échanges épistolaires.

Les manuels de correspondance donnaient jusqu'à une date récente des modèles de lettres qui nous semblent aujourd'hui très étranges. Sans remonter à la célèbre *Correspondance de deux petites filles du siècle dernier*, voici un exemple que je ne résiste pas à citer in extenso. Il est de la plume de Paul Reboux. Sa lettre est destinée à « faire lever » une contravention :

> *Monsieur le maire,*
>
> *Dimanche dernier, pendant que je traversais Noisy-sous-Bois en automobile, on m'a dressé un procès-verbal pour excès de vitesse.*
>
> *Je ne viens pas protester auprès de vous contre un règlement dont je suis le premier à approuver la sagesse, mais je*

> *crois que l'extrême rigueur avec laquelle il m'a été appliqué dépasse vos intentions. Aussi j'ose souhaiter, Monsieur le maire, que vous voudrez bien tempérer, en cette circonstance, le zèle de vos subordonnés.*
>
> *En m'arrêtant à Noisy-sous-Bois lorsque le procès-verbal m'a été dressé, j'ai admiré la beauté du site. Je ne demande pas mieux, si vous faites lever ma contravention, que de faire amende honorable et de venir souvent dans votre jolie commune vous prouver par mes pèlerinages de touriste que vous avez fait de moi un admirateur reconnaissant.*

Il est vrai que le charmant auteur de *A la manière de...* conseillait également, en 1933, de s'adresser à une tête couronnée en l'appelant « Votre Majesté royale », ce qui laisse rêveur.

La Bruyère a noté dans ses *Caractères* : « On écrit pour être entendu. » N'essayez pas de faire du style, parlez avec votre cœur, sans recherche. Vous voulez dire : « Il pleut » ? Alors pourquoi ne pas écrire : « Il pleut » ?

Enfin, il est des règles. Chacun est libre de les suivre ou non, mais si l'on prend le parti de les appliquer, il s'agit de le faire à bon escient. Mieux vaut donc les connaître : on ne s'adresse pas à son frère ou à sa tante comme au maire ou au préfet.

Le style

Pour avoir du style, il faut être doué. Pour bien écrire, il suffit d'apprendre.

Un acrobate ou un pianiste répètent inlassablement les mêmes exercices avant d'acquérir la maîtrise de leur art. Écrire exige la même patience, le même labeur. « Mille fois sur le métier, remettez votre ouvrage » n'est pas un vain conseil.

Voici quelques règles à observer quels que soient vos correspondants :

• Soyez sobre, faites des phrases courtes, des paragraphes nets qui se suivent selon la logique plutôt que selon votre fantaisie.

- Évitez d'avoir recours aux proverbes, aux lieux communs, aux clichés. Ils dénotent un esprit conventionnel et paresseux.
- Appliquez-vous à utiliser le moins possible les adverbes et les adjectifs.
- Préférez la forme active à la forme passive, le présent à l'imparfait.
- Faites la chasse aux négligences et aux familiarités.
- Ne cédez pas à la facilité d'utiliser les mots à la mode. Longtemps, le mot « obsolète » fut utilisé pour « démodé ». Il est aujourd'hui « désuet » ! Actuellement, on entend un peu trop les mots « festif » et « convivial », aux dépens de « joyeux » et de « accueillant ».

Le général de Gaulle excellait à relancer des expressions anciennes telles que « la chienlit » ou « un quarteron de généraux ». On s'en souvient encore, mais ils sont moins à la mode.

- N'utilisez jamais une image que vous ne pourriez pas vous représenter. Cela vous épargnera des phrases telles que : « Ce texte est écrit avec une plume de vipère. »

La ponctuation

Si vous partagez les idées de François Cavanna, auteur de *Mignonne, allons voir si la rose...* et puriste avoué, abstenez-vous comme lui du point-virgule mais mettez des virgules et des points ! Placez un point d'interrogation à la fin d'une phrase interrogative et un point d'exclamation après une phrase exclamative. Mais n'abusez pas de l'exclamation, sous peine de paraître toujours au bord de l'émotion.

Alors que j'écrivais mon premier article destiné à *Point de Vue*, ma distraction me fit oublier un point et laisser un « et » mal venu. Le rédacteur en chef, à juste raison, jugea mon texte incompréhensible et le jeta au panier en me disant simplement : « À recommencer. »

Une lettre sans ponctuation n'est comprise de personne et peut sembler, à bon droit, impertinente ou impolie !

La présentation

Il existe quelques règles d'usage pour la correspondance. L'une d'elles, admise par l'immense majorité des « gens bien élevés », veut que l'on ne commence une lettre ni par le pronom « Je » ni par un participe. Il ne faut donc pas écrire :

> *Cher Monsieur,*
> *Je réponds à votre courrier...*

ni :

> *Cher Monsieur,*
> *Répondant à votre courrier...*

mais :

> *Cher Monsieur,*
> *Il m'est particulièrement agréable de répondre à votre lettre...*

ou bien :

> *Suite à notre conversation...*
> *Comment vous remercier assez...*
> *Un départ précipité me force à...*

Écrivez droit, sans incliner la feuille. Vous tracerez peut-être des lignes montantes – signe d'optimisme selon les graphologues – ou bien descendantes – marque de pessimisme disent les mêmes spécialistes. Peu importe, car seuls les jeunes enfants, encore malhabiles, peuvent utiliser du papier à réglure.

Le papier à lettres

Son format

Il varie selon le type de lettre que vous avez à écrire. Les petits formats sont plus cérémonieux, les grands plus familiers. Quant au « papier ministre », d'un format imposant, il n'est, quoique très beau, utilisé que pour les lettres officielles (comme son nom l'indique).

Quel type de papier choisir ?

Il doit être assez épais pour que les caractères ne transparaissent pas au verso.

Les plus beaux sont sans doute le papier dit «vergé», qui comporte des lignes verticales et horizontales en filigrane, appelées «vergeures», et le papier vélin, un peu raide et épais, sur lequel la plume glisse agréablement.

Le papier bible, ou plus exactement «pelure», très mince, est réservé au courrier par avion. Il n'est écrit que sur un seul côté.

Vous pouvez aussi utiliser des feuilles doubles formant quatre feuillets recto verso. Il s'agit d'une façon de faire fort élégante mais l'habitude ancienne qui consistait à écrire dans l'ordre les pages 1 – 3 – 2 – 4, c'est-à-dire les deux rectos d'abord, les deux versos ensuite, a si bien disparu des mœurs que tout le monde s'y perdrait de nos jours.

Il en va de même de la coutume qui consistait à tourner la page à angle droit pour y écrire en travers ! Courante au début du siècle, elle surprendrait beaucoup aujourd'hui.

Certains écrivent encore des lignes verticales dans la marge, lorsqu'ils manquent de place pour finir leur lettre. Il est préférable de prendre une autre feuille. L'écriture en marge donne une impression de confusion et, surtout, trahit une grande négligence.

Sa couleur

Il sera de préférence blanc ou crème, encore que l'on puisse admettre des papiers de teinte pastel, bleu pâle ou vert amande, éventuellement gris, dans la correspondance privée, plus spécialement féminine. Abstenez-vous cependant du papier rose ou jaune, très «jeune fille», et des papiers ornés de vignettes représentant des navires à voile ou des goélands, réservés aux enfants.

Une lettre officielle est toujours sur papier blanc. Pour vos lettres d'amour, faites comme bon vous semble ! Lorsqu'on aime, on n'est jamais ridicule.

Utiliser en lieu et place de papier une carte de bristol souple ou de vélin épais est permis, mais réservez les cartes dorées sur tranche aux invitations.

Le papier gravé ou imprimé

Si vous le désirez, vous pouvez faire imprimer ou, mieux encore, graver votre papier à lettres mais ne l'utilisez que pour la première page de votre lettre. Les autres feuillets seront vierges de toute inscription. (N'oubliez donc pas d'acheter un bloc vierge identique à votre papier gravé.)

Attention ! Ne mentionnez ni votre nom, ni même vos initiales ! Indiquez seulement votre adresse en haut à gauche ou en bas au milieu et, peut-être, votre numéro de téléphone, quoique cela fasse très « papier à en-tête professionnel » et soit moins élégant. Vous pouvez ajouter le nom de votre demeure si elle en porte un, le tout en haut à gauche :

Château de la Tour
36860 Rivarennes

Le blason

Vous pouvez faire graver sur votre papier à lettres votre blason ou, comme le font les Italiens, votre couronne, mais en aucun cas vos initiales.

Le blason n'est qu'une sorte de « logo » personnel, un emblème qu'utilisaient les capitaines, du temps des croisades, pour se faire reconnaître de leurs hommes au milieu de la bataille. On l'arborait en temps de paix lors des tournois.

De nos jours, on reconnaît les joueurs des équipes sportives à leurs maillots, et les écuries de chevaux ou de voitures de course à leurs couleurs.

La multiplication et la complexité croissante des blasons entraîna la création d'un véritable langage technique, riche en mots extraordinaires comme l'« orle » ou le « pairle », le « besant » ou le « bâton péri en bande », le « double trescheur fleuri » ou la « guivre ondoyante », cette dernière assez connue puisqu'elle figure sur les armes de Milan, qui ont inspiré le macaron des voitures Alfa-Roméo.

Les blasons les plus anciens sont cependant toujours très simples. Il est difficile, à cet égard, de faire plus sobre que l'écu de l'ancienne famille d'Albret : « de gueules plain », c'est-à-dire entièrement rouge, sans aucun ornement.

Je me contente pour ma part de porter au doigt les clefs de saint Pierre : nous ne sommes pas beaucoup dans le monde à pouvoir arborer les armes papales.

La science du blason, ou héraldique, est compliquée. Il existe des volumes entiers sur la question, auxquels chacun peut se reporter. Leur langage est encore plus complexe que celui de la vénerie.

Cependant, de nos jours, comme sous l'Ancien Régime, chacun peut posséder un blason personnel, voire le créer, « sous réserve des droits des tiers, c'est-à-dire à condition de ne pas reproduire les armes d'une autre famille qui les possède déjà ». On protège son blason en déposant son dessin à l'Office de la propriété artistique et industrielle, car le blason est considéré comme « le nom dessiné et colorié ». Les tribunaux civils sont compétents pour statuer sur les litiges.

Certains héraldistes modernes proposent de composer votre blason personnel, et se chargent même d'en faire « le dépôt légal au ministère de l'Intérieur et à la Bibliothèque nationale ».

L'encre

Trois teintes d'encre seulement sont admises : le noir, le bleu-noir et le bleu. Les encres de couleur harmonisées au papier, quoique élégantes, peuvent sembler trop recherchées.

Robert de Montesquiou usait d'encres de diverses teintes, sépia, vert pâle ou gris fumé, sur des feuilles peintes à l'aquarelle et poudrées d'or... Cela lui valut une solide réputation d'extravagance.

L'encre violette évoque l'école primaire, au temps où cette couleur y était obligatoire : une société privée, qui fournissait aussi les grandes bouteilles à bec verseur destinées à remplir les encriers, en avait le monopole par contrat avec l'État. Quant à l'encre rouge, elle évoque irrésistiblement le professeur corrigeant une copie.

Moins formaliste en cela que la génération de mes grands-parents, et même si personnellement je préfère le stylo à plume, il ne me déplaît pas de recevoir une lettre écrite au feutre pourvu que l'écriture en soit nette.

Machine à écrire et ordinateur

Pouvez-vous utiliser votre machine à écrire ou votre ordinateur pour une lettre amicale ? Oui, si votre écriture est illisible, auquel cas il vaut encore mieux la dactylographier que de transformer votre correspondant en Champollion.

Il est bon, dans ce cas, d'ajouter à la main un mot d'excuses pour vous faire pardonner l'emploi du clavier. L'« appel » (« Cher ami, Cher Monsieur ») ainsi que la formule finale seront également écrits à la main.

En revanche, une lettre officielle sera de préférence tapée à la machine ou sur ordinateur. Ainsi, vous ne ferez pas perdre de temps au fonctionnaire qui la lira, ce qui lui donnera peut-être davantage envie d'accéder à votre demande.

Par ailleurs, les fonctionnaires dépouillent d'innombrables lettres : faites-les donc le plus courtes possible, sans pour autant imiter les excès de Talleyrand qui, ne sachant que dire à une dame qui venait de perdre son mari, se contenta de trois mots pour exprimer sa compassion :

> *–Ah ! Madame !*
> *Talleyrand*

Un an plus tard, la jolie veuve se remariait en grande pompe. Talleyrand écrivit cette fois quatre mots :

> *–Hé ! Hé ! Madame !*
> *Talleyrand*

On cite également les quatre mots de condoléances, un peu brefs, du musicien Anton Bruckner à la veuve de Richard Wagner : *« Toutes mes condoléances, etc. »*

Les lettres manuscrites sont obligatoires pour les félicitations ou les condoléances. De même, abstenez-vous d'écrire à la machine à des personnes âgées, quelque mauvaise que soit leur vue. Appliquez-vous à rendre votre écriture lisible. Élevées à une époque plus rigoureuse que la nôtre, une lettre sur ordinateur leur paraîtrait sans doute trop désinvolte et guère chaleureuse.

Le post-scriptum

Cette expression latine, qui signifie « écrit ensuite » et s'abrège en « P.S. », sert à mettre en évidence un point sans rapport avec la lettre proprement dite, le rappel d'un rendez-vous, par exemple.

N'en abusez pas. Quant au « post-post scriptum » (P.P.S.), il constitue un signe d'étourderie ou de fantaisie des plus fâcheux.

La question des marges

Celle de gauche, obligatoire, est d'environ trois centimètres (un peu moins si vous utilisez un papier de petit format, un peu plus, jusqu'à cinq si vous écrivez sur un papier ministre).

La marge de droite n'aura qu'un ou deux centimètres si vous tapez votre lettre sur ordinateur. Si vous l'écrivez à la plume, vous pouvez vous dispenser de cette marge. L'essentiel est que votre marge de gauche soit verticale. Vous pouvez laisser une ligne de blanc entre chaque paragraphe. La première phrase doit être décalée d'un centimètre vers la droite :

> *Cher Monsieur,*
> *En réponse à votre lettre...*

L'enveloppe

Les enveloppes sont d'invention relativement récente. C'est un Anglais du nom de Brewer qui les aurait conçues vers 1820. Cependant, leur fabrication industrielle ne débuta, en France, qu'en 1841.

Longtemps on continua à plier les lettres, généralement en trois sur la longueur puis en deux sur les petits côtés, et à fermer le tout par un cachet de cire ou un simple « pain à cacheter ». On faisait donc porter des « plis » – l'expression se perd de nos jours, même dans le monde diplomatique.

Il semble que l'on ne puisse plus envoyer de plis aujourd'hui : la poste, toute-puissante dans ce domaine, n'accepte en effet que certains types d'enveloppe, en raison de la mécanisation et de la lecture optique des adresses. On ne peut que s'y conformer, à moins de recourir à un service de coursiers.

Le pliage des lettres, parfois fort savant, a définitivement disparu avec la suppression du service des « pneumatiques », ce courrier express qui traversait Paris avec une grande rapidité dans des tubes à air comprimé, en empruntant le réseau des égouts. Une seule ligne demeure en activité. Elle relie l'Assemblée nationale et l'hôtel Matignon, résidence du Premier ministre. Adieu donc au « petit bleu » cher à Marcel Proust !

A chaque papier son enveloppe

Pour le courrier, l'enveloppe doit être assortie au papier à lettres. A papier blanc, enveloppe blanche, à papier bleu, enveloppe bleue. Le contraire serait inélégant.

Veillez également à utiliser, pour vos lettres personnelles, des enveloppes doublées. Votre correspondance sera ainsi à l'abri des regards indiscrets.

Faut-il préférer les enveloppes gommées ou autocollantes ? Faut-il arrêter le progrès et refuser de vivre avec son temps ? Les timbres eux-mêmes sont devenus autocollants ! Cependant il arrive que les enveloppes dites autocollantes ne collent pas bien, voire pas du tout. Le morceau de ruban adhésif est en ce cas malvenu car très disgracieux. La colle ? La nouvelle couche n'adhère pas toujours sur l'ancienne.

Le timbre

Le timbre se colle en haut à droite de l'enveloppe, parallèle aux bords. Le placer de travers est un signe de négligence.

Ne le placez jamais la tête en bas car on le considérerait comme une insulte délibérée, sans doute depuis que, avant la Seconde Guerre mondiale, certains milieux réactionnaires – Croix de Feu, Camelots du Roi et autres – avaient l'habitude de coller le timbre à l'envers. On insultait de cette façon non pas son correspondant mais la République, « la gueuse », ainsi renversée... en effigie.

L'adresse de l'expéditeur

Si vous écrivez à l'étranger à une adresse dont vous n'êtes pas très sûr, ou encore si vous résidez à une adresse provisoire, de villégiature par exemple, ou si vous souhaitez que la lettre vous revienne en cas de non-distribution, vous pouvez écrire votre propre adresse au dos de l'enveloppe. Mais si la missive est adressée à des amis, la précaution est généralement inutile puisqu'ils connaissent vos coordonnées. Dans l'administration, les enveloppes, une fois ouvertes, sont jetées au panier. Écrivez donc votre adresse dans le corps de la lettre, de préférence en haut à gauche.

L'adresse du destinataire

Les règles pour écrire une adresse sont généralement peu ou mal connues. Elles relèvent pourtant du bon sens.

Il est d'usage de placer avant le nom du destinataire les termes « Monsieur » ou « Madame ». Même si, dans l'intimité, vous appelez votre correspondant « Momo » ou « Zaza ». Les intermédiaires, postiers, concierges, préposés, n'ont pas à connaître votre degré d'intimité.

Si la lettre est adressée à « Monsieur » ou à « Madame » en particulier, chacun se gardera d'ouvrir la lettre destinée à son conjoint.

En revanche, si l'intitulé porte « Monsieur et Madame » (jamais l'inverse, ce qui peut paraître curieux à une époque où le féminisme a bouleversé les mœurs), l'un des époux est autorisé à l'ouvrir en l'absence de l'autre.

La mention « Monsieur ou Madame » n'est utilisée que par les administrations, pour lesquelles un couple marié n'apparaît que comme un « foyer fiscal ».

Sur une enveloppe, « Madame » et « Monsieur » s'écrivent en toutes lettres, jamais en abrégé, et toujours avec une majuscule.

Si nous recevons une lettre adressée à « Mlle de Clermont-Tonnerre », je sais aussitôt qu'elle est adressée à ma sœur, car on ne mentionne jamais le prénom de l'aînée des filles et des garçons de la famille. Dans le cas contraire, elle porterait mon prénom.

Une jolie formule consiste à écrire :

A Madame Beauvallon

ou :

A Monsieur Beauvallon...

Elle n'est pas obligatoire, de même que l'ancienne coutume, toujours employée dans ma famille, mais pratiquement inusitée de nos jours, qui consiste à répéter la formule et à écrire :

A Madame,
Madame d'Ixeville

Cette façon de faire était – et est encore – très élégante, même si beaucoup de gens croient à une étourderie ou une excentricité.

Les abréviations

Il existe un certain nombre d'abréviations usuelles qui s'emploient exclusivement dans le corps de la lettre, jamais sur l'enveloppe. On ne les utilise que pour parler d'une tierce personne et, dans ce cas, elles sont à peu près obligatoires :

> *Cher Monsieur,*
> *Notre ami commun M. Pélerin...*

ou :

> *le Dr Pélerin...*

Les abréviations de « Monsieur », « Madame » et « Mademoiselle » sont respectivement « M. » (avec un point abréviatif), « Mme » et « Mlle » (sans point). C'est une faute d'écrire « Mr. » pour « Monsieur » car il s'agit de l'abréviation de l'anglais « Mister », et « Mrs. », abréviation de « Mistress ».

Pour écrire à des amis logeant momentanément chez quelqu'un d'autre, on mentionne :

> *M. Latour*
> *aux bons soins de M. X...*

Souvent utilisé, le sigle C/° ou C/O, signifie « care of », c'est-à-dire « aux soins de » en anglais. Il est donc conseillé d'employer la formule précédente.

Il est d'usage, sauf pour les intimes, de faire suivre le nom du destinataire de son titre ou de sa fonction. Ainsi, pour un avocat, on écrira :

> *Maître Joyeuse*
> *Avocat à la Cour*
> *10, rue...*

Pour le bâtonnier (il en existe une vingtaine en France) :

> *Maître Durandal*
> *Bâtonnier de l'Ordre des avocats du barreau de X...*

Pour un médecin :

> *Docteur Lavergne*

Pour un fournisseur :

> *Monsieur Déroulède*
> *Négociant en vins*

Pour un militaire :

> *Colonel Laborde*

Voici quelques abréviations de ce que le Code typographique appelle « titres de civilité » et dont certaines ne sont pas très courantes.

Docteur :	Dr
Monseigneur :	Mgr

(Curieusement, si l'on peut dire au pluriel « Messeigneurs » – avouons que c'est rare, à moins de s'adresser à une assemblée d'évêques –, le pluriel écrit de « Mgr » est « NN. SS. », c'est-à-dire « Nos Seigneurs ». Ce singulier redoublement, que l'on trouve dans plusieurs abréviations, a une origine espagnole et fut « naturalisé » en France sous Louis XIV.)

Maître :	Me (au pluriel : Mes)
Messieurs :	MM.
Mesdames :	Mmes
Mesdemoiselles :	Mlles
Son Altesse :	S.A. (pluriel : LL.AA.)
Son Altesse Royale :	S.A.R. (pluriel : LL. AA. RR.)
Sa Majesté :	S.M. (pluriel : LL. MM.)
Sa Grâce :	S.Gr. (réservé aux ducs britanniques, au pluriel : LL. GGr.)
Duc ; duchesse	Duc ; D^{sse}
Baron ; baronne :	B^{on} ; B^{onne}
Comte ; comtesse :	Cte ; Ctesse
Marquis ; marquise :	Mis ; M^{ise}
Vicomte ; vicomtesse :	Vte ; V^{tesse}

Certaines abréviations sont extraordinaires. Je ne les cite qu'à titre de curiosités, n'ayant jamais eu à les employer moi-même :

S.H. :	Sa Hautesse (ne s'emploie que pour les sultans. Il en existe un certain nombre de par le monde, mais on n'a pas tous les jours l'occasion de leur écrire...)
N. S.-P. :	Notre Saint-Père (le pape)
N.T.C.F. :	Notre Très Cher Frère

TT. CC. FF. :	Très Chers Frères
NN. TT. CC. FF. :	Nos Très Chers Frères
S.A.E. :	Son Altesse électorale...

Si vous souhaitez aller plus loin encore, sachez que « S.M.T.C. » signifie « Sa Majesté Très Chrétienne » (titre des rois de France) ; « S.M.C. » : « Sa Majesté Catholique » (rois d'Espagne) ; « S.M.S. » : « Sa Majesté Sacrée » (empereurs d'Autriche) et que « S.T.G.M. » (« Sa Très Gracieuse Majesté »), recommandé par certains ouvrages pour désigner la reine d'Angleterre, n'existe qu'en France et n'a d'ailleurs aucune raison d'être, puisque les Anglais l'appellent simplement « Her Gracious Majesty », c'est-à-dire « Sa Gracieuse Majesté ».

Il est une vieille rivalité entre le Bottin mondain, le Quai d'Orsay et les manuels. Le premier prétend que « Son Excellence » s'écrit en abrégé « S.E. », le deuxième « S.Ex. » arguant du fait que l'on pourrait confondre « Son Éminence » (« S.E. »), réservé aux cardinaux, et « Son Excellence » (« S.Ex »), réservé aux ambassadeurs. Mieux, pour prévenir toute confusion, écrire en toutes lettres « Son Éminence » et « Son Excellence ». Quant à la formule proposée par le Code typographique, « S. Exc. », pour claire qu'elle soit, elle ne fait que compliquer les choses.

Certaines abréviations forment un mot composé qui prend une majuscule, tel l'Unesco. On les appelle des acronymes. La plupart des abréviations s'écrivent cependant en majuscules, chacune suivie d'un point :

O.T.A.N. :	Organisation du traité de l'Atlantique Nord.
F.A.O. :	Food and Agriculture Organization.

La liste des abréviations de ce type est fort longue. Il convient de les vérifier car le sigle français n'est pas toujours le même que le sigle international ou officiel. L'O.M.S., ou Organisation mondiale de la santé, qui siège à Genève, s'appelle W.H.O. En anglais : World Health Organization. L'O.I.T., Organisation internationale du travail, est connue à l'étranger comme International Labour Organization, soit I.L.O.

La suscription

Le numéro de la rue commence la suscription, suivie d'une virgule. Les mots rue, avenue, boulevard, allée, impasse et autres ne prennent jamais de majuscule. En revanche, les noms de rue composés prennent des traits d'union. On écrira :

> *Madame de Ixeville*
> *9, rue de la Victoire*

et

> *Madame de Ixeville*
> *9, rue Notre-Dame-des-Victoires*

Le trait d'union, cependant, ne remplace jamais l'apostrophe :

> *9, rue de l'Arbre-Sec*

Le code postal suit l'adresse, bien que la poste tente de changer nos mœurs en proposant des enveloppes préimprimées dont la place réservée au code est située à gauche. Ce dernier est suffisant pour que la lettre arrive mais je préfère personnellement indiquer le nom de la ville, du village ou du lieu-dit. Pour ma grand-mère et ma mère, il s'agit là d'une politesse élémentaire et je pense qu'elles ont raison.

La date

La date s'inscrit en haut à droite de la lettre, sans abréviations, et en indiquant de préférence l'endroit d'où l'on écrit :

> *Paris, le 2 janvier 1994*

Écrire simplement : « Paris, ce mercredi » n'est plus en usage et a toujours été considéré comme un peu dédaigneux.

Seuls les amoureux sont autorisés à inscrire l'heure à laquelle ils écrivent ou à noter la couleur du ciel ou le temps qu'il fait.

La signature

Une lettre se signe en bas à droite dans la plupart des pays dont le nôtre. Les Anglo-Saxons, influencés peut-être par l'écriture à la machine, ont pris cependant l'habitude de signer en bas à gauche. Dans le cas d'une lettre tapée à la machine, il convient de toujours signer à la main, entre la fin de la lettre et la signature imprimée.

L'appel (ou en-tête)

Les jeunes filles, les femmes non mariées, les comédiennes sont traditionnellement appelées « Mademoiselle ».
Les « appels », c'est-à-dire les formules de début de lettre, sont semblables à celles utilisées dans la conversation : Maître, Mon colonel, Madame, etc.
En revanche, la correspondance dispose d'une infinie variété de formules finales de politesse qui servent à exprimer toutes les nuances possibles selon la position sociale, voire sentimentale ou amicale, des deux correspondants. Je m'en remets à votre imagination.

Les lettres aux enfants

Dans les pays anglo-saxons, il existe une formule pour les petits garçons, jusqu'à dix ou onze ans : on les appelle « Master », c'est-à-dire « maître » : « Master Philip Smith. »
Il est regrettable que nous ne disposions pas d'une formule équivalente aussi charmante. Chez nous, on s'adresse aux jeunes garçons en leur disant « Monsieur ». La tendance actuelle consistant à écrire simplement « Jérôme Dallais » n'est pas à suivre : un enfant est le plus souvent flatté d'être

traité comme un adulte, même s'il adore cacheter de cire rouge ses propres missives écrites à l'encre sympathique.

Que de « secrets d'État » n'avons-nous pas échangés de cette façon, sous les regards indulgents et secrètement amusés de ma grand-mère et de ma mère ! Les facteurs à bicyclette pédalaient avec bonne humeur entre les étangs de la Brenne, et nous attendions avec impatience le moment où enfin ils nous délivreraient notre courrier.

Les formules finales

Il est difficile d'énoncer en la matière des lois générales. On peut néanmoins suivre sans crainte les recommandations suivantes :

1. Un homme et une femme n'expriment pas leurs « sentiments », sauf cas particulier.

2. On est de plus en plus respectueux au fur et à mesure que l'on s'adresse à quelqu'un de plus haut placé.

3. Il existe des formules consacrées pour certaines professions : un avocat présente « ses devoirs » à ses supérieurs et un prêtre « son religieux respect ».

4. A part quelques cas très rares (indiqués plus bas) la formule d'appel (« Cher Monsieur », « Chère Madame », « Mon colonel ») est systématiquement reprise dans la formule de politesse : « Veuillez agréer, chère Madame... »

D'un homme à une femme

Lorsqu'un homme écrit à une femme, qu'ils aient le même âge ou qu'elle soit plus âgée, il lui enverra ses « hommages » et lui fera part de son « respect » :

> *Veuillez agréer, Madame (ou chère Madame s'il la connaît quelque peu), l'hommage de mon profond respect.*

Ou :

> *Veuillez agréer, Madame, l'expression de mes respectueux hommages.*

Ou encore :

...l'expression de mon respectueux souvenir.

Pour une amie proche, un homme préférera la formule :

Agréez, chère amie, mes affectueux hommages.

Tout dépend du degré d'intimité. Il est parfaitement possible d'écrire :

Je t'embrasse, chère Annie, ainsi que les enfants.

D'une femme à une femme

Une femme écrivant à une autre, si celle-ci est plus âgée ou occupe une fonction importante, terminera par la formule :

Veuillez croire, Madame, à l'expression de mes sentiments respectueux.

A une amie de son âge, une femme fera part de ses « sentiments les meilleurs », ou de son « meilleur souvenir », formule également utilisée pour une personne plus jeune.

Une femme écrivant à un homme ne lui fait pas part de ses « sentiments » mais seulement de son « souvenir » ou de ses « amitiés ».

D'un homme à un homme

Un homme écrivant à un autre homme, son égal ou son ami, lui enverra son « amical souvenir », ses « meilleures pensées », ses « sentiments cordiaux », ses « amitiés », mais s'abstiendra de lui envoyer ses « bons baisers », même s'ils sont destinés à toute la famille.

Les formules sont innombrables et dépendent du degré de familiarité ou de déférence.

Je suis étonnée de la façon abrupte dont Alexandre Dumas terminait une requête. Je cite :

Cher ami,
Donnez-moi une loge je vous prie.
Tout à vous.
Dumas

C'est efficace, certes, mais un peu cavalier.

Terminer sa lettre, comme je l'ai vu faire, par le simple mot « Salutations », est une incorrection qui frise l'impertinence.

Les formules d'usage

Il existe des formules traditionnelles pour s'adresser aux personnes investies d'une fonction particulière. L'appel par écrit suit sensiblement les mêmes règles que lorsqu'on s'adresse à un interlocuteur : « Monsieur l'Ambassadeur », « Monseigneur » ou « Madame », « Maître », etc.

Attention ! les gens de justice sont particulièrement pointilleux ! Ne vous trompez pas en écrivant à l'un de leurs représentants. Pour vous y retrouver, sachez que :
- un président de chambre se nomme « M. le président » ;
- un assesseur du tribunal, « M. le juge » ;
- un assesseur devant la cour d'Appel, « M. le conseiller » ;
- un procureur devant le tribunal, « M. le procureur » ;
- l'adjoint de ce dernier, « M. le substitut » ;
- le procureur devant la cour d'appel, représentant du Parquet, ainsi que ses adjoints, portent le titre de « M. le procureur général ».

Devant les tribunaux administratifs, il existe des présidents et des conseillers. Le procureur y est appelé « M. le commissaire du gouvernement ».

En revanche, devant une cour d'assises, le procureur s'appelle « M. l'avocat général ».

Les formules de politesse à employer sont respectueuses mais seuls les avocats terminent normalement une lettre à un magistrat en lui présentant « leurs devoirs ».

Un homme, civil ou non, écrira à un officier :

Je vous prie, Mon colonel (ou Mon commandant), d'agréer mes respects.

ou, plus respectueux :

> *Je vous prie, Mon général, de bien vouloir agréer mes respects.*

Je rappelle que, pour un général (et seulement pour ce grade), l'enveloppe pourra porter la suscription suivante :

> *Le général baron de Gribeauval et Madame de Gribeauval*

Cet usage n'existe pas toutefois dans la Marine.

Les « salutations empressées » ne sont utilisées que par les fournisseurs.

Seul un membre du clergé peut utiliser la belle formule suivante :

> *Mon religieux dévouement.*

Quiconque écrit à un prêtre doit terminer par :

> *Recevez (ou Veuillez agréer), Monsieur le curé, l'assurance de ma considération distinguée.*

Ou :

> *...mes respectueux sentiments.*

Il en va de même pour un rabbin ou un imam, mais pour les dignitaires de l'Église, on utilise de très anciennes formules. Telles, dans une lettre adressée à un évêque :

> *Son Excellence Monseigneur Pélerin,*
> *Évêque de...*

Ou :

> *Son Excellence Monseigneur Pélerin, auxiliaire de Son Éminence le cardinal archevêque de...*

On emploiera alors la formule :

> *Daigne Votre Excellence recevoir l'assurance (ou l'expression) de ma très haute (ou plus haute, ou plus respectueuse) considération.*

Pour un cardinal, que l'on appellera sur l'enveloppe « Son Éminence Révérendissime Monseigneur le Cardinal Pélerin, évêque (ou archevêque) de... », la formule sera, si c'est un homme qui écrit :

> *Daigne, Éminentissime Seigneur, Votre Éminence agréer l'hommage de mon profond respect.*

Et si c'est une femme :

> *Je prie Votre Éminence d'agréer (ou de bien vouloir agréer) l'expression de mes sentiments de profond respect.*

On peut cependant écrire, plus simplement :

> *Monsieur le cardinal.*

Pour un patriarche, appelé Monseigneur et Votre Béatitude (sauf pour les patriarches cardinaux qui sont « Béatitude Éminentissime »), on écrit :

> *Daigne Votre Béatitude agréer l'expression de ma très respectueuse considération.*

Seul le patriarche œcuménique de Constantinople (Istanbul) est appelé « Très Saint-Père » et « Votre Sainteté », à l'instar du pape. On écrit alors :

> *Daigne, Très Saint Père, Votre Sainteté agréer l'hommage de mes sentiments de très profond respect.*

Pour le pape lui-même, il existe une formule tout à fait différente et pour le moins étonnante. La lettre commence en effet par ces mots :

> *Très Saint Père, humblement prosterné aux pieds de Votre Sainteté et implorant la faveur de la bénédiction apostolique...*

Formule après laquelle il convient d'exposer le motif de la lettre. Celle-ci doit se terminer par l'expression consacrée mais quelque peu énigmatique :

> *Et que Dieu...*

A chacun d'imaginer le vœu inexprimé !
Pour un prince souverain, la formule d'usage est :

> *Je prie Votre Altesse royale (ou impériale, ou sérénissime, selon le cas) d'agréer l'assurance de ma plus respectueuse considération.*

La « considération » peut devenir le « plus profond respect », ou encore, si l'on s'adresse à une dame, « l'hommage de mon respect ».

Les dames elles-mêmes, s'adressant à ces grands personnages, écriront :

> *Je suis, Monseigneur, de Votre Altesse (sérénissime, impériale, royale...) la très respectueusement dévouée...*

Aux princes de famille souveraine, on écrit :

> *Daigne, Monseigneur, Votre Altesse agréer l'hommage de mon profond dévouement.*

Ou bien :

> *...de mon respectueux dévouement.*

A un prétendant au trône, on écrit enfin :

> *J'ai l'honneur de me déclarer, Monseigneur, du Prince le très dévoué et obéissant serviteur.*

Ou :

> *Daigne, Monseigneur, le Prince agréer l'expression de ma très respectueuse considération.*

A son épouse, appelée « Madame », on s'adressera dans le texte à la troisième personne en utilisant le terme de « la Princesse » :

> *Puis-je demander à la Princesse...*

Il est bien plus simple d'écrire aux élus du peuple ou aux représentants de l'État, auxquels on a d'ailleurs plus souvent l'occasion de s'adresser. Il convient de leur faire part de sa « considération », celle-ci étant plus marquée lorsque le personnage est plus élevé.

Partant de la formule de base, suffisante pour un secrétaire de mairie :

> *Veuillez agréer, Monsieur, l'expression de ma considération...*

des degrés successifs marqueront la « haute », ou la « très haute » considération, pour en arriver à la formule utilisée pour le président de la République :

> *Daignez agréer, Monsieur le Président de la République, l'expression de ma plus haute considération.*

Au Premier ministre, on se contentera de dire :

> *Veuillez agréer, Monsieur le Premier ministre, l'assurance de ma très haute (ou très respectueuse) considération.*

La même formule peut également s'employer dans le cas d'une lettre à un député ou un sénateur, personnages qu'il convient de traiter avec tous les égards.

Les titres de noblesse ne figurent pas dans les formules de politesse (sauf pour les ducs et les duchesses), mais seulement sur l'enveloppe où ils ne sont d'ailleurs pas obligatoires. Attention ! Si vous les utilisez, vérifiez la position de votre correspondant au sein de sa famille : seul le « chef de nom et d'armes », c'est-à-dire l'aîné et donc le porteur du titre, peut être légitimement appelé « Comte de Sarzeau » ou « Monsieur le comte de Sarzeau », et son épouse « Madame la comtesse de Sarzeau ».

Les frères du comte ou du baron sont (par courtoisie) le « Comte Louis de Sarzeau » ou le « Baron Gérard de La Tour », leurs épouses étant « Comtesse Louis de Sarzeau » et « Baronne Gérard de La Tour ». Les enfants ne portent aucun titre et restent donc Mademoiselle Aude de Sarzeau et Monsieur Gérard de La Tour.

Si elle garde son titre (par accord mutuel), une épouse divorcée sera appelée « Comtesse » ou « Baronne Anne de Sarzeau ».

Les formules d'adieu

Dans une lettre, elles peuvent être moins formalistes. Tout dépend du degré d'intimité dans lequel on se trouve avec son correspondant. Cela peut aller de « Fidèlement vôtre » à

« Bien à vous », en passant par « Mon meilleur souvenir », « L'assurance de mon amitié », et ainsi de suite. Il n'y a pas de forme fixe.

Cependant, plus personne n'utilise les formules du XVIIIe siècle, telles que : « Veuillez me croire, Monsieur, votre dévoué serviteur » ou, pour une dame, « votre très humble et très dévoué serviteur ». C'était pourtant si courant que, dans la conversation, l'on ne disait pas au revoir, mais simplement : « Serviteur, Monsieur ! »

Un dernier conseil : avant de fermer votre enveloppe, assurez-vous plutôt deux fois qu'une que vous y enfermez bien la bonne lettre. Une erreur peut engendrer toutes sortes de confusions, souvent comiques, parfois tragiques...

La signature

Signez votre lettre deux ou trois centimètres au-dessous de votre dernière ligne. Votre signature doit être lisible, visible certes, mais discrète. Si elle s'étale, si elle s'entoure d'arabesques ou si elle est soulignée de trois traits, votre correspondant pourrait croire que vous êtes affecté d'un grand besoin d'autoaffirmation.

Comment signer ? De votre seul prénom, écrit soigneusement, si vous êtes sûr que le parent ou l'ami auquel vous vous adressez vous identifiera sans le moindre doute. Il est prudent de faire suivre votre prénom de l'initiale de votre nom : Sophie B.

Dans une lettre officielle, tapez à la machine vos nom et prénom et signez à la plume au-dessus.

Soyez fidèle à votre signature, n'en changez pas à chaque saison.

Lorsque vous pliez votre lettre et l'introduisez dans son enveloppe, prenez soin que votre signature se trouve du côté supérieur de l'enveloppe afin que votre correspondant, en dépliant votre missive, sache qui lui écrit.

La lettre de château

Remercier par une lettre les gens qui vous ont reçu chez eux à l'occasion d'un week-end ou de vacances relève d'une parfaite éducation. Ces remerciements portent le nom de « lettre de château ».

Plus jeune, je n'aimais guère écrire. Je remettais toujours à plus tard mes remerciements. « As-tu écrit ta lettre de château ? » me demandait inlassablement ma mère. « Je le ferai dès demain ! » assurais-je chaque fois. Les semaines passaient. Une fois même, il me fallut près d'un an avant de me résoudre à prendre la plume. Seule la menace d'être privée de sortie durant toutes les grandes vacances m'y contraignit enfin ! Plus tard, j'y pris goût. Je rédigeai mes lettres en alexandrins, assez mauvais j'en conviens, mais qui devaient surprendre les maîtresses de maison. C'est en m'amusant que j'ai acquis l'habitude de ces lettres de remerciements.

Les cartes postales

Sujette à des modes, à des caprices, la carte postale n'a évidemment pas la valeur d'une belle lettre manuscrite. Elle témoigne simplement que, malgré la distance, on a pensé à ses proches.

Ne perdez pas de vue qu'elle peut être lue par le premier venu. Elle doit donc se garder de toute confidence, de toute note trop intime, à moins de l'envoyer sous enveloppe.

Les formules conventionnelles, du type « Beau temps, plage magnifique, gens sympathiques » ou « Vacances de rêve, à bientôt » sont à ce point galvaudées qu'il vaut mieux s'en abstenir. Pas de « Bons baisers de Mexico » non plus. Ils sentent trop la « corvée de cartes postales » écrites et expédiées en bloc pour avoir la conscience tranquille. Préférez un simple « Chaudes amitiés ».

Voici quelques jolies formules tirées de la correspondance de Voltaire :

Il ne me manque que de vous voir mais cela me manque horriblement.

Il ne manque que vous à la douceur de ma vie.

Je vous aime autant que j'écris peu.

Je vous embrasse, je vous regrette et je vous aime de tout mon cœur.

Je fais des vœux pour tout ce qui peut répandre des agréments sur votre vie.

La carte postale peut aussi révéler une attention toute particulière. Je connais ainsi une dame qui, pendant près de dix ans, reçut tous les jours une carte postale marquée d'une simple initiale, toujours la même ! C'est l'un des plus merveilleux exemples de constance que je connaisse.

Quant au choix de la carte elle-même, elle témoigne surtout du goût de celui qui l'envoie. On ne trouve d'ailleurs pas toujours la carte que l'on souhaiterait, et certains pays n'offrent que de bien médiocres vues de monuments ou de couchers de soleil. Raison supplémentaire de bien choisir vos mots !

Au téléphone, lorsque votre correspondant décroche, ne vous contentez pas d'un vague "bonjour" ou d'un "bonsoir", mais présentez-vous aussitôt. *(ph. John Foley/Opale)*

Une femme élégante choisit de mettre en valeur ses yeux ou ses lèvres, pas les deux. Si votre rouge est très vif, vos yeux ne seront que légèrement maquillés ; et inversement. *(ph. Bobines/S. Richard)*

Au Prix de Diane. Sur les champs de courses, certaines audaces sont permises qui paraîtraient malvenues ailleurs. *(d.r.)*

A moto aussi, un certain savoir-vivre s'impose. Au-delà des impératifs de sécurité, il convient de veiller à ne gêner en rien les autres usagers. *(ph. Bobines/ S. Richard)*

A la chasse à courre. Veste sombre et cintrée, cravate blanche et tricorne : les traditions demeurent. *(d.r.)*

Préférez la bicyclette : suivre la chasse à moto serait la dernière des incongruités.
(ph. G. de Laubier/Gala)

Il existe des règles vestimentaires adaptées à chaque moment de la journée et à chaque situation. Ici, la comtesse Eléonore de la Rochefoucauld, la princesse Philomène d'Arenberg et moi-même arborons des tenues de fête. *(d.r.)*

Bal costumé au château d'Ancy-le-Franc, ancienne propriété des Clermont-Tonnerre. Ce soir-là, l'esprit frivole et raffiné du XVIIIe siècle régnait. *(d.r.)*

Décors de Noël. Quelques idées pour surprendre agréablement vos hôtes. Les soirs de fête, laissez libre cours à votre imagination.
(ph. Dîners en ville)

Notre château, le Soudun, où sont nés et reposent mes ancêtres. *(d.r.)*

Soigner l'ameublement et la décoration constitue une des clés du savoir-vivre.
Décorée par ma mère, la salle à manger du Soudun. *(ph. studio Gesell)*

Lors d'un mariage, la tradition veut que seule la reine du jour –ici, ma cousine– soit entièrement vêtue de blanc. Les tenues des filles et des garçons d'honneur sont assorties. *(d.r.)*

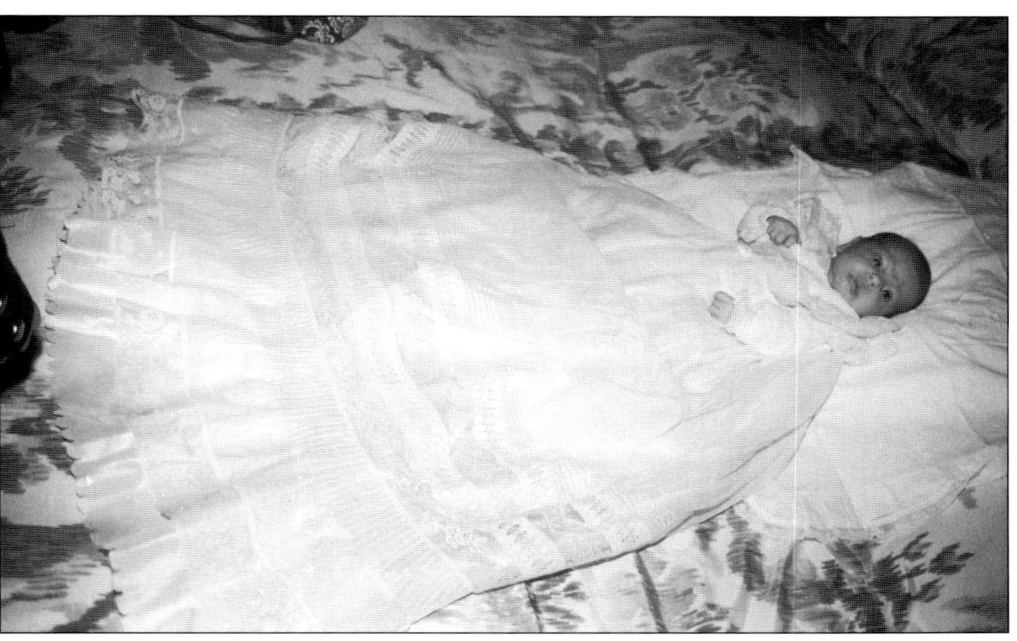

Guillaume, le fils de ma sœur Aude. Le baptême, célébré selon l'usage un mois après la naissance, est aussi la première rencontre avec l'élégance. *(d.r.)*

Quatre générations : ma bonne-maman, ma mère, ma nièce et moi. Dans notre famille, nous avons toujours considéré que les bonnes manières et la morale vont de pair. *(ph. G. de Laubier/Gala)*

SAVOIR UTILISER SA CARTE DE VISITE

Il n'y a pas si longtemps, l'utilisation des cartes de visite était strictement codifiée. Mon père, mais surtout mon grand-père, avaient l'habitude soit de déposer eux-mêmes leur carte de visite cornée (le coin supérieur gauche replié) au domicile de la personne à qui ils souhaitaient présenter leurs civilités (cette carte équivalait alors à une visite, qui devait être rendue), soit de la faire déposer, non cornée, par l'un de leurs domestiques.

Il m'arrive, très rarement, d'en trouver une sous ma porte, déposée par un lointain cousin de passage dans la capitale.

Corner la carte en haut, en bas, à gauche, à droite, correspondait chaque fois à une intention précise.

Les abréviations codifiées, inscrites à la main, étaient innombrables : P.P.C. signifiait « pour prendre congé », P.P.N. « pour prendre nouvelles », P.C.M., « pour communiquer mariage », P.F.C. « pour faire connaissance ».

Cette habitude n'existe plus guère et paraîtrait même un peu cavalière de nos jours. On raconte l'histoire de ce domestique modèle qui, chargé par son maître d'aller déposer un peu partout des cartes « P.P.C. » quelques jours avant son départ en cure, jugea bon au retour du baron d'en déposer de même et de son propre chef. Il y avait inscrit cinq fameuses initiales pour annoncer : « Monsieur est revenu des eaux »...

Nous ne faisons plus de visites formelles, à l'ancienne mode, et le téléphone a remplacé bien des civilités. La carte de visite sert cependant toujours à accompagner un envoi – de fleurs ou de chocolats – mais surtout à échanger des adresses, à nouer des liens avec de nouvelles connaissances, rencontrées dans une soirée ou lors d'un dîner !

Le papier et le format

Toujours en bristol blanc, de belle qualité, une carte de visite, imprimée ou, mieux, gravée, est de format variable. Les plus petites qu'utilisent surtout les Anglo-Saxons, ont 60 × 30 mm, ou 95 × 65 mm ; les plus grandes 155 × 110 mm. Les enveloppes auront exactement le même format. Il serait inconvenant de glisser une petite carte dans une grande enveloppe.

La poste a récemment unifié le format des cartes de visites : seul format accepté par le service public : 140 × 90 mm.

Le libellé

Évitez aussi de faire comme certains hommes d'affaires japonais qui vous tendent leur carte en même temps qu'ils vous saluent et dont la révérence diffère selon l'importance qu'ils vous attribuent !

La carte professionnelle a cependant une utilité indéniable. Généralement fournie par l'entreprise où vous travaillez, la carte est alors d'un modèle imposé, avec sigle, logo, degré dans la hiérarchie, numéro de téléphone au bureau, numéro de fax...

N'abusez pas des titres, décorations, batailles où vous avez figuré... Une carte de visite n'est pas un curriculum vitae. Je me souviens d'un charmant monsieur dont la carte était à ce point noircie qu'il n'y avait plus assez de place pour inscrire un simple « merci » ou un « bonjour » !

Mon frère Amédée avait quant à lui trouvé un moyen infaillible d'impressionner les jeunes filles en se faisant composer des cartes de visite parfaitement fantaisistes. Il se parait ainsi d'une « maîtrise d'ostéographophilie », ce qui ne veut rien dire, ou bien s'intitulait « diplômé supérieur en langues occidentales » et « professeur en droit unique ». Cela n'avait pas davantage de sens... mais beaucoup d'effet sur ces demoiselles – fort jeunes il est vrai.

Comment composer sa carte de visite ?

Quelques règles subsistent encore du temps de la baronne Staffe, simplifiées, heureusement. Ne pas les connaître ou les refuser équivaudrait à se déclarer en marge de la couche sociale à laquelle, précisément, vous êtes fier d'appartenir. Pas de provocation inutile ! Et rappelez-vous que le plus simple est toujours le mieux.

La carte de visite d'une jeune fille

Une jeune fille ne fait imprimer ni son adresse ni son numéro de téléphone. Elle a toute liberté de les écrire à la main. Ses cartes ne portent jamais la mention « Mademoiselle », simplement son nom et son prénom : Marine Desloges.

La carte de visite d'une femme mariée

Une femme mariée distingue entre sa carte professionnelle :

> *Albertine Lesueur*
> *Éditeur*

et sa carte privée :

> *Madame Maurice Lesueur*

Il est vrai que, de nos jours, beaucoup de femmes refusent d'adopter le nom de leur mari. Chacune est libre de suivre ou de ne pas suivre la règle mais cela pose de réels problèmes aux enfants qui doivent, eux, porter le nom de leur père. Les Espagnols ont adopté depuis fort longtemps une formule assez séduisante, consistant à porter à la fois le nom du père et de la mère : Tacna y Leon. Le nom de la mère change évidemment à chaque génération.

La carte de visite d'une femme divorcée ou séparée

Une femme divorcée s'intitulera « Madame », mais reprendra généralement son nom de jeune fille, sauf dans des cas particuliers. Par exemple, si elle est connue sous son nom d'épouse et qu'un changement de nom pourrait nuire à sa carrière. Il est bon, dans ce cas, de continuer à s'entendre un peu avec son ex-mari...

On peut aussi associer son nom de jeune fille et son nom d'épouse, avec un trait d'union :

Madame Simone Lesueur-Gribauval

Autre cas : celui des femmes séparées. La bonne règle voudrait que l'on inscrive *« Madame Albertine Lesueur »* au lieu de Madame Maurice Lesueur, c'est-à-dire le prénom féminin suivi du nom du mari.

La carte de visite d'un couple

Un couple fera inscrire « M. et Mme » (en abrégé, jamais en toutes lettres), suivi du prénom et du nom du mari, ainsi que de ses titres :

M. et Mme Maurice Lesueur
Le général et Mme Maurice Lesueur
Le professeur et Mme Maurice Lesueur

Pour les titres de noblesse, on ne mettra jamais M. ni Mme, mais simplement, selon les cas :

Baron et baronne Lesueur

ou

Le baron et la baronne Lesueur

ou

Le baron et la baronne Maurice Lesueur

On n'indique pas le prénom si on est l'aîné de la famille (voir p. 95).

De nos jours, personne ne s'étonne de recevoir une carte sur laquelle est inscrit : « Albertine Lesueur et Jean-Baptiste de Gribeauval ». C'est une façon de « légaliser » ou en tout cas d'officialiser une liaison.

Pour les hommes, l'équation est plus simple : inscrivez votre prénom, votre nom, et au-dessous vos titres d'ingénieur ou d'agrégé si vous en avez, en bas à droite votre adresse, en bas à gauche votre numéro de téléphone (ce n'est pas obligatoire). Vous pouvez aussi faire figurer vos décorations et votre titre de baron du pape, c'est affaire de modestie. Et de goût.

Quelles cartes choisir ?

Le format des cartes de visite, jadis laissé à la liberté de chacun, a été assez récemment normalisé par la poste. On ne peut plus envoyer par ce service public les ravissants petits formats, discrets et élégants (60 × 30 mm), encore utilisés par les Anglo-Saxons (surtout les Anglais), du moins dans les enveloppes à leur taille. Mais il est quelque peu incongru d'envoyer une minuscule carte perdue dans une enveloppe de 140 × 90 mm ! Vous ne pourrez d'ailleurs rien écrire dessus.

D'une façon générale, évitez les cartes fantaisie, très appréciées des adolescents, ornées de fleurettes, de dinosaures, de vieux gréements...

Délaissez aussi les cartes en bois ou en soie collée, chères aux Asiatiques.

Si vous écrivez quelques mots sur la carte, présentez-vous à la troisième personne :

> *Maurice Lesueur*
> *Vous remercie de votre aimable invitation...*

Ou bien, barrez d'un trait en biais votre nom et écrivez : « Je vous prie d'agréer mes remerciements... », puis signez de vos initiales ou de votre prénom seulement.

Quand utiliser une carte de visite ?

- Chaque fois que vous envoyez un cadeau ou des fleurs, joignez votre carte sur laquelle vous écrivez quelques mots.
- Chaque fois que vous remerciez quelqu'un qui vous a envoyé un cadeau, des fleurs ou une invitation.
- Chaque fois que vous félicitez quelqu'un à l'occasion d'un événement heureux, naissance, mariage, baptême, ou en cas de gratification particulière, prix littéraire ou décoration.

- Chaque fois que vous adressez un chèque pour régler des honoraires à votre médecin, votre notaire, votre négociant en vins...
- Chaque fois que vous changez d'adresse.

Quand faut-il éviter d'utiliser votre carte de visite ?

A l'occasion d'un décès, vous devez adresser vos condoléances par lettre manuscrite, jamais sur une carte de visite, si grand soit son format.

SAVOIR TÉLÉPHONER

La reine Victoria fut l'un des premiers souverains à faire installer le téléphone chez elle, à Buckingham Palace. Cependant, elle ne voulut jamais toucher à cet appareil. Un secrétaire était chargé de lui transmettre le message et de donner sa réponse. C'est ainsi que lorsque sa fille, qui avait épousé Frédéric-Guillaume, éphémère empereur allemand et roi de Prusse, l'appelait au téléphone, s'engageait entre mère et fille cette surprenante conversation, toujours par le truchement du secrétaire :
« Sa Majesté demande à Votre Majesté comment elle se porte.
– Dites à Sa Majesté que je vais bien.
– Sa Majesté fait dire à Votre Majesté qu'elle se porte bien... »
Et ainsi de suite. De nos jours, les membres de la famille royale anglaise téléphonent sans intermédiaire, à leurs risques et périls !
Mon arrière-grand-père ne consentit jamais à répondre au téléphone sous prétexte que c'était lui qui sonnait pour appeler quelqu'un, et non l'inverse !
Le téléphone est un instrument nécessaire mais il constitue également une intrusion dans la vie privée. Il convient donc de suivre certaines règles dans son utilisation.
On ne téléphone pas avant 9 heures, et guère après 21 h 30, sauf si votre correspondant vous y a lui-même invité. Quant à vos amis qui ont de jeunes enfants, ne les dérangez pas entre 18 et 20 heures, car ils sont généralement débordés. Pour d'autres, c'est le moment où ils se préparent à sortir...
A 20 heures, le journal télévisé retient l'attention de beaucoup d'entre nous. Ne prenez pas le risque d'être mal reçu !

Quant aux heures du dîner, comme celles du déjeuner, elles varient selon les familles, et selon les pays. Tâchez d'en tenir compte avant de composer le numéro de votre correspondant.

Si vous avez de bonnes raisons d'appeler un dimanche, commencez par vous excuser de troubler ce jour de repos et soyez le plus bref possible.

Quant à passer ses appels personnels depuis son lieu de travail, ce n'est pas toujours bien vu. Un employé qui en abuserait s'attirerait sans doute des reproches justifiés.

Le décalage horaire

On oublie parfois, en téléphonant à l'étranger, qu'il existe vingt-quatre fuseaux horaires sur la planète et que certains pays en couvrent plusieurs.

Si, en été, vous appelez New York à 10 heures du matin, heure de Paris, il ne sera que 5 heures du matin chez votre correspondant, et 2 heures chez votre ami de San Francisco, sur la côte Ouest !

Ces décalages sont de plus sujets à variations en raison des horaires d'été et d'hiver qui changent d'un pays à l'autre. Ainsi, le décalage entre Paris et Canberra, en Australie, varie entre huit et dix heures selon le mois de l'année. Commencez donc par vous renseigner avant d'appeler.

Comment se présenter ?

On ne laisse pas sonner interminablement le téléphone quand on appelle quelqu'un. Les appartements ne sont pas en général si grands que huit sonneries ne soient suffisantes à se convaincre qu'il n'y a personne ou que l'on ne veuille pas répondre. A l'inverse, ne raccrochez pas à la troisième sonnerie. Laissez à votre correspondant le temps d'interrompre son activité pour venir vous parler. Il lui serait désagréable d'avoir été dérangé inutilement.

Présentez-vous immédiatement lorsqu'on décroche :

> « *Bonjour, madame, Jean Martin à l'appareil, pourrais-je parler à M. Dupont, s'il vous plaît ?* »

Ou bien :

> « *Bonsoir, madame, excusez-moi de vous déranger, pourrais-je parler à..., s'il vous plaît ?* »

Un homme ne se présente pas précédé du mot « Monsieur » mais décline simplement son prénom et son nom. En revanche, une femme mariée peut dire « Ici Catherine Martin » ou « Madame Jean Martin ». Cela fait partie des usages. Dans tous les cas, ne vous contentez pas d'un vague ou expéditif « Bonjour... »

Si vous téléphonez à votre meilleure amie, vous serez sans doute moins formaliste, mais demandez-lui néanmoins en premier lieu si vous ne la dérangez pas. Évitez de lui dire : « Bonjour, c'est moi ! » Lorsqu'il m'arrive d'entendre ces mots en décrochant le combiné, j'ai toujours envie de répondre : « Qui ça, toi ? »

Mais il y a pire. Ce sont les gens qui vous appellent et vous demandent : « Allô ? Qui est à l'appareil ? » Cette habitude, courante en Italie : *« Pronto ? Chi parla ? »*, constitue en France le comble de l'impolitesse. Je réponds alors sans hésiter : « Vous devriez le savoir, puisque c'est vous qui m'appelez ! Puis-je vous demander qui vous êtes ? »

Pensez aussi, surtout si vous appelez quelqu'un avec qui vous n'avez pas parlé depuis longtemps ou que vous connaissez peu, à préciser votre nom de famille. Même si Hedwige ou Hermine ne sont pas des prénoms très courants, ne négligez pas de le faire. C'est encore plus utile si vous vous appelez Pierre ou Véronique : chacun de nous connaît sûrement plus d'une Véronique et plus d'un Pierre.

Si quelqu'un vous appelle et vous dérange réellement, n'hésitez pas à lui dire aussitôt : « Je suis désolée, puis-je vous rappeler plus tard ? » Cela vaut mieux que de manifester une irritabilité et une impatience dont l'interlocuteur pourrait légitimement s'étonner.

Ne téléphonez pas pour un rien, pour le plaisir de parler, parce que vous avez du vague à l'âme, un moment à perdre. Même si c'est un ami intime que vous appelez, il peut trouver que vous abusez de son temps et de l'affection qu'il vous porte.

Lorsque vous rendez visite à quelqu'un chez lui ou sur son lieu de travail, ne demandez pas la permission de téléphoner. Sauf en cas d'urgence absolue, bien évidemment. Ayez la courtoisie de passer vos coups de fil depuis un café, un bureau de poste ou une cabine. La politesse consiste essentiellement à ne pas préférer ce qui est le plus facile pour vous, mais le plus agréable pour l'autre.

Si vous êtes « téléphomaniaque », ne sortez pas sans votre portable afin de pouvoir assouvir votre passion à vos seuls dépens. De même si des amis vous invitent à passer des vacances chez eux, la politesse veut que vous usiez de leur téléphone le moins possible. Avant de le faire, prenez la précaution de demander à la poste, avant de composer votre numéro, une « indication de durée » : on vous donnera ainsi le montant de votre communication et, avant votre départ, vous glisserez cette somme dans une enveloppe que vous déposerez auprès du téléphone.

Nul n'ignore aujourd'hui que France Télécom met à la disposition de chacun des cartes Pastel internationales ou nationales qui permettent d'utiliser le téléphone d'un ami sans lui occasionner de frais. Vous pouvez également souscrire un abonnement, toujours auprès de France Télécom, pour bénéficier du « Transfert d'appel » : ainsi les appels qui parviennent sur votre poste seront automatiquement transférés vers le numéro que vous aurez choisi. Ayez alors l'obligeance d'informer vos hôtes que vous avez pris la liberté de vous faire appeler chez eux. Ne monopolisez pas pour autant leur téléphone. Nul n'apprécie un invité qui passe des heures accroché au combiné.

Si vous avez promis à votre correspondant de le rappeler dans la journée pour continuer un entretien que vous avez dû interrompre, ne manquez pas de tenir votre promesse, il serait impoli de le faire attendre en vain.

Enfin, je vous rappelle que c'est à celui qui a appelé qu'il revient de clore l'entretien.

Le bon usage du répondeur

Peut-être possédez-vous un répondeur. Cet appareil n'a pas pour vocation de filtrer les indésirables. Rien n'est plus désagréable que de commencer à laisser un message puis, après une série de déclics, d'entendre votre correspondant décrocher le combiné et vous dire : « Ah ! C'est vous ! » La fois suivante, si vous « tombez » sur le répondeur, vous ne manquerez donc pas de vous interroger : mon interlocuteur est-il réellement absent ou ne désire-t-il tout simplement pas me parler ?

Mieux vaut laisser ceux qui vous appellent enregistrer leur message et ne les rappeler qu'un peu plus tard, en leur disant gentiment : « Je viens de rentrer, je suis ravi(e) de t'entendre... » Il est préférable de glisser à l'oreille un petit mensonge que d'y distiller le poison du doute.

Le message que vous laissez sur votre propre répondeur doit être bref, du genre : « Bonjour, nous sommes absents pour le moment. Ayez l'amabilité de laisser votre nom et votre numéro de téléphone, nous vous rappellerons dès que possible. » Gardez-vous des interminables discours d'un humour discutable, et épargnez à vos auditeurs, en guise de message, l'audition de tout le quatrième mouvement d'une symphonie de Mahler...

En revanche, si vous « tombez » vous-même sur un répondeur, laissez votre nom, même si vous n'aimez pas parler à une machine. L'appareil est justement fait pour garder trace de votre appel.

Le signal d'appel

Les combinés téléphoniques actuels peuvent être dotés d'un discret appel sonore qui vous signale qu'un autre correspondant désire vous joindre. Il suffit d'en faire la demande auprès de France Télécom. Dès lors, il s'agit d'appuyer sur une touche pour mettre le premier interlocuteur sur une sorte de « voie de garage » et pouvoir engager la conversation avec le second. C'est astucieux, certes... mais est-ce poli ? A mon avis, non. Surtout si la seconde conversation s'éternise, laissant en suspens la première personne qui pourrait penser que vous lui préférez la seconde.

Le bon usage du téléphone portable

On aura compris que, fidèle en cela à ma famille, j'aime et apprécie le progrès. J'estime cependant que l'on ne doit pas en devenir l'esclave. Or, les téléphones portables sont devenus une plaie. Ils envahissent les rues. Leurs utilisateurs vous « plantent » sans vergogne au beau milieu d'une conversation ou d'une promenade et vocifèrent interminablement dans leur petit appareil. Comme si parler, entendre une voix, s'enfermer dans une petite bulle sonore, leur était devenu indispensable. C'est très impoli ! Ces gens devraient apprendre à se servir de leur gadget dans le respect des règles de courtoisie. J'admets que le téléphone portable est tout à fait utile, voire indispensable dans le cadre de certaines professions nécessitant de nombreux déplacements. Les médecins, par exemple, sont contraints de rester disponibles à toute heure du jour ou de la nuit.

Il y a cependant des limites à tout. Ainsi, lorsque je suis en train de dîner, au restaurant, chez moi ou chez des amis, et que j'entends soudain résonner le « bip-bip » du téléphone portable de l'un des convives qui lance aussitôt un négligent « Vous permettez ? » et se met à converser avec un tiers au mépris des lois élémentaires de la politesse, je perds aussitôt ma bonne humeur !

Si vous êtes affligé de « téléphonite » aiguë, ayez la volonté de vous en délivrer, ne serait-ce que pour plaire à vos amis.

SAVOIR UTILISER LES AUTRES MOYENS DE COMMUNICATION

La télécopie (ou fax)

Peu connue il y a seulement quelques années, la télécopie (ou fax) a pris récemment un essor considérable. Les Japonais et les Coréens l'ont adopté avec enthousiasme pour une raison pratique : leurs langues, idéographiques, s'écrivent à la verticale et s'adaptent mal à l'emploi de la machine à écrire. Avez-vous jamais vu une machine à écrire chinoise ? Elle comporte des centaines de touches !

La télécopie, qui a détrôné le télex, a l'avantage de combiner la précision de l'écriture et la souplesse du téléphone. Les Occidentaux n'ont eu aucun mal à s'y faire : le télégramme et le téléphone étaient depuis longtemps déjà entrés dans leurs mœurs.

Comment télécopier poliment ? En suivant les mêmes règles qui vous servent à rédiger une lettre. Seule diffère la façon de présenter l'adresse. Il vous faut d'abord préciser :
– le nom de l'expéditeur : De Jacques LEBLOND ;
– le nom du destinataire : A Henri LOPES,
puis inscrire les numéros de télécopie respectifs. N'oubliez pas de signaler le nombre de pages envoyées, en-tête compris, précision importante car il arrive qu'une erreur de transmission se produise et prive votre correspondant d'une ou de plusieurs pages.

La télécopie n'est pas un télégramme : inutile de rechercher l'économie ! N'utilisez donc pas de langage télégraphique et respectez les formules de politesse. Mais elle n'est pas non plus une lettre : votre télécopie arrive directement dans un bureau ou le couloir d'une entreprise. Le premier venu peut donc vous lire. Vous envoyez une véritable lettre ouverte ! Aussi respectez la vie privée de votre correspondant et gardez-vous de toute allusion intime comme de toute indiscrétion.

Si vous ne tapez pas votre texte à la machine, écrivez le plus lisiblement possible car la lecture optique des télécopieurs n'est pas toujours parfaite. Évitez par conséquent de faire un « fax de fax », bien que cette opération soit parfois nécessaire pour retransmettre un document.

Le télégramme

Le télégramme se doit d'être concis, sans être elliptique pour autant. Choisissez chaque mot et construisez des phrases courtes et claires. Ici plus qu'ailleurs peut-être, vous devez vous relire ! Une erreur peut avoir des conséquences regrettables.

Une de mes amies – qui se reconnaîtra mais ne m'en voudra pas – en fit un jour la triste expérience. Son mariage était près d'être conclu, mais le jeune homme hésitait encore. Elle chargea la sœur de ce dernier (appelons-le Charles), avec laquelle elle était très liée, de la tenir au courant des intentions de son frère. Un jour, mon amie pensa s'évanouir en recevant la dépêche suivante :

Charles décédé – Stop.

Bien sûr, elle avait voulu lui annoncer la grande nouvelle : « Charles décidé » !

Quant à mon oncle, qui avait organisé chez lui un grand bal précédé d'un dîner placé, il reçut de mon frère un télégramme destiné à l'avertir qu'il ne pourrait se rendre à son invitation et qui le priait de l'excuser. Malheureusement, mon frère avait oublié de signer : mon oncle ne sut donc pas lequel de ses invités il devait rayer de ses plans de table.

Pensez toujours à signer vos câbles !

3

SAVOIR RECEVOIR ET ÊTRE REÇU

SAVOIR INVITER

J'ai toujours vu, depuis ma naissance, ma grand-mère et ma mère organiser plusieurs fois par semaine déjeuners, thés et dîners en veillant elles-mêmes aux moindres détails. Composition et préparation des menus, décoration de la table : elles ne laissaient rien au hasard bien qu'elles eussent toutes deux un personnel nombreux et qualifié.

La politesse, m'ont-elles appris, veut que l'on offre à son convive ce que l'on a de mieux. Tant qu'il est sous votre toit, tout doit être irréprochable.

Recevoir est un art plutôt qu'une science exacte. Selon que l'on reçoit ses amis à déjeuner, à dîner ou à goûter, il existe d'innombrables règles, certaines fort anciennes, d'autres plus récentes. En outre, les mœurs diffèrent selon les endroits. Enfin, l'art de recevoir a son corollaire : l'art d'être reçu – politesse oblige...

On n'invite pas de la même façon pour un déjeuner, un petit dîner, un grand dîner ou un dîner officiel.

Si vous recevez des amis intimes, vous pouvez lancer votre invitation le plus simplement du monde, par téléphone. Pour une réception plus formelle, envoyez une lettre ou un bristol.

Recevant beaucoup, j'ai adopté la formule du carton imprimé « en blanc » et ainsi rédigé :

Hermine de Clermont-Tonnerre
vous prie de bien vouloir lui faire le plaisir
d'assister au...   qu'elle donnera le...   à ...

Tenue : ...   (adresse)

A vous de préciser « déjeuner » ou « dîner », d'inscrire la date et de spécifier la tenue adéquate : de ville, de cocktail ou smoking.

On répondra à votre carton par une carte de visite :

> *M. et Mme de Rauville*
> *se feront une joie de se rendre à votre aimable invitation du...*

A moins que le nom de vos invités ne soit barré d'un trait de plume et qu'ils n'aient écrit :

> *Chers amis, c'est avec joie que nous serons présents à votre dîner du...*

S'ils ne peuvent accepter votre invitation, ils se contenteront d'écrire leurs regrets :

> *Nous sommes désolés de ne pouvoir nous rendre à votre si aimable invitation. Des engagements antérieurs nous priveront du plaisir que nous aurions eu à dîner chez vous le... Veuillez croire à nos sentiments les meilleurs.*

A quel moment envoyer vos invitations ?

Si vous prévoyez un grand dîner, mieux vaut envoyer vos invitations deux ou trois semaines à l'avance afin que vos invités aient plus de chance d'être disponibles ce jour-là.

Dans tous les cas, ils se feront un devoir de vous répondre le plus tôt possible afin que vous puissiez à temps recomposer votre plan de table.

Même si le carton que vous avez envoyé ne comporte pas les initiales R.S.V.P. (« Répondre s'il vous plaît »), vos invités doivent répondre. C'est obligatoire. A moins que vous n'ayez fait figurer la mention P.M. (« Pour mémoire »), ce qui sous-entend qu'ils ont déjà accepté votre invitation, faite au préalable par téléphone. Le carton est alors une simple confirmation.

Qui inviter ?

Recevoir de très nombreux invités, d'âge et de style différents, est pour moi un vrai plaisir. Je me divertis à les voir s'observer, se plaire ou se déplaire et, souvent, lier amitié.

Ces soirs-là, je prépare d'énormes salades, des plats au four, de grands plateaux de fromages, des salades de fruits et des tartes. Chacun se place selon son choix, près de qui bon lui semble. Mes invités s'amusent souvent beaucoup lors de ces dîners « informels ».

Pour une invitation plus classique, et plus intime, une maîtresse de maison doit se soucier d'apparier ses invités en fonction de leurs points communs, et donc des sujets susceptibles de nourrir leur conversation. Évitez cependant d'inviter en même temps six avocats ou six architectes et leurs épouses, la soirée risquerait d'être ennuyeuse.

Établir le plan de table

Voici encore cinquante ans, il était d'usage, dans les familles d'agriculteurs, que le maître de maison fût assis à un bout de la longue table de bois, le dos à la grande horloge, et son épouse à l'autre extrémité, devant le tiroir aux couverts. Entre eux, de part et d'autre, s'alignaient les enfants et les ouvriers de la ferme. Cette ancienne coutume reste en vigueur dans le monde anglo-saxon.

Il en va différemment en France, où les hôtes se trouvent en milieu de table, l'un en face de l'autre, et les invités tout autour, hommes et femmes alternant, autant que faire se peut. On sépare les couples, sauf s'il s'agit de fiancés ou de jeunes mariés : ils sont alors placés côte à côte. Dès qu'ils ont plus d'une année de mariage, il convient de les dissocier.

La préséance n'a qu'une importance relative dans un repas informel, mais elle répond à des règles très précises dans un dîner plus soigné. Au point de constituer un problème souvent délicat à résoudre.

La préséance

Les places d'honneur sont toujours à la droite des maîtres de maison, convention impérative dont découle tout le protocole de la table. L'invité que l'on veut honorer sera donc assis à la droite de l'hôtesse, et le maître de maison aura également à sa droite l'invitée de marque.

Qui sont ces invités d'honneur ? On le détermine en fonction de leur âge et de leur position dans la société, en se souvenant qu'une dame a toujours le même rang que son mari (l'inverse n'est pas vrai : le mari d'une femme ambassadeur, par exemple, n'a pas le rang de son épouse).

Une veuve conserve toujours le rang que lui conférait la place de son époux. Quant aux femmes mariées, elles ont le pas sur les femmes divorcées. Les jeunes filles viennent en dernier.

Un général a le pas sur un colonel et un directeur général sur un chef de service. Il en ira de même de leurs épouses respectives.

A rang égal, l'âge l'emporte, et un colonel en retraite passera avant un jeune colonel de l'armée active.

Rappelons pour mémoire que selon le manuel officiel du protocole de Jean Serres, ministre plénipotentiaire, les fonctionnaires revêtus de grades ou de titres honoraires, ou qui sont en congé ou en disponibilité, en un mot qui n'occupent pas la fonction correspondant à leur titre, prennent place immédiatement après les invités de même rang en service actif. Mais nous parlons de la vie courante et non des réceptions officielles...

Les princes du sang, c'est-à-dire des familles régnantes ou ayant régné, occupent la place d'honneur devant les ducs français. Pour tous les autres aristocrates, marquis, comtes ou barons, le titre n'intervient pas. Seuls comptent l'âge et la situation.

Un ecclésiastique, quelle que soit sa confession, sera toujours placé à la droite de la maîtresse de maison.

Le problème devient épineux lorsqu'on invite en même temps le jeune vicaire de la paroisse et un duc ! Que faire ? Ne pas les inviter ensemble ! Si le cas se présentait cependant, je recommanderais de placer le duc, plus âgé, à droite, et le vicaire à gauche, donnant la préséance à l'âge.

En fait, le prestige joue un grand rôle : un académicien, un membre du conseil d'État, un ministre en exercice passeront avant un banquier ou un inspecteur des finances.

Il faut également savoir que, par courtoisie, on peut déroger à ces règles en faveur d'un hôte étranger (à égalité de rang), considéré comme hôte d'honneur. Il en va de même pour une personne reçue pour la première fois à votre table.

Cette préséance vaut également, en principe, pour les titulaires de la Légion d'honneur, et spécialement les dignitaires de cet ordre, grand-croix et grands officiers.

Que faire lorsqu'on invite à la même table deux couples de même âge et de même rang ? Il convient alors d'intervertir les honneurs : l'épouse de l'académicien sera à droite du maître de maison, l'ambassadeur à droite de la maîtresse de maison, ou l'inverse – l'essentiel étant d'honorer également les deux couples.

Le cas des célibataires, hommes ou femmes, occupant de hautes fonctions ou jouissant d'une réelle notoriété pose également problème. Il convient impérativement d'inviter un autre célibataire du sexe opposé afin de conserver l'alternance homme-femme.

L'évolution et la libération des mœurs soulèvent aujourd'hui une ultime difficulté : comment placer un couple d'homosexuels ? L'ami qui accompagne votre invité sera traité comme un ami, et seule sa situation ou sa notoriété sera prise en compte pour désigner sa place à table. En somme, il convient de ne pas les considérer comme un couple.

Voici quelques croquis indiquant les places d'honneur par rapport aux maîtres de maison, selon la forme des tables. Elles sont numérotées par ordre d'importance : 1, 2, 3, etc. (H : homme ; F : femme).

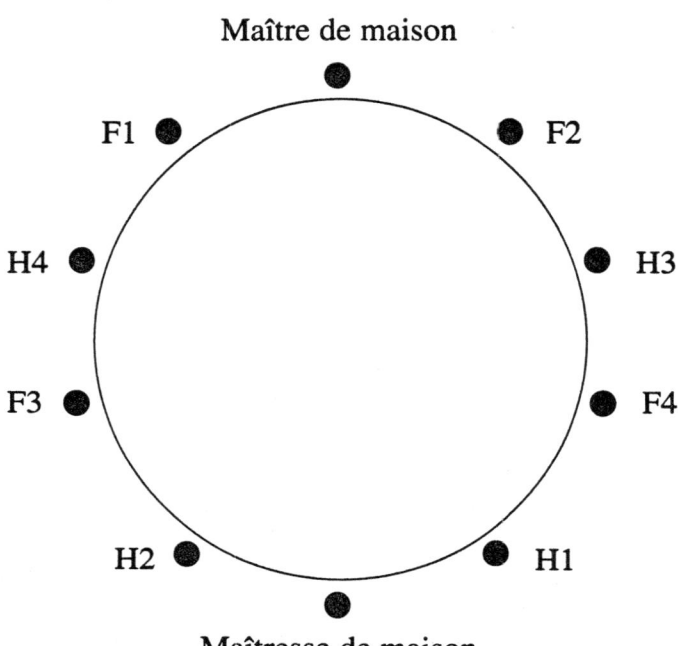

1. Plan de table ronde pour dix personnes.
(Pour huit ou douze convives, le maître et la maîtresse de maison ne seront pas en face l'un de l'autre.)

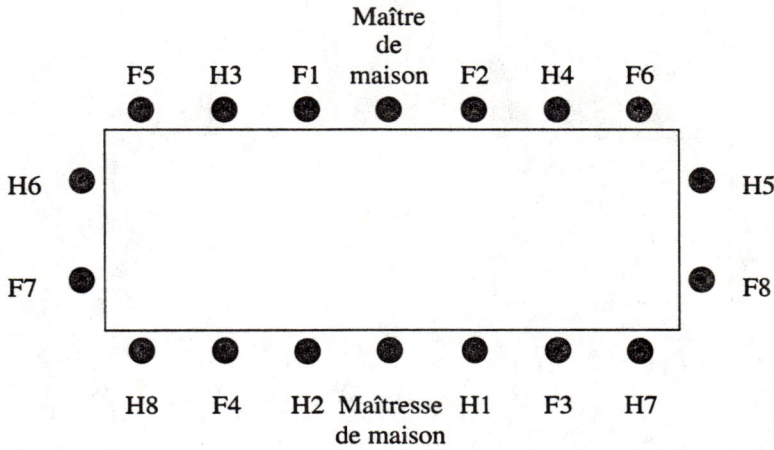

2. Plan de table rectangulaire pour dix-huit personnes
(à la française).

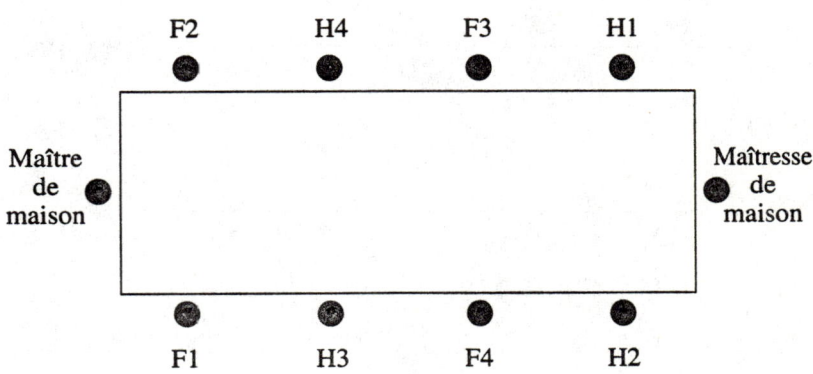

3. Plan de table rectangulaire pour dix personnes
(à l'anglaise).

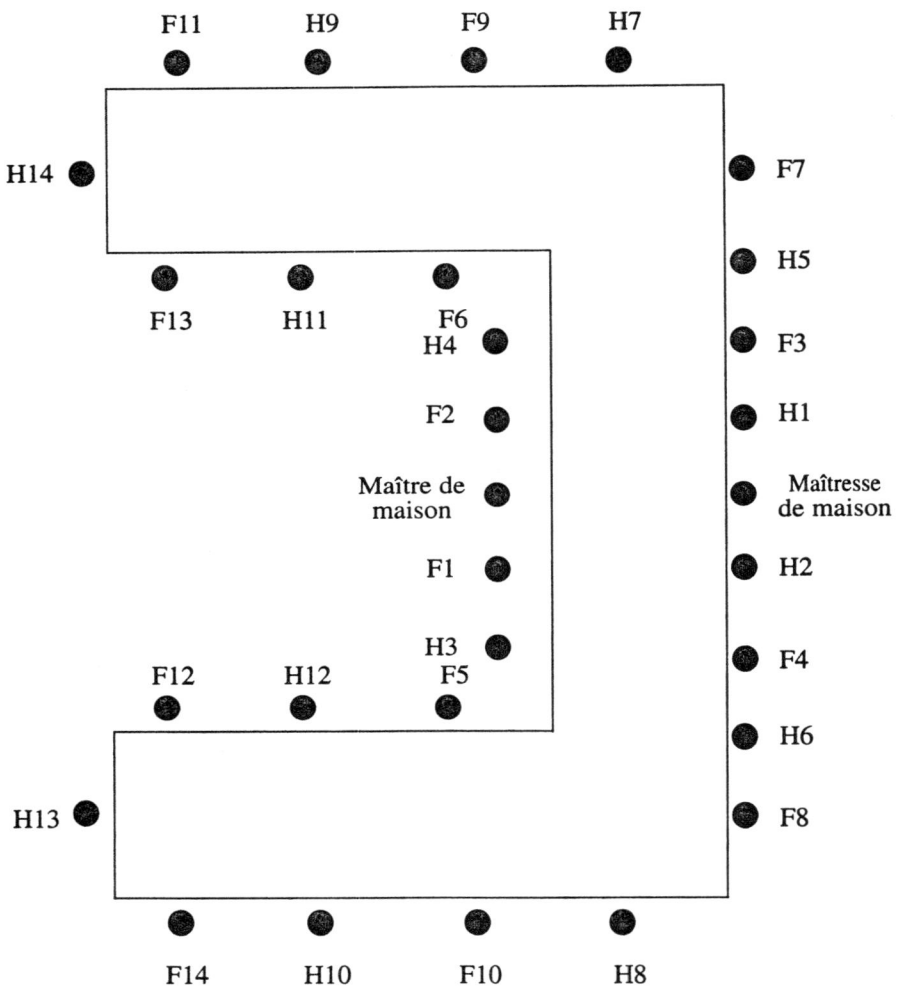

4. Plan d'un grand dîner avec table en fer à cheval.
(Les maîtres de maison se font face.)

SAVOIR RECEVOIR ET ÊTRE REÇU

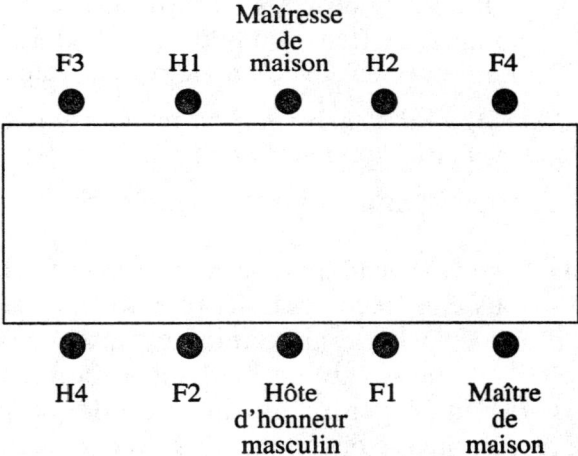

5. Cas d'un dîner où figure un hôte d'honneur.
(Le maître de maison se place alors à l'extrémité de la table, c'est-à-dire en 3. Selon le protocole officiel, un chef d'État ne peut avoir de vis-à-vis.)

SAVOIR S'EXCUSER

Vous avez oublié de vous rendre à une invitation à dîner. Cela peut arriver. N'avouez surtout pas votre oubli, vous donneriez à votre hôte des raisons d'être vexé.

Il n'y a qu'une façon de vous faire pardonner : envoyer un somptueux bouquet de fleurs ou la plus belle boîte de chocolats du meilleur confiseur avec une lettre de plates excuses :

> *J'ai été au regret de ne pouvoir prendre part à votre dîner et au supplice d'être dans l'impossibilité de vous en avertir.*

Mais attention ! On ne vous pardonnera pas deux fois cet impair.

Si vous êtes invité seul à dîner, n'arrivez pas accompagné. Et si vous vous êtes décommandé, ne faites pas la mauvaise surprise d'arriver à la dernière minute, fier d'avoir réussi à vous libérer – on vous aura probablement remplacé...

J'avais un jour organisé un dîner de douze personnes. L'une de mes invités se décommanda la veille. Je trouvai heureusement quelqu'un d'autre pour qu'il y eût autant d'hommes que de femmes.

Le soir dit, mon amie se présenta, toute heureuse de la surprise qu'elle croyait me réserver. Catastrophe ! Nous étions treize. Certains de mes invités, superstitieux, refusèrent de s'asseoir autour de la table.

Il me fallut installer une petite table de quatre personnes et détruire, dans ma salle à manger, l'ordonnance de ma jolie table. Pis que tout : les quatre personnes qui dînaient au salon se crurent en pénitence et firent la tête !

Il n'en faut parfois pas plus pour que la plus belle des soirées tourne au désastre.

SAVOIR REMERCIER

Si vous êtes invité à déjeuner ou à dîner pour la première fois, venez les mains vides. Vous remercierez vos hôtes le soir même ou le lendemain par un petit mot accompagné de fleurs ou de chocolats. Dès la seconde invitation, arrivez un présent à la main et remerciez le lendemain l'hôtesse par un mot ou un coup de téléphone.

Les fleurs

Un bouquet de fleurs ou une simple rose font toujours plaisir à la maîtresse de maison. A celle-ci de le mettre immédiatement dans l'eau et d'apporter le vase au salon.

Rappelez-vous que les fleurs, les roses, par exemple, s'offrent toujours en nombre impair. Mieux vaut treize roses que douze.

L'élégance suprême est de faire livrer un bouquet par le fleuriste dans la journée.

Une amie m'appela un jour pour connaître les tons dominants du salon où je recevrais mes hôtes. A l'arrivée des convives, ses fleurs trônaient en parfaite harmonie avec la pièce. Autre marque d'élégance : un ami italien m'offrit non seulement un somptueux bouquet de tournesols dont les tiges mesuraient plus d'un mètre, mais également un vase splendide et assez profond pour les accueillir.

Il est bon, cependant, de ne pas faire porter des fleurs à une adresse professionnelle.

Un après-midi d'été, j'eus ainsi la surprise de recevoir au journal où je travaillais une énorme gerbe de roses et de lilas.

J'avais rarement vu un si magnifique bouquet. Malheureusement, il n'y avait aucun vase capable de le contenir, et comme alors je circulais à bicyclette, je dus partager ces fleurs entre mes amis de la rédaction...

Le langage des fleurs

Le langage des fleurs est aujourd'hui quelque peu désuet, et une maîtresse de maison recevant un magnifique bouquet de delphiniums ne se demandera guère si ce bouquet est un message de charité ou de légèreté. Et chez quel fleuriste trouverait-on un bouquet de colchiques pour dire : « Les beaux jours sont finis » ou une gerbe de cette fougère appelée scolopendre pour avouer : « Je suis timide » ?

Ce langage est lié à d'anciennes croyances ou à de vénérables proverbes tels que « Le lierre meurt où il s'attache ». Ou bien encore à certaines expressions consacrées : le myosotis a pour nom traditionnel « Ne m'oubliez pas » en français, *« Vergis mich nicht »* en allemand et *« Forget me not »* en anglais.

Sa codification est l'œuvre de deux dames du XIXe siècle, une Française, Mathilde de Latour, de son vrai nom Louise Cortambert, et une Américaine, Dorothea Lynde Dix. C'est pourquoi on trouve dans leurs listes des plantes disparues de la devanture des fleuristes, alors que d'autres, courantes de nos jours, n'y figurent pas.

Il est essentiel dans ce domaine de connaître les quelques règles suivantes :

- N'offrez jamais d'œillets, quelle que soit leur couleur, à des artistes ou des comédiens : une superstition tenace chez les gens de scène et de cinéma veut que ces fleurs leur portent malheur.

- Évitez d'offrir des chrysanthèmes, réservés aux pierres tombales – du moins les gros chrysanthèmes d'automne en boule. Toutefois, depuis qu'il existe de ravissants chrysanthèmes à petites fleurs en pyramide ou en buisson, de couleurs gaies, la règle est moins stricte.

- N'offrez pas de roses rouges à une jeune fille ni à une femme mariée, car ce bouquet dirait à votre place : « Je vous aime passionnément. » Ayez le courage de faire vous-même cette déclaration – qui n'a rien d'offensant !
- Quant aux cactus, nul ne souhaite en recevoir, si beaux, si grands, si vigoureux soient-ils.

SAVOIR S'HABILLER POUR UN DÎNER

Être élégant à dîner

Si le carton d'invitation porte la mention « Tenue de soirée », ou « Cravate noire », aucune hésitation n'est possible : smoking et robe longue sont de rigueur.

Les dames porteront une robe longue, ni trop décolletée ni trop moulante – ce type de robe est réservé aux toutes jeunes filles. Elles auront un petit sac du soir, dit pochette, contenant le rouge à lèvres, le poudrier et le mouchoir (jamais en papier)... Les miens ne sont jamais assez grands : j'ai tellement peur de manquer d'un produit de maquillage, d'un peigne, d'un parfum que je transporte le contenu d'un placard entier. Plus mes cigares.

En France, le smoking blanc ne se porte qu'au sud de la Loire et uniquement en été. De même pour l'uniforme blanc des militaires, au demeurant magnifique, qu'ils ne sauraient porter qu'aux dates prescrites et dans les régions spécifiées par les règlements. Le spencer, veste sans basques s'arrêtant à la taille, ne se porte pratiquement plus, du moins dans l'armée française, depuis que les règlements ont édicté une tenue de cérémonie à une seule rangée de boutons.

Les messieurs ne peuvent revêtir l'habit que lors des réceptions officielles, des mariages, et les soirs de première à l'Opéra. Les Britanniques le portent plus facilement que nous.

Dans la plupart des cas, lorsque la tenue de soirée n'est pas spécifiée, un tailleur ou une robe courte élégante pour les dames, un costume sombre, gris anthracite ou bleu marine pour les hommes – ou encore un blazer et un pantalon gris – seront parfaits. C'est seulement à cette occasion, soulignent les puristes, que les messieurs peuvent arborer une pochette qui, de surcroît, doit être assortie à la cravate sans en imiter le motif.

Pourtant, une remarque s'impose : si la maîtresse de maison se doit d'être élégante, il est bon que son époux n'en fasse pas trop. D'une part, il ne doit pas être trop chic pour ne pas gêner ceux qui sont venus sans avoir eu le temps de se changer. D'autre part, il ne doit pas donner à ceux qui se sont mis sur leur trente et un l'impression d'être trop habillés. C'est un art véritable que de donner à chacun l'impression qu'il est parfaitement à sa place.

Ma mère est toujours très élégante, ma grand-mère peut-être encore davantage. Je me rappelle un mot de mon petit neveu Antoine : « Maman, pourquoi ne t'habilles-tu pas comme Bonne-Maman Tonnerre ? » – c'est-à-dire ma mère.

Une dernière observation : à notre époque, la marque est devenue un signe de luxe et non de bon goût. Plus le nom du fabricant est en évidence sur le vêtement, plus nombreuses sont celles qui le préfèrent aux autres. Vuitton, Chanel ou Gucci doivent une grande partie de leur succès à leur estampille trop visible et reconnaissable de loin. Une femme vraiment élégante s'efforce de ne jamais montrer la griffe de son foulard ou de son sac, car elle ne se considère pas comme un placard publicitaire.

Quels bijoux porter ?

Les bijoux que l'on porte quand on reçoit à dîner doivent rester sobres. Si la maîtresse de maison a toutes les raisons d'être élégante, elle ne portera cependant pas de joyaux trop importants, afin de ne pas éclipser ses invitées. Un étalage de diamants en rivière, en boucles d'oreilles et en diadème est absolument déplacé dans la plupart des cas. Réservez-les pour les grandes occasions.

Une jeune fille ne porte pas de diamant. Il est, à propos des diamants, une autre interdiction qui s'applique même aux femmes mariées : pas de diamant avant midi, sauf la bague de fiançailles. Quelle est l'origine de cette règle ? Ma mère pense qu'elle tient à l'ancienne habitude qu'avaient les femmes du monde de faire du sport le matin – monter à cheval par exemple –, exercice incompatible avec le port des bijoux.

En revanche, les autres pierres ne sont frappées d'aucun interdit. Vous pouvez les porter discrètement dès la fin de l'après-midi, qu'il s'agisse d'émeraudes (la pierre des vierges, disent certains), de rubis ou de saphirs.

Les chaînes à la cheville et les perles incrustées dans la narine sont toutefois réservées aux dames originaires des Indes.

Quant aux hommes, ils banniront à peu près tout bijoux, à l'exception des boutons de manchette qui, tout en restant sobres, permettent un peu de fantaisie. Ils porteront une chevalière à leurs propres armes – jamais à celles d'une autre famille et en aucun cas à leurs initiales. Une bague de famille sera de bon goût, mais non les gourmettes massives ni les diamants au petit doigt. L'épingle de cravate, sauf sur un foulard, ne se porte plus guère qu'avec la jaquette, autant dire rarement, et la pince de cravate est de nos jours réservée aux messieurs d'un certain âge et à l'allure très digne.

Quel parfum choisir ?

Vous pouvez choisir votre parfum en fonction des traits de cáractère et de la personnalité de votre hôte. Invitée chez une femme sportive, portez un parfum épicé, chez une femme très féminine un parfum plus sucré et plus léger, chez une femme énergique une eau de toilette un rien masculine.

Quoi qu'il en soit usez de votre parfum avec modération. C'est une senteur subtile qui ne supporte pas l'excès.

L'exactitude

La règle est la même pour un déjeuner et pour un dîner : on doit à ses hôtes d'être ponctuel.

De nos jours, cependant, les embouteillages, le rythme de la vie nous contraignent à tolérer un quart d'heure de retard.

Dans les ambassades même, où l'exactitude est une religion, on parle du « quart d'heure diplomatique ». Certains hôtes, par galanterie, parlent généreusement du « quart d'heure des jolies femmes ».

Il est vrai que ma mère fut aussi en retard le jour de son propre mariage... et qu'elle n'a jamais réussi à être à l'heure. Ses quatre enfants sont quant à eux presque toujours d'une exactitude militaire, à l'exemple de leur père.

Jamais mes parents ni mes grands-parents n'auraient toléré que leurs invités poussent la désinvolture jusqu'à se présenter à dîner avec une demi-heure de retard. Quant à moi, j'accorde à mes invités le quart d'heure post-diplomatique. Mais je les presse toujours de passer à table trente minutes après l'heure convenue, sans plus attendre les retardataires.

Si vous savez que vous arriverez bien après l'heure, le mieux est de prévenir et de vous en excuser par téléphone.

L'inexactitude des Français irrite profondément les Néerlandais, les Belges et les Allemands. Les peuples du Sud, en revanche, Italiens ou Espagnols, sont encore bien plus insouciants que nous et se plient mal à toute discipline.

SAVOIR ACCUEILLIR SES INVITÉS

Commencez par présenter vos convives les uns aux autres s'ils ne se connaissent pas. Nous sommes moins formalistes sur ce point que les Anglo-Saxons, mais ce protocole est indispensable pour que les invités puissent immédiatement lier conversation.

L'art des présentations

Veillez à ne pas écorcher le nom des personnes que vous présentez et à le prononcer distinctement. N'appelez pas Édith, Odette et Monsieur de Saint-Mars, Monsieur de Saint-Bar... Freud voyait dans ces lapsus une forme dissimulée de mépris. Oublie-t-on le nom d'une star ou d'une célébrité ?

Glissez dans votre phrase de présentation une indication expliquant qui sont vos convives ou ce qu'ils font, sans entrer dans les détails : « Vous connaissez Monsieur Le Dantec, qui expose à la Galerie de France. » Ou : « Notre ami, Maître Galoni, célèbre avocat. »

Les maîtres de maison présentent toujours la personne la plus jeune à la plus âgée, un homme à une femme et le moins important au plus important – un sous-lieutenant à un colonel ou un avocat stagiaire au bâtonnier de l'Ordre.

Cependant, on présente les dames aux représentants masculins des familles royales ou princières, aux ministres, aux ambassadeurs et, bien entendu, à tous les ecclésiastiques – simples curés, rabbins ou archevêques, ils ont le pas sur tous. Ainsi, on dira : « Madame la duchesse, puis-je vous présenter Monsieur Pélerin, notre ambassadeur au Maroc ? » et : « Monsieur l'ambassadeur, connaissez-vous Madame la duchesse de Sarzeau-Vendôme ? »

Les plus jeunes couples sont présentés aux plus âgés, en commençant par les épouses. La dame à qui l'on présente quelqu'un ne se lève pas si elle est assise, sauf s'il s'agit de quelqu'un de très âgé ou de très célèbre, qu'elle doit ainsi honorer.

Attendez que la personne à qui vous êtes présenté vous tende la main. Si elle ne le fait pas, saluez-la de la tête ou d'une légère inclinaison du buste.

Bannissez à tout jamais de votre vocabulaire les expressions « Enchanté ! » et « Comment allez-vous ? », l'une trop populaire, l'autre traduite de l'anglais. Dites simplement « Bonjour, monsieur » ou « Bonsoir, madame ».

Seul un homme peut offrir ses hommages, et uniquement à une femme mariée. Seuls, aussi, les militaires ont droit aux « respects » des messieurs. Un homme dira : « Mes respects, mon colonel », une femme : « Bonsoir, colonel. » La raison en est simple : « Mon colonel » est la graphie – et la prononciation moderne – de l'ancien « mons colonel », formule elle-même abrégée de « monsieur », ou plutôt de « monsieur le colonel ». C'est pourquoi, au XVIIe siècle, on appelait « Mons Mazarin » le célèbre cardinal ministre. Je fis un jour cette malheureuse confusion en appelant un général « mon général ». « Votre fille est bien possessive, mon colonel ! » fit observer ce général à mon père.

L'apéritif

En attendant que tout le monde arrive, les hôtes offrent un verre au salon : champagne, whisky, porto, jus de fruits, voire vin blanc ou bordeaux...

On accompagnera cet apéritif de pistaches et de canapés, chauds ou froids, de feuilletés aux anchois ou au parmesan. S'il s'agit d'un déjeuner, des crudités, carottes et céleris finement coupés en bâtonnets ou radis accompagnés d'une sauce seront bienvenus.

On n'offrait pas jadis de jus de fruits le soir, sauf du jus de tomate. Cette précaution est passée de mode et on ajoute souvent de la vodka à un jus d'orange ou de pamplemousse.

SAVOIR ORDONNER UN REPAS

Le savoir-vivre à table

Au Moyen Age, il n'existait ni fourchettes ni serviettes et les assiettes n'étaient que des miches de pains coupées en deux appelées « tranchoirs ».

Il faut attendre le XIe siècle pour que la fourchette apparaisse, à la cour du doge de Venise. Pourtant, longtemps encore, même dans les cours, l'usage demeura de saisir les mets avec les doigts.

En France, la fourchette ne se répandit qu'à la Renaissance, en même temps que d'autres modes venues d'Italie.

Jusqu'au premier Empire, on ne plaçait ni verre, ni carafe, ni bouteille sur les tables. Chacun faisait signe à un valet – en général le sien, car on se déplaçait accompagné de son domestique – d'apporter à boire. Celui-ci s'approchait, chargé d'un plateau d'argent portant deux verres, l'un rempli de vin, l'autre d'eau. Il attendait que vous ayez bu et replacé le verre sur le plateau pour s'en retourner vers la desserte ranger le verre dans la « verrière », le pied vers le haut. Quelqu'un d'autre avait-il soif ? Un autre valet reprenait ce verre ou n'importe quel autre, le remplissait et l'offrait.

Quant aux domestiques, en livrée de service et perruque de chanvre, nul ne s'avisait de les remercier, fût-ce d'un simple signe de tête. Ils étaient considérés comme de simples automates corvéables à merci. Il arrivait qu'au lieu d'appeler son domestique par son prénom ou son nom, on le nommât d'après sa province d'origine : Blaisois, Normand ou Bourguignon.

Des rapports d'amitié, voire d'estime, pouvaient cependant s'établir entre maître et valet, soubrette et maîtresse, comme l'illustrent les comédies de Molière, de Marivaux ou de Beaumarchais.

La politesse « vieille France » était exquise, sans doute, mais n'avait cours qu'entre gens du même monde.

A table, chacun se servait dans le plat placé devant lui, en utilisant ses propres couverts, que l'on apportait avec soi. Les mets étaient disposés d'avance, service après service, environnés de fleurs, de massepains, de récipients de confitures ou de sauces variées et l'on mangeait à peu près froid puisque l'on apportait en même temps les entrées, les relevés, les rôtis.

Les grosses pièces étaient présentées entières avant d'être emportées à l'office ou vers la desserte sur laquelle on les découpait. Tel était « le service à la française ».

A la Révolution, on adopta le « service à la russe » : les domestiques servirent à chaque convive une assiette déjà garnie. Désormais, on mangeait chaud mais sans grand faste.

Pourtant, la tradition survécut : les « grosses pièces » ornementales restèrent des triomphes d'ingéniosité et les gravures illustrant, par exemple, le grand livre de cuisine de Gouffé, au XIXe siècle, nous laissent rêveurs : socles de pain de mie ornés de festons de gelée, chauds froids truffés hérissés de hételets – des brochettes d'argent ciselé – et garnis de rognons et de crêtes de coq, de champignons plus découpés que des fleurs. De quoi faire pâlir notre nouvelle cuisine...

Composer un menu

Composer un menu est un art. Il convient de graduer les saveurs, comme un plaisir qui doit aller crescendo, et de savoir les marier. Aucun ingrédient ne doit se trouver en excès. On évite de servir deux sauces montées au beurre, ou deux vinaigrettes, ou deux pâtes : si vous commencez par une quiche ou des gougères, vous ne servirez pas une tarte au dessert. De même, si un déjeuner commence par des asperges vinaigrette, il ne se terminera pas par une salade.

Les menus étaient jadis pléthoriques et, même si l'on ne dégustait que quelques bouchées de chaque plat, on passait plusieurs heures à table.

POLITESSE OBLIGE

Lorsque Charles Monselet lança le journal *le Gourmet,* en 1858, il célébra l'événement par un banquet de quelque deux cents convives au nombre desquels figuraient Théophile Gautier, les Dumas père et fils, Théodore de Banville, Félix Nadar, Aurélien Scholl et bien d'autres. La réception eut lieu au Grand Hôtel du Louvre. Le menu était le suivant.

Potages :

Potage à la Duchesse
Potage à la Saint-Georges

Relevés :

Le saumon à la vénitienne
Le turbot sauce aux huîtres
Les filets de bœuf à la royale
Le jambon à la macédoine

Entrées :

Les nids d'hirondelle au gourmet
Les épigrammes d'agneau aux pointes d'asperge
La timbale de riz à la siamoise
La mayonnaise de homard historiée
Le sorbet mousseux
Le punch à la romaine

Rôtis :

La poularde truffée
Les bécasses flambées
La galantine de faisan
Les truffes au madère

Entremets :

Les asperges blanches
Les petits pois nouveaux Victoria
La coupe de fruits à la parisienne
La charlotte Mousquetaire
La gelée Cardinal
La bombe surprise

Desserts :

*Fruits
Mignardises
Douceurs*

Les vins :

Premier service :

*Madère retour de l'Inde
Clos saint-estèphe 1847
Hermitage blanc grand cru
Château-palme 1846
Crémant*

Second service :

*Xérès abboccado
Château-larose 1841
Château-lafite 1847
Clos-vougeot cachet du château
Veuve clicquot
Porto vieux
Vin de Constance*

Soixante ans plus tard, les menus avaient un peu maigri mais restaient impressionnants. Le 6 novembre 1911, le président Armand Fallières recevait ainsi le prince de Galles :

*Crème Windsor
Oxtail soup
Croustades à la Sévigné*

*Turbotin au vin du Rhin
Noisettes de chevreuil grand veneur*

Selle d'agneau à la moderne

Barquettes d'ortolan en chaud froid

*Sorbet au Cherry Brandy
Punch à la romaine*

*Poulardes du Mans truffées à la broche
Jambon de Limerick en croûte et à la gelée de champagne*

Salade Francillon

*Petits pois à la française
Fonds d'artichauts farigoule*

*Glace Gismonda
Feuilles de palmier*

De nos jours, les menus sont beaucoup plus simples. Ma mère y excelle. Pour un déjeuner d'été, elle offre :
• Une entrée froide – crudités, jambon cru et melon ou, mieux encore, entourés de figues fraîches, pâtés ou terrines froids, tomates relevées de basilic. Ou une entrée chaude – potage ou quiche, ou encore des gougères au gruyère. Il y a mille possibilités. Le soufflé, en revanche, ne peut être prévu que si l'on est certain de l'exactitude de ses invités.
• Un plat de viande ou de poisson, accompagné de deux légumes au moins, trois de préférence, et de riz basmati, ou encore un mélange de riz parfumé et de riz sauvage.
• Une salade, qui accompagne le fromage. Ce goût, qui nous est venu du Portugal, est maintenant admis en France.
• Pour finir, un entremets, glace ou gâteau, salade de fruits ou corbeille de fruits frais.

En hiver, les plats chauds domineront. En automne, le gibier et les champignons. Quant au poisson, il est de toutes les saisons.

La présentation des plats, dont le rôle est d'exciter les papilles et de réjouir le cœur et les yeux, doit rester sobre et sans fioritures. On admirera un décor recherché chez une maîtresse de maison extrême-orientale qui excellerait à décorer ses plats de fleurs découpées dans des légumes, de même que l'on n'enlèvera rien aux ornements d'un plat préparé par un bon traiteur.

Le menu doit toujours être composé avec soin, mais il n'est pas obligatoire de le détailler sur des bristols placés sur la table. C'est cependant une habitude élégante qui fait très « grand dîner ». Rédigé à la main, en belle ronde, il doit éviter la terminologie compliquée des chefs de renom, tels ces « potages à la Cambacérès » ou ces « farandoles gourmandes » de nos provinces. Ce dernier terme, qui désigne les fromages, ne saurait de toute façon figurer sur un menu : on n'y indique jamais le fromage !

Comment dresser la table ?

La table doit être mise avant l'arrivée de vos invités. Pour deux raisons : d'abord, ils apprécieront de se sentir attendus, ensuite vous aurez autre chose à faire en dernière minute – une touche finale à votre maquillage, un dernier coup d'œil aux fourneaux, même si vous disposez d'une cuisinière.

Le dressage de la table obéit à des règles précises. Les convives doivent avoir leurs aises : prévoyez quarante centimètres à droite et à gauche de chacun, de façon que personne ne soit gêné par son voisin. N'invitez donc pas plus de convives que votre table ne peut en accepter.

La nappe

La table doit être recouverte d'abord d'un molleton, pour éviter le choc des verres, des assiettes et des couverts. On ne doit jamais faire tinter un verre de cristal à table. Les Anglais ne manquent pas de dire à cette occasion qu'« un marin meurt en mer » – vieux et poétique proverbe.

La nappe sera bien sûr parfaitement propre. Quoi de plus laid, de plus malvenu qu'une tache de vin rouge ou de civet de lièvre ? Choisissez bien votre lessive !

La vieille mode française voulait que les nappes fussent réservées au souper, notre actuel dîner. Au repas « du milieu du jour » (puisque notre déjeuner était le dîner et notre petit déjeuner le déjeuner), les assiettes étaient directement et simplement posées sur la table de bois. L'idée de placer devant chaque convive un set de table au déjeuner peut donc se justifier historiquement. C'est d'ailleurs de plus en plus fréquent et toléré.

Plus le dîner est formel, plus les exigences sont strictes. Une nappe doit être parfaitement lisse. La règle veut qu'une nappe ronde soit bien repassée et ne présente aucun pli. En revanche, sur une table rectangulaire, on ne repasse les plis que sur la largeur, en les gardant sur la longueur. Cela peut paraître superflu mais faites, ne serait-ce qu'une fois, le petit effort de brancher votre fer à repasser et d'ôter les plis transversaux : vous serez surprise du « plus » que cela apportera à votre table !

Selon le lieu et le style du repas, campagnard, amical, élégant ou formel, votre nappe pourra être de couleur, imprimée ou brodée, à l'encontre des règles de nos grands-parents qui n'admettaient que le linge blanc damassé. Les leurs étaient absolument ravissantes, mais de telles nappes sont devenues introuvables de nos jours. Chacun les garde précieusement. Elles font partie du patrimoine familial.

Et que dire des admirables surtouts de dentelle que l'on posait par-dessus ! Des merveilles qu'il fallait laver avec la plus grande délicatesse après chaque repas, puis repriser patiemment. Mais qu'elles étaient belles, nos vieilles nappes de famille !

Le décor de la table

Agrémentez votre table de bougeoirs ou de photophores si vous dînez dehors en été et de fleurs en toute saison. Mais ne placez jamais au centre de la table une énorme gerbe qui cacherait les convives les uns aux autres, ni des fleurs à l'odeur entêtante comme les tubéreuses ou le jasmin, qui troubleraient l'odeur des plats et l'arôme des vins. Préférez les petits bouquets placés harmonieusement le long de la table, ou le surtout décoratif, qui se place au milieu.

A Noël, vous ornerez votre nappe de pommes de pin, de petites branches d'épicéa, de boules de verre et, bien sûr, de bougies rouges ou vertes.

A Pâques, pourquoi ne pas utiliser des œufs teints ou peints ?

En automne, pour un repas de chasse, disposez des feuilles rousses, de la fougère, des grappes de raisin, et pour un repas de pêcheurs, des ornements évoquant la rivière ou la mer.

Je prends toujours un immense plaisir à cette décoration associant les plats et la table. Je le dois sans doute à ma mère et à ma formation de styliste. La liberté de création est dans ce domaine infinie, surtout si on a la chance de vivre à la campagne.

Il est également possible d'agrémenter la table de figurines de porcelaine, de sujets d'argent ou de vermeil...

Les assiettes

Placées à deux centimètres (un peu plus d'un doigt) du bord de la table, les assiettes sont disposées de façon uniforme, le motif peint au milieu face au convive si l'assiette est ronde, le côté plat devant, et non une pointe, si l'assiette est à pans.

Faut-il placer sur la table deux assiettes superposées ou une seule ? En principe, une seule. Elle sera de toute façon changée à chaque service, tout comme les couverts.

Placer deux assiettes superposées est en fait une vénérable habitude paysanne passée dans la coutume. Elle remonte à l'époque où les gens riches possédaient de la « vaisselle plate », c'est-à-dire de vastes plats d'argent ou de vermeil, plus ou moins ornementés ou ciselés, sur lesquels on posait l'assiette de porcelaine. Les bourgeois ou les paysans aisés ne possédant pas ces objets coûteux, ils plaçaient deux assiettes l'une sur l'autre pour montrer qu'ils disposaient malgré tout d'un bon service de table. On peut voir là l'origine de l'expression « mettre les petits plats dans les grands ».

Les rois et les princes possédaient parfois des assiettes de dessous en or. Il court à ce sujet des anecdotes célèbres.

On raconte ainsi que François Ier, recevant Charles-Quint au château de Chenonceau, aurait, à la fin du dîner, fait jeter la vaisselle d'or par les fenêtres dans le Cher, au grand étonnement de l'empereur. Le roi de France, précise l'histoire, aurait eu soin de faire placer des filets dans la rivière pour récupérer les plats. Belle légende qui ne tient pas debout puisque le splendide « château sur un pont » ne fut construit que bien après la mort du « roi-chevalier », par Catherine de Médicis, sa bru.

La même anecdote fut attribuée à Sigismond Malatesta, seigneur de Rimini, célèbre tyran humaniste ayant laissé dans les chroniques une réputation de grande extravagance.

Quoi qu'il en soit, « *se non é vera, é ben trovata* » !

Les assiettes spéciales

L'assiette creuse réservée au potage est toujours disposée sur une assiette plate. Toutes deux sont retirées en même temps par la personne qui dessert.

On place de plus en plus souvent une petite assiette à pain en haut à gauche de l'assiette principale. C'est une habitude anglo-saxonne assez récente. Elle a un grand avantage : les miettes de pain ne se répandent plus sur la nappe.

Le rapport que les Français ont avec le pain est assez différent de celui des autres peuples : chez nous, le pain se consomme seul, par bouchées au cours du repas, alors qu'il est obligatoirement beurré chez les Anglo-Saxons – d'où l'assiette à beurre personnelle de nos voisins d'outre-Manche. Chez nos amis d'outre-Rhin, on notera la présence d'une assiette à salade...

Il est non seulement permis mais recommandé de changer de service d'assiettes à chaque plat. Sortez vite, si vous en possédez, vos vieux Sèvres, vos porcelaines du Japon, de Saxe ou de Copenhague ! N'attendez pas les occasions exceptionnelles, le plaisir se goûte mieux s'il est quotidien.

Les assiettes de cristal

Les assiettes de cristal étaient fort à la mode voici une quarantaine d'années. Des amis de mes parents, un ambassadeur britannique et son épouse, bien connus pour leurs fêtes charmantes, organisaient un soir un dîner très réussi dans les jardins de l'ambassade, à Paris. Les arbres étaient illuminés de lampions vénitiens, les tables brillaient de mille bougies et les assiettes de cristal étincelaient de limpidité. D'une telle limpidité, en fait, que lorsque le maître d'hôtel servit la bisque de homard, il ne s'aperçut pas – était-il légèrement myope ? – qu'il n'y avait pas d'assiette devant l'une des convives ! Et la bisque épaisse se répandit sur la table puis en cascade de corail sur sa jolie robe...

Les couverts

Au XVIIIe siècle, les couverts, couteau, fourchette et cuiller, étaient placés à droite de l'assiette. Aujourd'hui, la fourchette est à gauche, les pointes tournées vers la nappe, cela pour une raison très simple.

L'habitude des orfèvres français était de graver les armes ou, plus tard, le monogramme du propriétaire sur ce que nous appelons le dos de la fourchette (ou de la cuiller). Outre que cela me paraît moins agressif, c'est donc pour mettre en valeur ce poinçon que l'on place la fourchette dents contre table.

Au contraire, les Anglais gravent le blason à l'intérieur. Par conséquent, ils placent les fourchettes pointes en haut. Il me semble donc ridicule de voir, dans de grands restaurants parisiens, les fourchettes disposées à l'anglaise, dissimulant ainsi la gravure contre la nappe.

Couteau et cuiller restent à droite, cette dernière pointe en bas, encore pour la même raison, et les couteaux le tranchant de la lame tourné vers la gauche (c'est-à-dire vers l'assiette).

Le pain, depuis toujours, est placé à gauche ou, au début du repas, dans la serviette pliée sur l'assiette. Il s'agit alors de jolis petits pains individuels.

Les porte-couteau

Il en existe d'innombrables sortes, allant des meutes de chiens de chasse d'argent poursuivant un renard jusqu'aux céramiques suédoises vernissées de brun.

Naturellement, les porte-couteau se placent à droite de l'assiette et constituent une spécificité française qui surprend les jeunes Américains et les Anglais en visite dans notre pays.

Il est vrai qu'en Angleterre on s'ingénie à jongler avec ses couverts comme si l'on était debout : le couteau est posé sur le bord de l'assiette, en attendant de servir à pousser, par un miracle d'équilibre – fruit de toute une éducation –, les petits pois ou l'omelette sur le dos de la fourchette. Autres lieux, autres mœurs...

Les porte-couteau, fort élégants, ne sont d'ailleurs pas indispensables, et leur présence ne signifie pas, comme on le répète trop souvent, que l'on ne changera pas de couverts au cours du dîner.

S'il n'y a pas de porte-couteau, évitez de tacher la nappe : posez votre couteau sur le bord de l'assiette quand vous ne vous en servez plus.

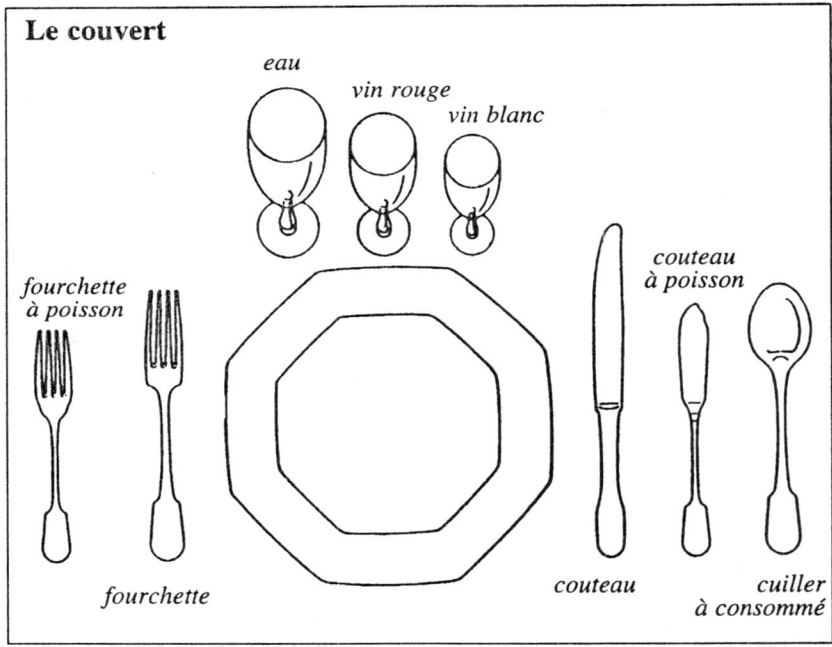

La place des couverts

On voit souvent, lors de grands dîners, des convives quelque peu perplexes devant le nombre de fourchettes, de couteaux, de cuillers de formes différentes disposés de part et d'autre de leur assiette. Lorsqu'on en ignore l'usage, une astuce consiste à regarder comment s'y prend la maîtresse de maison : sage précaution, puisqu'on ne commence jamais chacun des mets servis avant elle, et qu'elle-même ne commence que lorsque chacun est servi.

Pourtant, la règle est très simple : on utilise les couverts exactement dans l'ordre où ils se présentent, des plus éloignés aux plus proches de l'assiette – couverts à hors-d'œuvre, puis à poisson, puis à viande...

Jadis, les couverts à dessert ne se trouvaient jamais sur la table au début du repas. On les apportait seulement au moment du dessert.

L'absence de domestiques, aujourd'hui, fait que l'on admet qu'ils soient en place dès que l'on dresse le couvert, placés au-dessus de l'assiette, horizontalement, devant les verres. Mais si vous avez quelqu'un pour servir à table, vous pourrez lui demander, comme il est de tradition dans notre famille, de servir les assiettes à dessert, chargées des couverts disposés en faisceau : la fourchette à gauche, le couteau à droite par-dessus et, surplombant le tout, la cuiller. L'ensemble, joliment présenté, est d'une simplicité et d'une rapidité merveilleuses. A chacun ensuite de redisposer ses propres instruments de part et d'autre de son assiette.

Toute maîtresse de maison peut en faire autant. Préparées d'avance, ces assiettes toutes prêtes lui simplifieront la fin du repas.

Les couverts à poisson

L'origine des couverts à poisson est controversée. Certains affirment que la large lame plate du couteau à poisson est destinée à lever les filets de poisson sans les briser, ce qui est vrai dans le cas des soles, turbos et autres poissons dits « nobles », mais guère évident lorsqu'il s'agit de poissons sans filets. La fourchette à trois dents (au lieu de quatre) rappellerait tout simplement le trident de Neptune, ce qui est plausible.

Une autre théorie veut que l'on utilise des couverts spéciaux pour le poisson, dont les qualités chimiques altéreraient l'argent des couverts habituels, de même que l'on se servait de cuillers d'os ou de verre pour les œufs à la coque, dont le jaune modifie l'argent, le noircit et lui confère un goût désagréable. Au contact de ces aliments, en effet, l'argent ne s'oxyde pas, il se sulfurise. Les cuillers en métal inoxydable ont rendu ces précautions inutiles.

Pour déguster crustacés, crabes, homards et langoustines, on disposera pour chaque convive des instruments spéciaux, pinces à escargot, casse-pattes ou fourchettes minces à deux dents. Ils seront enlevés après utilisation.

Les maîtres d'hôtel italiens utilisent une cuiller pour dépouiller les poissons de leur peau et de leurs arêtes : geste qui fait rire les Anglo-Saxons. Pourtant, j'ai mangé au lac Trasimène, et ailleurs en Italie, des perches préparées de façon absolument parfaite et l'on sait que la perche est une pelote d'épingles !

L'emploi des couverts

Le couteau ne s'utilise que de la main droite, pour couper les morceaux dans votre assiette. Il est déconseillé de s'en servir pour pousser les aliments dans la fourchette. Cette méthode, habituelle en Grande-Bretagne, est absolument bannie en France, à moins que vous n'ayez été élevé au Royaume-Uni : il faut en effet avoir commencé dès le plus jeune âge cet exercice pour l'accomplir avec naturel. Si vous n'avez pas l'habileté suffisante pour ne vous servir que de votre fourchette, utilisez un petit morceau de pain tenu de la main gauche – et reposez votre couteau dès que vous avez fini de vous en servir.

Votre couteau ne coupera pas votre pain. L'usage veut que celui-ci, à table, soit rompu. Et ne piquez jamais de la pointe le morceau de fromage que vous aurez coupé sur le plateau.

Cette façon de faire coûta jadis sa carrière à un jeune officier sorti du rang, fort brillant au demeurant, mais dont un jour, au mess, un officier inspecteur observa avec horreur les manières de paysan. « Pique sa pomme et coupe son pain », observa-t-il sobrement sur son rapport. A l'époque, on ne demandait pas seulement aux cadres de notre armée de savoir entraîner leurs hommes au combat et de mourir pour la patrie, mais aussi d'avoir des manières de gentilshommes !

La fourchette

Ne brandissez pas votre fourchette en tous sens au risque d'éborgner votre voisin. La fourchette n'est pas un accessoire de rhétorique.

Ne vous en servez pas non plus pour piquer un morceau de pain afin de « saucer » votre assiette : « C'est le commun qui lèche son écuelle », écrivait La Varende.

Remarquons cependant qu'en Normandie la politesse paysanne voulait jadis qu'on léchât son écuelle, d'abord pour montrer que l'on avait aimé le plat, ensuite pour laisser moins de travail à la personne qui faisait la vaisselle. Cette politesse des anciens temps est devenue à notre époque une véritable inconvenance.

La cuiller

Absorbez votre potage sans faire de bruit ! En France, on consomme le potage de la pointe de la cuiller. En Grande-Bretagne, on pose ses lèvres sur le côté. C'est la raison pour laquelle les cuillers françaises sont pointues et les cuillers anglaises rondes.

N'inclinez jamais votre assiette pour en recueillir le fond, ni vers vous ni vers l'intérieur de la table comme cela se fait dans d'autres pays.

Ajoutons qu'on ne doit jamais entendre tinter la cuiller contre l'assiette.

Comment reposer ses couverts ?

Votre plat terminé, reposez vos couverts sur l'assiette, la fourchette pointe en bas. Les Anglais les placent dans la position « six heures trente ». En France, nous préférons « quatre heures moins dix ». Ne le faites jamais tant que vous n'avez pas terminé (à votre convenance, d'ailleurs : vous n'êtes pas obligé de manger tout ce qu'il y a dans votre assiette) : il s'agit d'un geste conventionnel destiné à montrer que l'on peut desservir votre couvert.

La place des verres

Dans les pays anglo-saxons, les verres se placent à droite de l'assiette. En France et dans les pays latins, ils sont disposés devant. L'ordre demeure cependant le même : le verre à eau, le plus grand, vient le premier, les autres se suivent dans l'ordre où les différents vins seront servis : verre à vin blanc, à bordeaux, à madère s'il y a lieu.

Si vous servez du champagne, préférez les flûtes aux coupes, dans lesquelles le vin se réchauffe rapidement et perd ses bulles.

Faut-il commencer la série par la droite ou par la gauche ? Les deux écoles existent. L'essentiel est de respecter l'ordre du service des vins.

La salière

Le poivre ne figure sur la table que pour les repas intimes ou à la campagne. En revanche, le sel n'y manque jamais, dans des récipients plus ou moins précieux prévus à cet effet.

Je vous conseille de disposer, sinon des salières individuelles, du moins une pour deux personnes. Une superstition tenace veut en effet que passer le sel à son voisin porte malheur... Quoi qu'il en soit, ne passez pas une salière de la main à la main, posez-la sur la table à portée du solliciteur : il est peut-être superstitieux.

Les rince-doigts

Indispensables lorsqu'on déguste des crustacés ou des asperges, les rince-doigts sont des coupelles d'argent ou de cristal que l'on n'apporte à table qu'après avoir servi ces plats.

Placés à gauche du couvert, ils sont emplis d'eau tiède, de préférence parfumée au citron. Quelques pétales de rose ou de jasmin les rendront plus décoratifs. On y trempe juste le bout des doigts, autant que possible avec délicatesse et discrétion.

On retire les rince-doigts en même temps que les assiettes de service.

La serviette

Le Moyen Age ne connaissait pas les serviettes de table. En revanche, une « nappe bordière » était disposée tout au long de la table, artistement drapée – à peu près à la façon dont on dresse de nos jours le cordon de litière dans les écuries des haras bien tenus. Chacun s'y essuyait les mains et les lèvres, et y nettoyait son couteau personnel.

Où faut-il placer la serviette, à droite ou à gauche – à la mode anglo-saxonne ? Les meilleurs auteurs se divisent sur cette question. En France, vous pouvez toutefois la placer au milieu, sur l'assiette, s'il s'agit d'un déjeuner. Pour un dîner, la serviette est toujours posée à gauche, à côté des couverts. Je déconseille de la placer dans le verre principal, même artistiquement pliée. Cette façon ne convient qu'au restaurant.

Il existe de nombreuses façons de les présenter à table. Certaines sont tellement savantes qu'elles évoquent des origami japonais – ornement ravissant, mais qui ne dure qu'un instant : dès que les invités se sont assis, ils déploient le chef-d'œuvre, après avoir ôté le petit pain qu'il contient, et le posent sur leurs genoux sans le déplier complètement.

Faut-il préciser que nul ne nouera sa serviette autour de son cou ni n'en fixera un angle dans sa boutonnière, comme cela se pratiquait sous Louis XV ? Cette façon est de nos jours réservée aux très jeunes enfants, en remplacement du bavoir. Il existe cependant des pinces à serviette, pour certaines dégustations particulièrement difficiles.

A la fin du repas, on ne replie pas la serviette ; on la pose discrètement à gauche de son assiette et c'est tout. En famille, toutefois, puisqu'elle servira plusieurs fois, vous pourrez la rouler dans son rond de serviette. Il est très chic d'avoir son rond de serviette dans certains endroits à la mode, comme, à Paris, le restaurant le Fouquet's.

Les carafes d'eau

L'eau n'est jamais servie dans sa bouteille d'origine, même si elle n'est pas en plastique mais en verre. L'eau se sert dans une carafe.

Il faut en prévoir un nombre suffisant pour que chaque convive masculin puisse servir ses voisines car une femme, à table, ne se sert jamais ni de vin ni d'eau. Elle en demande à son voisin si celui-ci a eu la coupable inattention de ne pas s'apercevoir que ses verres étaient vides.

Un couple de mes amis demande toujours à ses convives quelle est leur eau favorite. Ils disposent en permanence de plus de vingt eaux minérales d'origine différente, de la plate eau d'Évian à l'eau de Vals, et de l'eau de Spa belge à la Ferrarelle italienne...

Le vin

Le vin ne doit se trouver sur la table que si l'on n'a pas de domestiques.

Le vin blanc se sert généralement en bouteille, le rouge en carafe. Il est certes inutile de décanter les vins rouges jeunes ou de bonne qualité, mais le vin en carafe est plus agréable à l'œil.

Le vin se sert toujours de la main droite, en tenant fermement le corps de la bouteille, sans tourner la main vers le dessous et sans appuyer le goulot contre le verre. On n'en verse qu'un peu plus de la moitié du verre.

Si un maître d'hôtel est chargé de l'opération, il essuiera avec une serviette blanche, après avoir servi chaque convive, l'hypothétique goutte au bord du goulot. S'il s'agit d'un grand vin, il en annonce discrètement le cru et l'année à chacune des personnes qu'il sert.

Boni de Castellane rapporte, dans son *Art d'être pauvre*, une aventure survenue lors d'un grand dîner qu'il offrit au début du siècle et dont les hôtes d'honneur étaient un grand-duc et une grande-duchesse russes – des membres de la famille impériale, donc. En servant le champagne, le maître d'hôtel, qui devait être quelque peu anarchiste, n'hésita pas à claironner à l'oreille du grand-duc : « Brut impérial 1905. » L'auguste invité se leva, aussi surpris qu'indigné : les émeutes de 1905 avaient en effet été implacablement réprimées à Saint-Pétersbourg...

Sauf si le vin vous est versé par un domestique, élevez doucement votre verre à la rencontre de celui qui vous l'offre à table, sans toutefois heurter la bouteille. Si vous ne désirez pas en boire, ne mettez pas votre main sur votre verre ; au moment où la bouteille s'approche de vous, murmurez un discret : « Merci, non. »

Messieurs, n'oubliez jamais le verre de votre voisine, surtout si vous ne buvez pas. J'ai souvent la malchance de me trouver à côté du seul convive masculin qui s'en tient à l'eau minérale. Pendant le dîner, je lui lance des coups d'œil expressifs autant que suppliants en espérant qu'il pensera à mon verre. Si je n'y réussis pas, j'ose alors la méthode directe : « Quel dommage, dis-je, que vous ne puissiez pas apprécier ce merveilleux pommard ! J'en raffole ! » En général, il comprend.

On boit à petites gorgées, sans garder le vin dans la bouche comme les dégustateurs de profession, et sans empoigner son verre à pleine main. Avant de boire et après avoir bu, on s'essuie les lèvres.

Avant de quitter la table, si vos hôtes vous ont servi une de leurs meilleures bouteilles, veillez à ne pas laisser votre verre plein et ne renoncez qu'à la « goutte de politesse » : on vous saura gré de ne pas gâcher un grand cru.

Si vous renversez sur la nappe de dentelle votre verre de vin rubis, ne faites rien d'autre que vous excuser de votre maladresse.

L'ordre des vins

A moins de faire un repas au champagne, ce que déconseillent les gastronomes car le champagne ne se marie pas avec tous les plats, on servira le plus souvent un vin blanc avant un vin rouge, un vin jeune avant un vin plus vieux et un vin léger avant un vin charpenté.

Rappelons qu'un vin doit s'unir avec un mets et non le dominer. Le principe est d'associer la puissance d'un vin à la richesse d'un plat ou bien sa délicatesse à celle du plat qu'il accompagne. Il ne faut pas associer un vin doux et un plat salé ni l'acide et l'astringent : un grand bourgogne rouge servi

Les grands millésimes

	Bordeaux rouges	Bourgognes rouges liquoreux	Bordeaux blancs secs	Bordeaux blancs	Côtes du Rhône	Loires	Beaujolais rouges	Alsace
1955	2	2	2	—	4	1	—	—
1959	2	1	1	—	4	—	—	1
1961	1	1	2	—	1	3	—	2
1970	2	4	2	—	—	—	—	3
1971	3	3	2	—	2	1	—	1
1975	2	5	1	—	—	—	—	1
1976	3	3	3	—	3	2	—	2
1978	2	1	4	2	1	2	—	2
1979	3	3	3	3	3	4	—	2
1981	3	4	2	3	2	2	—	2
1982	1	4	3	3	2	3	—	3
1983	3	3	4	2	2	2	—	1
1985	1	2	3	2	2	2	—	2
1986	1	2	2	3	3	3	—	2
1987	4	4	5	3	5	3	4	3
1988	2	2	1	2	3	3	2	2
1989	1	3	1	3	3	1	2	2
1990	1	2	1	3	2	3	3	2
1991	4	4	4	4	4	5	4	3
1992	2	3	1	3	1	2	4	3
1993	4	3	3	5	4	4	4	4
1994	3	3	2	3	3	3	—	4

Année exceptionnelle : 1. Grande année : 2. Bonne année : 3. Année moyenne : 4. Petite année : 5.

avec une soupe ou une sauce à l'oseille fera frémir les connaisseurs.

De la même manière, un grand bordeaux rouge n'accompagnera jamais une blanquette de veau mais une viande rouge ou du gibier.

On ne sert aucun vin avec les asperges.

On ne rafraîchit pas un vin rouge avec des glaçons ni en le plaçant au congélateur.

Comment servir à table ?

Ne le rappelons que pour la forme : on présente toujours un plat aux convives par la gauche. La plupart étant droitiers, il leur sera ainsi facile de se servir. En revanche, on dessert par la droite. De même, on sert le vin par la droite.

Tous les plats, à l'exception de la salade et du fromage que l'on ne repasse pas, sont présentés une seconde fois afin que les convives puissent se resservir. Leur présentation est aussi soignée que lors du premier service. Les seules personnes obligées de se resservir sont l'invitée d'honneur, à qui l'on présente le plat la première et qui doit donc donner l'exemple en se servant une seconde fois, ainsi que la maîtresse de maison, pour ne pas la laisser seule.

Les plats rebelles

La légende veut que les jeunes gens reçus au concours des Affaires étrangères, nos futurs diplomates, soient à cette occasion invités à un dîner spécial au cours duquel on leur sert à peu près tous les plats les plus difficiles à manger.

Ces traîtres aliments vont des écrevisses à la nage, qu'il faut décortiquer comme on le peut à la main, au salmi de petits oiseaux, dont il faut croquer et avaler les os tout en soutenant une conversation sur la situation au Groenland, en passant par les œufs à la coque, les escargots et les moules marinières.

Ce rite est-il authentique ? Quoi qu'il en soit, voici quelques conseils qui vous aideront à faire bonne figure.

Les asperges

Bien que mon cousin, Mgr le comte de Paris, préconise de les manger à la main, si l'on est entre hommes, on déguste les asperges avec un couteau et une fourchette. Le cuisinier doit les avoir épluchées suffisamment pour qu'elles soient tendres jusqu'au bout, mais puisqu'elles ne le sont presque jamais, on est toujours forcé de laisser l'extrémité inférieure. Rangez ces petits morceaux sur un côté de l'assiette. Surtout, ne tirez pas désespérément le morceau d'asperge entre vos dents serrées pour en manger le maximum !

Les escargots

Les escargots sont assez faciles à déguster si vos amphitryons ont prévu les pinces et les piques spéciales. Dans ce cas, saisissez de la main gauche une coquille à l'aide de la pince et extirpez le gastéropode avec la pique pour le porter à votre bouche. Le reste de la sauce, si bonne soit-elle, ne doit en aucun cas être épongé avec du pain, encore moins être bu dans la coquille. Il est de toute façon rare que l'on serve à dîner ces délicieux hermaphrodites.

Cailles et petits oiseaux

Tous les petits oiseaux sont incommodes à manger. Les cailles offrent cependant l'avantage de posséder sur la poitrine deux petits filets dodus et savoureux, faciles à détacher avec la fourchette et le couteau. On déguste de la même façon la farce dont elles sont généralement garnies. Les cuisses sont beaucoup plus difficiles à désosser. Si vous n'avez pas l'habitude, abandonnez-les sans regret.

Les petits oiseaux, rouges-gorges, alouettes, mésanges, merles ou grives, qu'ils soient servis en salmis ou en brochettes, se croquent intégralement. Un exercice difficile à accomplir tout en se montrant brillant causeur ! A vrai dire, on ne sert plus guère ces volatiles, la « récolte » au filet étant de moins en moins pratiquée.

Une mention spéciale, cependant, doit être faite pour les ortolans, oiseaux migrateurs du sud-ouest de la France. Ils sont capturés dans les vignes et engraissés avant d'être empoisonnés à l'armagnac puis dégustés selon un cérémonial peut-être excessif : la tête de chaque convive couverte d'une serviette pour que nul n'en perde le moindre effluve.

Les œufs à la coque

On ne vous offrira jamais d'œufs cocotte dans un dîner ou même à déjeuner. En revanche, si vous êtes invité en week-end, il y a de fortes chances pour que l'on vous en propose au petit déjeuner, accompagnés de pain beurré.

Autrefois, lorsqu'on avait terminé son œuf, on en brisait discrètement la coquille. Cette règle, à laquelle il ne fallait pas déroger, remonte comme bien d'autres à l'époque où l'on avait des serviteurs. On leur signifiait ainsi qu'ils pouvaient desservir. Ce serait aujourd'hui tout à fait déplacé.

Le foie gras

Foie d'oie ? Foie de canard ? Truffé ? Non truffé ? Les véritables amateurs sont prêts à en venir aux mains dès que l'on évoque ce dilemme.

Le foie gras se mange à la fourchette, sans jamais le tartiner sur du pain.

Faut-il ou non déguster la gelée qui l'accompagne souvent ? Certains l'affirment, d'autres le nient. Il existe cependant de délicieuses gelées au porto qui ne sont pas seulement faites pour le décor...

Le fromage

Le fromage, qui vient en fin de repas, juste avant le dessert, ne passe qu'une fois parmi les convives parce qu'il n'est que le complément du repas.

Savoir couper le fromage est un art. D'une façon générale, on le tranche du centre vers le bord, de sorte que chacun prenne une part équitable de pâte et de croûte. Cette dernière est regardée comme « tout ce que le fromage ne veut pas » et doit donc être laissée sur l'assiette. Mais si l'on ne peut manger la croûte du gruyère ou du parmesan, il n'est ni défendu ni impoli de manger celle du camembert ou du brie.

Le fromage doit être légèrement entamé avant d'être servi, surtout les fromages ronds : c'est une invitation à se servir qui simplifie le geste de la première personne à qui l'on présente un camembert ou un vacherin.

Sachez aussi qu'il existe des fromages dont on se sert à la cuiller : le stilton vieux, mariné dans le porto, par exemple, ou le talon de fourme d'Ambert. Creusez sagement ce dernier à l'aide de la cuiller posée à côté, et n'essayez pas de le couper au couteau !

Un bon « truc » pour les maîtresses de maison : si vous servez une roue de brie entière, il y a de fortes chances pour que vos invités la saccagent en la coupant à tort et à travers. Procédez comme j'ai appris à le faire : découpez d'avance un trou rond au milieu à l'aide d'un petit bol. Vos convives, même lors d'un buffet campagnard, couperont tout naturellement des tranches bien régulières.

N'offrez jamais de « petits-suisses » : le papier qui les entoure embarrassera plus d'un étranger. C'est ainsi qu'en 1954, lors des négociations qui conduisirent à l'indépendance de l'Indochine, les délégués du Viêt-minh se trouvèrent bien embarrassés à la fin d'un repas : croyant qu'il s'agissait d'une sorte de feuille de pâte, ils avalèrent le papier. L'exquise politesse de Pierre Mendès-France, qui dirigeait la délégation française, sauva la situation : après un rapide coup d'œil à ses collaborateurs, il imita les Vietnamiens... et tous les Français avalèrent l'emballage sans sourciller ! Ce triomphe des bonnes manières européennes permit aux Asiatiques de ne pas être décontenancés. On se demande d'ailleurs qui pouvait avoir eu l'idée saugrenue de servir des petits-suisses dans un repas diplomatique, et de surcroît aux représentants d'un peuple qui ne consomme jamais de laitages !

N'oubliez pas d'offrir du beurre en même temps que le fromage, de préférence dans plusieurs beurriers, au moins un pour quatre personnes, et présenté en coquillettes, faciles à tourner avec le couteau prévu à cet effet, ou encore en petits pots. Beurre salé ? Beurre doux ? C'est au gré de la maîtresse de maison.

La salade

Comme le fromage, on n'offre la salade qu'une fois. Les salades se prêtent à une foule de combinaisons, notamment grâce aux différentes huiles – d'arachide, d'olive ou de noix – et à leur assaisonnement avec des ingrédients tels que l'ail, la ciboulette, l'échalote, les noisettes, les anchois...

L'art d'accommoder la salade est, paraît-il, une spécialité française. On conte l'histoire de cet émigré à Londres, sous la Révolution qui, un peu par hasard, en fit un véritable métier et revint riche en France. Il était appelé dans plusieurs maisons différentes le même soir, et se faisait précéder d'un domestique portant son « nécessaire à salade », une vaste boîte d'acajou contenant différentes huiles, divers vinaigres, plusieurs sortes de moutardes aromatisées et jusqu'à du « soja de Chine ». Il put ainsi racheter le château paternel, vendu comme bien d'émigré.

N'oubliez pas que la présence du vinaigre doit être assez légère pour ne pas dénaturer l'arôme du vin.

Les huîtres

Tout le monde connaît les fourchettes à huîtres, petits instruments à trois dents, assez larges et possédant un côté tranchant pour détacher le mollusque de sa coquille.

Sachez que vous pouvez jeter l'eau des huîtres en les ouvrant : elles en produiront d'autre au bout de quelques minutes et s'en trouveront plus fermes. Mais, à moins d'être en famille ou de faire, comme au XVIIIe siècle, un déjeuner d'huîtres, ne portez pas la coquille à vos lèvres pour en boire l'eau.

La coutume est de les servir avec du citron : il faut avouer que c'est délicieux. L'origine de cette habitude n'est cependant pas d'ordre gastronomique. Il s'agissait de vérifier, grâce à l'acidité du citron, si l'huître était toujours vivante. La sauce au vinaigre et à l'échalote, un peu brutale, servait quant à elle à masquer le goût des mollusques « finissant ».

De là vient la légende des « mois sans R », mai, juin, juillet et août, correspondant à leur période de reproduction. Les mollusques, outre qu'ils sont alors laiteux, se conservent beaucoup moins bien que les autres mois de l'année – c'était surtout vrai autrefois, à une époque où les huîtres voyageaient des côtes à Paris à l'intérieur de tonneaux fermés garnis d'algues, au pas lent des voitures à chevaux. De nos jours, la fraîcheur est garantie. Reste que certains n'apprécient pas les huîtres laiteuses.

Nos huîtres ne sont d'ailleurs plus que rarement celles que l'on mangeait il y a un siècle : une maladie les a décimées, et il fallut que nos ostréiculteurs fissent appel à certaines races résistantes à ce fléau, notamment des souches japonaises. L'huître que l'on faisait jadis venir de Marenne ou d'Ostende, comme on le lit dans *le Comte de Monte-Cristo,* est l'huître plate dite « belon », grise et fine, que l'on accommodait le plus souvent d'un peu de poivre. Accompagnées de vin rouge, les huîtres au poivre sont délicieuses.

Les fruits

Tous les fruits frais se mangent à la fourchette et au couteau. Rien de plus facile quand il s'agit d'une figue qu'il n'y a qu'à inciser en croix avant d'en retirer l'intérieur. Si vous ne vous sentez pas capable d'en faire autant avec une banane... n'en mangez pas !

La maîtresse de maison sera bien inspirée de ne servir de papayes ou de mangues que déjà préparées (c'est-à-dire vidées de leurs graines ou de leur noyau et ciselées) ou, mieux encore, mélangées à une salade de fruits.

La conversation à table

Les conversations ne s'établissent qu'entre voisins ; si plus de huit personnes sont présentes, il est impossible d'élever la voix d'un bout à l'autre de la table pour échanger de belles idées avec un sculpteur revenant du Japon.

Vous pouvez être certain que douze convives formeront trois conversations différentes, sinon quatre, sans parler de ces voisins qui sympathiseront si fortement qu'ils en oublieront de parler aux autres invités.

C'est pourtant une règle élémentaire de savoir-vivre que de ne pas négliger l'un de ses voisins pour accaparer l'autre. Lorsque j'en suis victime, j'ai l'impertinence de dire à mon voisin : « Vous avez un dos magnifique ! », même s'il est bossu. C'est en général très efficace.

On ne dirige plus la conversation à la manière de Mme Verdurin : « Charles, vous parlerez à votre tour ! » Les maîtres de maison doivent s'ingénier à donner la parole aux timides, en les interrogeant sur leurs goûts et leurs activités. Ils s'efforceront, autant que faire se peut, d'empêcher l'un de leurs convives de monopoliser la parole, fût-il le plus brillant de nos académiciens.

Comment dire non ?

On faisait autrefois très attention à ne pas froisser et même à ne pas risquer de gêner son voisin. Et l'on bannissait le mot « non » de sa conversation : on le remplaçait par « pardon ».

Il est vrai qu'alors, politesse et polissage avaient le même but : dégrossir la matière brute. Nous recherchons au contraire, de nos jours, l'originalité, le produit unique qui ne semble pas sortir d'un moule. On vante le « bois brut », la « pierre brute », voire l'« art brut ». Ce goût n'empêche pas de rester courtois à table et d'exprimer son opinion sans âpreté ni conflit ! Oui à la force tranquille. Non, au fanatisme.

On ne parle pas de soi !

Évitez de raconter votre vie (vous la connaissez déjà) alors que vous ignorez tout de celle, peut-être passionnante, de votre voisin. De plus, en l'écoutant, vous lui ferez plaisir.

Si vous êtes placé à côté d'un chirurgien ou d'un avocat, vous ne leur parlerez pas de vos problèmes et jamais ne leur demanderez conseil. Il y a un lieu pour cela : leur bureau de consultation. Vous pouvez, à la rigueur, leur demander s'ils ont des anecdotes amusantes à raconter sur leur vie professionnelle.

Je me suis aperçue que bien des hommes adorent parler à en perdre haleine de leur collection de soldats de plomb ou de leurs voyages en Uruguay. Comme vous êtes vous-même allé en Uruguay, ne serait-ce que par la grâce d'un film, vous trouverez toujours un sujet d'entente commun : il suffit de le rechercher. La greffe des rosiers, les mines d'or de l'Ardèche, l'énigme préhistorique de Glozel, la grande-duchesse Anastasia... Et un officier de cavalerie blindée trouvera toujours à parler mécanique avec le dirigeant d'une entreprise d'engin de construction.

Il arrive cependant que l'on tombe sur un voisin hermétique à toute conversation, et qui semble absolument se désintéresser de tout... La pluie et le beau temps alimenteront alors la causerie, et vous pourrez sans remords bavarder avec votre second voisin.

L'art de la conversation est difficile. Et il arrive que l'on s'attire des réponses quelque peu moqueuses. Ainsi, une grande dame pourtant rompue à ce genre de sport, Jacqueline Kennedy, se trouvant lors d'un célèbre dîner à côté du général de Gaulle, lui demanda, peut-être à court d'inspiration : « Vous qui avez connu tant de personnalités, Général, à votre avis, qui avait le plus d'humour ? » Et de Gaulle de répondre froidement : « Staline, madame ! »

Les gaffes

Qui n'a jamais fait de « gaffe » lors d'une conversation ?

Passons sur la gaffe volontaire, spécialité de certains prétendus beaux esprits qui ne savent être drôles sans se montrer méchants.

Le plus souvent, la gaffe provient de l'ignorance où l'on est de la situation particulière de son interlocuteur. On s'en aperçoit vite au silence accablant qui accueille une bévue.

Que faire alors ? Rien. Car rien ne peut la rattraper. C'est à cette occasion que l'on compte ses vrais amis : ils s'emploient aussitôt à faire rebondir la conversation sur un autre sujet.

L'instant des présentations est propice aux gaffes. Sans parler des erreurs de préséance, il s'agit de ne pas se tromper sur les grades, titres et qualités de vos invités.

La princesse Alain Murat m'a raconté comment, au cours d'une réception à la préfecture d'Arras, elle présenta un procureur de la République comme « procureur du roi ». L'erreur s'expliquait par le fait que nombre d'invités étaient venus de Belgique, pays tout proche. Le magistrat français ne put, paraît-il, s'empêcher de faire grise mine.

Un téléphone mal raccroché peut aussi être source d'ennuis si vous faites à haute voix des commentaires sur votre interlocuteur qui, lui, n'aurait pas encore reposé le combiné...

Les gaffes peuvent aussi être source de fous rires, surtout quand ce sont les autres qui les commettent. Ainsi, ce jeune snob qui cherchait à engager la conversation au cours d'une soirée plutôt ennuyeuse, me demanda : « Vous êtes une Clermont-Tonnerre ? Connaissez-vous Hermine ? C'est une très bonne amie !

– Je ne l'ai jamais rencontrée. Est-elle sympathique ? » répondis-je en pouffant discrètement.

Il est des gaffes célèbres. L'impératrice Marie-Louise, nouvellement mariée à Napoléon et arrivant de sa Vienne natale dans ce Paris qui, quelque vingt ans plus tôt, avait guillotiné sa tante, demanda innocemment à ses deux voisins lors d'un grand dîner : « Et vous n'avez pas eu d'ennuis, pendant cette horrible révolution ? » Elle s'adressait à Fouché et Cambacérès, tous deux conventionnels et régicides !

Lorsque vous vous rendez coupable d'une gaffe, ne vous excusez pas. Cela ne ferait qu'aggraver la situation. Si vous vous jugez impardonnable, vous pouvez le lendemain envoyer des fleurs à votre victime, accompagnées d'un petit mot aimable, ou même l'appeler au téléphone mais sans remuer le fer dans la plaie !

Après le repas

Comment servir le café ?

Le café, au choix caféiné ou décaféiné, doit s'offrir au salon en même temps que les liqueurs, dans une cafetière en argent ou en porcelaine. Il doit être très chaud, même lorsqu'on le présente pour la seconde fois. N'oubliez pas le sucrier et sa pince.

Le sucre peut être roux, blanc ou de canne. Les mélanger est plus joli, mais une maîtresse de maison avisée doit penser, si elle reçoit des étrangers, qu'ils ne sont peut-être pas familiarisés avec le sucre en pierres ou en morceaux habituel en France. Elle prévoira du sucre en poudre.

Offrez également un choix de tisanes, menthe, thym, sauge, romarin si vous avez une terrasse ou un bout de jardin. A défaut, tilleul ou verveine.

Café ou tisane, on doit garder sa tasse et sa soucoupe à la main et les reposer sur le plateau quand on a terminé.

En même temps que le café, on peut proposer des chocolats, qui se marient bien avec son amertume. Si l'un des convives a apporté à la maîtresse de maison une boîte de confiseries, elle devra être ouverte et proposée aux convives. Ne gardez pas la boîte fermée sur votre commode.

Liqueurs et alcools

En même temps que le café, l'habitude est d'offrir des liqueurs et des alcools. Sortez votre bas armagnac hors d'âge ou votre kirsch.

Prévoyez également, à l'intention des femmes, des liqueurs plus douces, crème de mûre ou de framboise, mais aussi des alcools blancs, poire williams ou marc de gewurztraminer, par exemple. Néanmoins, prévenez charitablement les jeunes filles, en leur proposant de goûter votre kummel polonais rapporté de Cracovie, que cette aimable liqueur titre 55° d'alcool...

Il y a quelques années, j'avais rapporté d'un pays de l'Est un véritable « tord-boyaux », si rude que des buveurs chevronnés passaient en le buvant par toutes les couleurs en toussotant des compliments. C'était ce terrifiant spiritus polonais que l'on ne peut absorber qu'accompagné d'une rondelle de saucisson au poivre. L'épreuve terminée, je revenais à des attentions plus hospitalières...

Quand prendre congé ?

Les invités savent que le moment de prendre congé est venu quand, après une agréable conversation, la maîtresse de maison propose des rafraîchissements.

Gardez à l'esprit que plus les gens assument de responsabilités importantes, plus leurs obligations les forcent à partir de bonne heure.

L'heure diplomatique est 23 h 30 – règle impérative. Enfin, n'oubliez pas que dans un couple, c'est la dame qui donne le signal du départ en se levant la première. Bien entendu, à table, c'est la maîtresse de maison qui se lève la première, sauf en présence d'une tête couronnée ou d'un chef d'État. C'est alors à cette personnalité de donner le signal.

Les jeunes gens de mon âge dansent ou discutent sans l'ombre d'une fatigue jusqu'à 3 heures du matin, et nos soirées ne s'animent guère qu'après minuit. Pourquoi ? Le charme de la nuit, celui de l'aube qui pointe, l'ivresse de la liberté si chère au cœur des noctambules ? Je ne saurais le dire.

SAVOIR RECEVOIR A LA CAMPAGNE

Comme l'écrivait Brillat-Savarin, recevoir ses amis, c'est « se charger de leur bonheur tant qu'ils sont sous votre toit ». Autrefois, dès qu'arrivaient les beaux jours, on invitait ses amis pour une longue « villégiature ».

Ce seul mot évoque les pantalons de flanelle, les ombrelles blanches, les chapeaux canotiers, les parties de barque sur l'étang et les joyeux dîners en plein air, sous la tonnelle, tels que nous les voyons décrits dans les romans de Georges Ohnet ou de Marcel Prévost. Ou, mieux encore, dans les pièces de Tchekhov et celles de Goldoni.

Aujourd'hui, on invite toujours volontiers ses amis dans la maison de campagne que l'on a le bonheur de posséder, mais seulement pour un week-end qui, parfois, commence le samedi matin et non le vendredi soir.

Lorsque l'on convie ses amis proches, on se contente de leur téléphoner une à deux semaines à l'avance. Si, en revanche, on souhaite la présence d'amis moins proches, il est plus convenable de les inviter par un mot écrit auquel ils devront répondre le plus rapidement possible. Si ces personnes viennent pour la première fois chez vous, envoyez-leur un itinéraire précis et le numéro de téléphone de votre maison de campagne en précisant l'heure à laquelle vous les attendez.

Songez à leur faire découvrir la région que vous habitez. Il y a tant de monuments et de splendides paysages à la campagne ! Tant de fêtes locales ! De feux d'artifices de village ! Organisez des expéditions doublées de pique-niques vers des châteaux forts en ruines, des dolmens, des sanctuaires à vierge noire ou des rivières poissonneuses.

Ce sont peut-être mes vacances campagnardes qui m'ont inspiré ce goût très vif pour les réceptions « aux champs ». Bien sûr, celles-ci demandent une préparation parfaite.

Vos invités doivent se détendre et ne partager aucun de vos problèmes domestiques. Les courses auront donc été faites avant leur arrivée, les menus composés, certains plats déjà préparés. Durant les deux ou trois jours qu'ils passeront chez vous, ils devront avoir l'impression qu'à aucun moment leur présence ne vous est une charge ou un souci : vous aurez donc prévu et la façon de les recevoir et la façon de les distraire.

La chambre d'amis

Chacun aura sa chambre, son lit tendu de jolis draps, des bouquets de fleurs sur la cheminée, quelques revues, quelques livres agréables à feuilleter et, sur une table, du papier à lettres, des stylos et des crayons ainsi qu'un programme du week-end (facultatif). Vous y disposerez également une bouteille d'eau minérale et deux verres, une petite corbeille de fruits avec des assiettes, des serviettes, ainsi qu'une petite boîte de friandises.

Toutes les lumières de la pièce seront allumées, fût-il 4 heures de l'après-midi, pour prouver à votre invité qu'il est attendu et chaleureusement reçu.

· Il y aura, soigneusement pliées, de nombreuses serviettes dans la salle de bain, des savonnettes dans leur emballage, des Cotons-Tiges, des mouchoirs en papier dans une housse de tissu et des cotons à démaquiller dans un petit panier d'osier.

Dans le placard ou l'armoire de toilette, votre hôte trouvera de l'aspirine, de l'Alka-Seltzer, du sparadrap, de l'alcool à 90° et... une brosse à dents neuve destinée à ceux qui l'auraient oubliée. Disposez près de la baignoire ou dans la cabine de douche des sels de bains, du shampooing, une brosse et un séchoir à cheveux.

Dans les penderies, parfaitement nettoyées et parfumées de sachets de lavande, débarrassées de tous vos vêtements, de vos chaussures et de vos objets personnels, les cintres seront tous de la même couleur et de la même matière, en bois ou recouverts de velours, jamais dépareillés et jamais en fer.

Petit déjeuner, déjeuner et dîner

Rares sont devenues les maisons où une soubrette apporte le plateau du petit déjeuner au lit de chacun des convives.

C'est désormais dans la salle à manger qu'est servi le petit déjeuner et il est de règle de demander à ses invités de s'y retrouver à partir d'une certaine heure. Nul ne devrait prolonger sa grasse matinée au-delà sans risquer de gêner la maîtresse de maison.

Prévoyez pour le petit déjeuner du café noir, du lait, du thé (pas en sachet), du chocolat, ainsi que du pain grillé, des brioches, des croissants frais de la boulangerie du village, le tout accompagné de confitures variées et de miels.

Vous pouvez ajouter des jus de fruits frais, des céréales, voire des œufs et des pamplemousses et, si cela vous est possible, les journaux du matin. La table du petit déjeuner doit être aussi soignée et fleurie que celle du déjeuner, petites assiettes, fourchettes et couteaux entourant les tasses (toutes du même service).

Pour le déjeuner, si le temps est chaud, vous pouvez organiser, comme nous aimons tant le faire avec mes cousins, un pique-nique au bord de la rivière ou en forêt.

Le dîner sera cependant plus formel, mais non cérémonieux. Nous ne sommes pas en ville. Toutefois, il convient de se rafraîchir et de se changer avant de passer à table.

Préparez une entrée (en hiver, un potage ou un pot-au-feu sont très appréciés), un plat de résistance et des légumes, des salades, des fromages et un entremets. Le dimanche, avant le grand retour, il est bon de servir un goûter dînatoire composé de charcuteries, de fromages, de cakes et de chocolat chaud. Les grandes flambées dans la cheminée seront un plaisir pour tout le monde.

Distractions et activités

Il ne suffit pas de régaler vos hôtes : il faut aussi les distraire et, donc, apprendre à connaître les goûts de chacun. Les uns préféreront jouer tout l'après-midi aux boules ou au bridge, les autres visiter les ruines du château fort voisin.

C'est pourquoi je laisse le choix à mes invités et je prévois à la fois des boules, un matériel de croquet, des raquettes de tennis et des guides de la région. Une seule règle impérative : être à l'heure, et correctement vêtu pour le petit déjeuner, le déjeuner et le dîner.

Être reçu en week-end

Si vous avez été invité par lettre à passer un week-end chez des amis, empressez-vous d'y répondre et d'exprimer, même si vous ne pouvez vous rendre à leur invitation, vos remerciements empressés.

Vous arriverez à l'heure à laquelle on vous attend, accompagné de bagages discrets, élégants et peu nombreux. Pour un week-end, une valise et une seule devrait vous suffire.

Prévoyez des vêtements sport mais non négligés, une tenue plus habillée pour le dîner du samedi soir, et au moins deux paires de chaussures en parfait état et soigneusement cirées. La campagne, comme la mer, n'autorisent aucun laisser-aller. Quelques bijoux sobres, jamais de diamants, et un parfum discret, surtout si vous allez participer à une chasse.

Dès votre arrivée, défaites votre valise (sans la poser sur le lit, mais sur le porte-bagages ou une chaise) et rangez-la dans un placard. Ne la laissez pas au milieu de votre chambre.

Bien entendu, vous avez apporté un cadeau à vos hôtes. Vous devez le leur remettre en personne dès votre arrivée. Ne le confiez pas à la femme de chambre.

L'invité idéal

Il doit être discret, aimable, courtois avec tout le monde et pas seulement avec certains, il ne doit jamais manifester son désaccord et poursuivre une conversation qui risque de tourner au conflit. Il doit être serviable et non servile, il ne doit se faire remarquer ni par ses tenues ou ses propos excentriques, ni par des habitudes qui gêneraient la maîtresse de maison, par exemple se lever à l'aube ou à midi, se déclarer au régime et donc imposer la préparation d'un menu spécial... L'invité idéal est celui qui est là au moment où il faut, qui est cultivé sans faire étalage de son savoir. En un mot, celui qui a le bonheur de connaître et de pratiquer les bonnes manières.

La maison de campagne de vos amis n'est pas un hôtel : il vous faut donc rincer baignoire et lavabo, ranger un tant soit peu vos affaires de toilette, refaire votre lit, accrocher vos vêtements dans la penderie et ne rien laisser traîner s'il n'y a pas de personnel.

Cette maison n'est pas non plus un restaurant : proposez donc à votre hôtesse de vous rendre au village pour en rapporter des fromages, du pain ou une brioche pour le thé. Aidez à préparer la table, à remiser, la nuit venue, les meubles de jardin ou fermer les volets. Si vous savez jardiner, votre savoir sera peut-être apprécié.

S'il vous arrive de casser la lampe ou le vase de votre chambre, n'en faites pas disparaître les débris. Avouez tout simplement votre forfait et surtout ne manquez pas d'envoyer à votre hôtesse un objet semblable à celui que vous avez par mégarde brisé.

Si vous suivez ces conseils et réalisez un parcours sans faute, vous deviendrez sans nul doute un familier du lieu !

Les invités doivent jouir de la plus grande liberté mais ne jamais abuser de l'hospitalité qui leur est offerte. La pièce de théâtre *Viens chez moi, j'habite chez une copine !*, longtemps restée à l'affiche, traduit bien les mœurs de certains jeunes d'aujourd'hui qui ne s'embarrassent de rien, et surtout pas des autres : ce qui est à toi est à tout le monde ! Voilà ce que le savoir-vivre vous interdit de croire...

A Noël dernier, je fus invitée à Gstaad chez l'une de mes meilleures amies. La veille de mon arrivée, celle-ci entendit sonner à sa porte : l'une de ses connaissances, accompagnée d'un ami et suivie de six valises, lui demanda de but en blanc : « Peux-tu m'héberger, il n'y a plus de chambre au Palace ? » Trois jours plus tard, l'importune était toujours là. Lorsque arrivèrent les personnes invitées depuis plusieurs semaines, non seulement elle ne proposa pas de céder sa chambre mais elle me déclara d'un ton lourd de reproches que je devais partager celle de l'amie qui nous recevait. Nous fûmes plusieurs à rayer son nom de notre agenda.

Il n'est guère besoin de faire cent lieues pour organiser une soirée à la campagne.

L'an dernier, le soir de la Saint-Jean, j'organisai un pique-nique dans l'allée des Cygnes, cette longue île au milieu de la Seine, à l'extrémité de laquelle se dresse une réplique de la statue de la Liberté. Le thème, pour fêter la présence d'un ami romain, était aux couleurs italiennes : vert, blanc et rouge. Tout y était : viandes rouges et blanches garnies de gros cornichons, endives, betteraves et olives vertes, salades de riz, radis, laitues et avocats, fruits rouges et sorbets à la vanille et à la pistache... Sur les chandeliers que j'avais apportés scintillaient les flammes des bougies aux trois couleurs. Vers minuit, nous tirâmes un mini-feu d'artifice qui colora joliment les convives, la nuit et les bulles de la veuve Clicquot...

SAVOIR SE COMPORTER A LA CHASSE

Je ne ferai certes pas l'apologie de la chasse mais je ne la condamnerai pas non plus. Si j'ai un chien, je ne possède pas de fusil. Et si je n'ai jamais tué le moindre animal, j'ai en revanche suivi de nombreuses chasses à courre et à tir avec plaisir, et même avec une sorte d'admiration « civilisée » pour la vénerie venue, qui sait, du temps où mes ancêtres chassaient le sanglier à l'épieu...

Il y a toujours eu beaucoup de chasseurs dans ma famille, et je n'ai pas grandi dans la Brenne pour rien. J'aime tant le chant de l'alouette – le seul oiseau d'Europe qui pratique le vol vertical – quand elle monte droit vers le ciel, au petit matin, tandis que les chasseurs à l'affût se réchauffent les doigts en soufflant dans leurs gants de laine.

Lors de « battues au bois », je dois avouer que l'on éprouve une sorte de griserie à entendre le chef de battue, invisible dans les fourrés, crier : « A droite ! A droite ! Appuyez à droite ! A gauche ! Restez en ligne ! Appuyez à gauche ! »

Et la ligne des rabatteurs de crier à tour de rôle en marchant à grand bruit dans les hautes brandes qu'ils fouettent à coup de bâton :

« Frrrou ! Frrrou !

– Haha ! Haha !

– Volez-volez-volez !

– Hop ! Hop ! Hop ! »

Chacun sait ainsi où il se trouve par rapport à la ligne.

Les chiens, la langue pendante et la queue en fouet, furètent dans les fourrés, vont et viennent, affairés. Un coup de fusil part à droite. Un seul. On l'a eu, probablement. Deux à la suite. Manqué, sans doute...

Lorsque la ligne des rabatteurs se trouve trop proche, trois coups de trompette ou de corne – qu'on appelle aussi la « pibole » – enjoignent les chasseurs de cesser de tirer. Chacun doit alors casser son fusil et le décharger.

Cela peut recommencer indéfiniment jusqu'au soir, quand la brume commence à descendre sur les chaumes et que l'on rappelle les chiens.

Il va de soi que j'évoque ici la « vraie chasse », non celle où l'on se contente de sortir des faisans d'élevage de paniers d'osier...

De même, je n'ai aucune estime pour ce qu'on appelle « le chaudron » : les chasseurs bredouilles se réunissent, à la nuit tombante, autour d'un bosquet où s'abrite une compagnie de perdreaux effarés et, lentement, posément, resserrent le cercle jusqu'à tirer les oiseaux à bout portant.

La chasse au bois ou en plaine

Les règles du savoir-vivre, peu nombreuses mais impératives, qui président à la chasse se résument en trois mots : prudence, discrétion, discipline.

Lorsque vous êtes convié à une chasse, vous êtes tenu de répondre le plus vite possible à l'invitation : votre hôte doit savoir sur combien de fusils il peut compter. Si vous avez accepté l'invitation, arrivez à l'heure car tous les chasseurs doivent prendre le départ en même temps. Les horaires varient selon les saisons : on part plus tôt en hiver et à l'automne car les jours sont plus courts.

En battue, un chasseur doit impérativement demeurer à la place qui lui est assignée, cela s'appelle rester « ventre au bois ». Il n'est rien de plus impoli, et surtout de plus dangereux, que ces chasseurs amateurs qui se tournent en tout sens pour saluer leurs voisins : immanquablement, leur canon se tournera vers lesdits voisins, ce qui ne doit jamais se faire.

Le fusil doit toujours être non seulement déchargé mais cassé, sauf lorsque la battue a commencé pour de bon.

Autre chose : on ne « suit » pas un faisan, c'est-à-dire qu'on n'accompagne pas son vol d'un mouvement circulaire du fusil sous prétexte de mieux le viser. Vous risqueriez de blesser un chasseur si vous abattiez le volatile à ses pieds. Au cas où ce dernier serait sorti de votre champ d'action, il appartiendrait alors à un autre de le tirer. Vous le préviendriez d'un sportif « C'est à vous ! »

On ne tire jamais les femelles. Il n'est pas difficile de reconnaître, en plein vol, la longue queue d'un coq faisan, même si mâle et femelle ont un vol semblable, pesant et peu rapide, précédé du « piétement » si caractéristique.

On ne tire pas non plus un oiseau « posé », ce qui équivaudrait à du tir à la cible.

On ne tire pas, enfin, sur tout ce qui bouge, pic-vert ou malheureuse chouette réveillée en plein jour.

Il est également déshonorant pour un chasseur d'abattre l'un de ces admirables oiseaux à l'immense queue jaune et noir que l'on appelle « faisan vénéré ». Contentez-vous de le regarder passer avec respect et émerveillement, comme vous contempleriez une horde de chevreuils bondissants.

Dernière chose : restez modeste même si vous avez réussi un beau coup. Rien n'est plus grotesque qu'un fanfaron qui s'écrie : « Vous l'avez vu, ce coup-là, hein ? Vous l'avez vu ? »

Comment s'habiller ?

Pour la chasse à tir, on porte des teintes feuille morte, du marron ou du vert, voire du kaki. Jamais de couleurs vives. Le blanc est réservé aux rabatteurs qui portent une blouse ou un tablier de cette couleur afin d'être aperçus de loin.

Les dames qui ne tirent pas peuvent porter un manteau long mais non un manteau de fourrure, ou alors une pelisse, avec la fourrure à l'intérieur.

Pour chapeau, un feutre genre tyrolien fera parfaitement l'affaire, à condition qu'il ne soit pas rehaussé de plumes ni de pinceaux en poils de blaireau. La toque de fourrure est réservée aux grands froids. Le bonnet est à proscrire, il fait mauvais genre. Une grosse écharpe est en revanche conseillée.

Les gants seront fourrés. Vous pouvez aussi utiliser ces gants de chasse spéciaux dont l'index peut se dégager en une seconde pour appuyer sur la détente.

Les dames aussi chausseront des bottes, et éventuellement des leggings. Le pantalon est entré dans les mœurs et peut être porté aussi bien que la jupe.

On n'emporte pas de sac à main car il risquerait de s'accrocher aux branches et aux ronces. On ne se parfume pas et on ne fume pas, afin de ne pas donner l'éveil au gibier et de ne pas troubler l'odorat des chiens.

Aux dames qui tirent, je conseille la veste de chasse de longueur trois-quarts plutôt que le manteau long. Il existe de fort jolies vestes de style autrichien, mais rappelez-vous que le loden n'est pas considéré comme élégant, sauf en Autriche.

D'une façon générale, la tenue doit être adaptée au climat et aux longues heures d'attente dans un petit matin froid. A cet égard, je recommande à celles qui craindraient de se geler les mains les chaufferettes spéciales où brûle de l'alcool solidifié dans un étui d'amiante.

On peut aussi emporter un « siège de chasse », trépied escamotable faisant office de canne, pratique et élégant.

Les hommes portent la veste de chasse, les knickers prince de Galles ou unis, qui peuvent être protégés par une sorte de « sur-pantalon » épais. Pour prévenir du froid et de l'humidité, le gilet molletonné est recommandé et le chandail à col roulé admis. Si l'on porte une cravate (de teinte neutre), on peut la piquer d'une « épingle de chasse », souvent une dent de cerf montée en or.

Les hommes portent généralement des bottes, une casquette ou un feutre tyrolien. Une partie de chasse n'étant pas une réunion hippique, on n'y vient pas en chapeau melon ni en haut-de-forme !

Après la chasse, chacun se change : on retire ses bottes que l'on remplace par des chaussures plus légères (il faut les prévoir) et l'on revêt une veste de genre tyrolien. Les grandes chaussettes unies sont élégantes avec les chaussures « de chasse » Weston.

La vénerie

Les règles de la chasse à courre sont beaucoup moins empreintes de sauvagerie que ne le prétendent ses détracteurs. Elles sont en fait très complexes.

Citons d'abord quelques statistiques : vivent en France près de deux millions et demi de cervidés. Sur les quelque quatre-vingt-dix mille bêtes abattues chaque année, deux mille seulement sont « forcées » par les deux cent quatre-vingt-dix-sept équipages de chasse en activité. Les autres sont soit renversées par des automobilistes, soit abattues à la carabine par les gardes-chasse, afin de préserver les forêts. La chasse à courre est, somme toute, fort peu répandue, et les cerfs continuent de proliférer dans les forêts françaises. Au cours d'une promenade sylvestre, il vous est certainement arrivé de rencontrer des cerfs ou des chevreuils. Vous en avez bien sûr gardé un souvenir ébloui. Sachez pourtant que ces rencontres sont la preuve qu'une forêt est mal entretenue, car la présence de cervidés compromet l'avenir des jeunes pousses d'arbres.

Les équipages de chasse à courre, outre qu'ils entretiennent dix mille chiens et six mille huit cents chevaux, font vivre quatre mille piqueux et deux mille cinq cents sonneurs de trompe répartis en quatre-vingt-dix-huit sociétés.

Hormis les participants directs, beaucoup de curieux suivent les chasses, à pied, à cheval, en voiture... On en voit même en VTT ou à motocyclette !

Grande et petite vénerie

Si vous êtes invité à une chasse à courre, sachez tout d'abord que le vieux verbe « courre » est intransitif. On chasse « à courre », on « laisse-courre », mais on « court » (du verbe courir) le cerf et le chevreuil.

Ce que l'on appelle la « grande vénerie », chasse au cerf, au sanglier et au chevreuil, avec chevaux et chiens, « à cor et à cris », est le plus souvent dénoncé par les amis des animaux. Il ne faut pas s'en étonner car cerfs, biches et chevreuils, bêtes pleines de grâce et d'élégance, appartiennent à nos plus belles légendes. En revanche, le sanglier, d'aspect moins séduisant, n'attire presque aucune sympathie et je ne crois pas que la SPA dénonce avec la même vigueur les équipages, appelés « vautraits », assez peu nombreux en France, qui traquent « le cochon ».

Quant à la « petite vénerie », chasse au renard ou au lièvre, qui regroupe pourtant la moitié des équipages de notre pays, elle est rarement prise à partie. On a pratiquement oublié que le lapin se chassait autrefois à courre, à tel point que la sonnerie de trompe dite du « lapin » est restée dans toutes les mémoires : il s'agit de l'air simple et joyeux du *Bon Roi Dagobert* ! Cette chasse est aujourd'hui abandonnée, probablement parce que le lapin regagne si vite son terrier qu'il transformait les équipages de chasse en bataillons de terrassiers.

En revanche, la traque du lièvre est plus répandue qu'on ne le croit. Il demande une forme physique éblouissante : on le chasse à pied ! Courir tout un après-midi après un lièvre dans les labours ou les chaumes demande des muscles et de bons poumons. On parle souvent de la ruse du renard. Le lièvre est certainement encore plus malin que lui. Son odeur, que les chasseurs appellent joliment son « sentiment », est des plus légères et il est capable de jouer des tours pendables. Lorsqu'un équipage parvient à prendre deux ou trois lièvres par saison, il peut s'estimer heureux. C'est une chasse le plus souvent démoralisante, surtout dans les régions où il y a abondance de lièvres car l'animal n'hésite pas à faire un temps de galop sur la route, multiplie les crochets, se « tape » pour laisser passer les chiens puis repart gaiement en arrière, riant dans ses moustaches, et passe le relais à un collègue parfaitement reposé qui file sous le nez des chiens comme une fusée, à travers champs et rivières. Eh oui ! Le lièvre sait nager ! On en a même vu traverser un (faible) bras de mer pour se réfugier sur une île !

Il serait trop long de détailler ici toutes les règles de la chasse à courre. On ne les apprend que par la pratique et la lecture des traités spécialisés. Je me limiterai ici aux principes de base.

Comment s'habiller ?

Hommes et femmes portent exactement la même tenue, mais les dames doivent en revanche se passer de leurs bijoux. Ni boucles d'oreilles, ni bagues, ni colliers.

Vous porterez une culotte de chasse blanche ou beige, une veste d'équitation noire, cintrée, et une chemise blanche, avec un col officier fermé d'une cravate de chasse en piqué blanc qu'une discrète épingle de chasse, éventuellement à vos couleurs et appelée « bouton », permettra de maintenir. Vos cheveux resteront attachés.

Le chandail blanc est interdit. On porte sur la tête une bombe noire ou un petit haut-de-forme de dix centimètres de haut, très élégant pour les dames. Le tricorne est réservé aux cavalières montant en amazone. Les bottes de cuir noir ou marron montent aux genoux. Les bottes noires à revers marron sont prohibées. Elles sont réservées aux maîtres de manège.

Les règles essentielles

Pour gagner le carrefour de rendez-vous, on suit les allées sans couper à travers bois et fourrés. Dès que l'on est arrivé, il faut saluer en premier le maître d'équipage et se présenter à tous les « boutons » avant de saluer les autres chasseurs.

Au cours de la chasse, on veillera à ne jamais dépasser ni maître d'équipage ni piqueux, et à ne jamais se trouver en avant des chiens. Il faut savoir « écouter » la chasse et se rappeler les consignes données par le maître d'équipage au moment du « rapport » qui a précédé l'action.

A moins d'avoir fait une chute grave, on n'abandonne pas une chasse en cours de route.

On parle à mi-voix, on ne fume pas et, quand un cavalier dépasse le cheval d'une dame, il retire sa bombe, la salue en disant : « Permettez, madame ! » De même si une femme en dépasse une autre plus âgée. Si une femme double un homme, elle lui adresse un salut, qu'il lui rend.

C'est le maître d'équipage qui désigne celui qui « servira » au moment de l'hallali, c'est-à-dire celui qui mettra à mort le cerf d'un coup dague, honneur dont peu de gens sont d'ailleurs capables car seul un chasseur très habile et loyal peut rendre honneur à l'animal jusqu'à la dernière seconde.

Au cas où l'on vous ferait « les honneurs du pied », c'est-à-dire où l'on vous offrirait le pied du cerf, du sanglier ou du chevreuil préparé avec le tressage artistique et traditionnel de la peau, n'oubliez pas de remercier largement les piqueux d'une enveloppe discrète.

En principe, tout le monde peut suivre une chasse à courre par ses propres moyens. Pour la suivre à cheval, il faut y être invité par le maître d'équipage : encore doit-on être sûr d'en être capable et d'avoir une tenue parfaite !

4

SAVOIR VIVRE A DEUX

SAVOIR SÉDUIRE

Rassurez-vous, il ne s'agit pas ici de vous expliquer par le menu comment procéder aux premiers baisers et caresses !

En anglais, le mot *flirt* désigne une « drague » badine, sans intention réelle d'aboutir. Le terme viendrait en fait de l'expression française « conter fleurette ». Par extension, il est devenu dans notre langue synonyme de « faire la cour », puis de « pousser les choses un peu plus loin »... mais sans les pousser jusqu'au bout !

Le flirt est en général le point de départ des fiançailles et du mariage. Il représente pour les jeunes amoureux une façon de mieux se connaître, mais il leur permet aussi, puisqu'il ne s'agit pas de s'engager, de rompre s'ils ont le sentiment de s'être mépris.

Le flirt a toujours été encensé par la littérature, depuis l'amour courtois des romans de chevalerie jusqu'à nos jours. Le flirt courtois était-il aussi platonique que les troubadours nous l'ont laissé croire ? Que penser de tous ces « martyrs du flirt », Tristan, Yseult et consorts, qui périssent toujours avant que l'irréparable ne soit consommé ?

Les humains sont humains, eût dit La Palice, et Dieu sait comment se dénouèrent dans la réalité les poèmes qu'adressait Raimbaud d'Orange à la comtesse de Die...

Il n'existe pas de « méthode du flirt » à proprement parler, bien que Stendhal, dans *De l'amour*, ou Kierkegaard, dans *le Journal d'un séducteur*, aient, chacun à sa façon, défini les étapes de la séduction.

Lorsque deux êtres se rencontrent et se « reconnaissent », quelles que soient les circonstances, au cours d'une soirée, d'un dîner ou sur leur lieu de travail, ils sont saisis par l'envie de se revoir. La chose n'est pas toujours aisée. La timidité et la crainte que le trouble ne soit pas partagé constituent souvent des obstacles.

Alors que nos mères n'auraient jamais osé un mot ou un geste qui puisse traduire leur attirance pour un homme, nous, leurs filles, sommes aujourd'hui autorisées à traduire par toutes sortes de signes évidents notre intention d'engager les choses plus avant.

De ce fait, les rôles traditionnels sont en quelque sorte renversés. Ne se décide plus à faire des avances que celui qui est déjà choisi et accepté. Résultat : l'homme a tendance à devenir une proie consentante qui attend sa Diane chasseresse avec flegme, sans rien faire pour cela.

Messieurs, réveillez-vous ! Vous savez bien que les femmes adorent le cinéma, du moment que le film est un mélange bien dosé de mensonges et de sincérité ! A quoi rêvent les jeunes filles ? Au prince charmant qui les arrachera à ce monde cruel où les rêves sont étouffés par la réalité.

L'art de faire sa cour

Aujourd'hui, la plupart des hommes ne savent même plus ce que signifie faire la cour à une femme. L'art des approches subtiles et lentes, des regards timides, des petits billets, des sous-entendus, semble appartenir à la préhistoire. L'homme moderne croit devoir abandonner la partie lorsqu'une femme ne lui a pas cédé au bout de deux jours. C'est désolant.

Messieurs, vous qui vous engagez souvent dans une relation amoureuse avec le même détachement que s'il s'agissait d'une relation professionnelle, vous ne saurez jamais à côté de quoi vous passez ! Revenez-y, il est encore temps !

Les recettes ne manquent pourtant pas : l'humour, la surprise, la générosité. Un homme qui fait rire une femme a déjà gagné la partie à demi. En la conduisant de surprise en surprise, il fait un pas décisif. En se montrant généreux, il est certain de faire la conquête de la belle !

Les cadeaux, outre qu'ils font plaisir, rassurent les femmes. Ils représentent à leurs yeux une preuve concrète, matérielle, ineffaçable, de l'attachement de l'homme.

Voici, à ce propos, une anecdote : une de mes amies était un jour au désespoir car ses moyens ne lui permettaient pas de sauter dans un avion pour assister au mariage de sa meilleure amie qui devait avoir lieu le week-end suivant à Miami.

Sur ces entrefaites, son soupirant, jusque-là éconduit, et donc devenu par la force des choses son meilleur ami, lui téléphona pour l'inviter à passer la fin de semaine à la campagne en sa compagnie. Elle accepta son invitation, avec toutes les réserves d'usage. Avant de raccrocher, elle lui confia ce qui la tourmentait.

Le lendemain matin, à sa grande surprise, elle trouva sous sa porte une enveloppe contenant un billet aller-retour pour Miami avec ces mots : « Je préfère te savoir heureuse loin de moi plutôt que triste et pleine de regrets à mes côtés. »

Mon amie fut si touchée de cette généreuse délicatesse qu'à peine revenue du voyage, elle se prit à voir sous un jour nouveau cet homme dont elle avait jusque-là repoussé les tendres avances. Aujourd'hui, ils sont mariés et heureux.

Savoir séduire une femme

Lorsqu'une femme vous plaît, ne le lui faites pas savoir sur-le-champ, à moins d'être certain que la réciproque soit vraie. Et encore. Peut-être n'a-t-elle pas les mêmes intentions que vous. Les femmes croient plus souvent à la pure amitié entre personnes de sexe opposé que les hommes. Elles n'attendent pas moins l'âme sœur que le prince charmant.

N'oubliez pas non plus qu'aux États-Unis, manifester son désir peut être ressenti comme une tentative de harcèlement sexuel. Nous n'en sommes pas là en France mais cet état de fait est significatif : les femmes adorent qu'on leur fasse la cour – à condition qu'elles aient donné le feu vert.

Il faut savoir manifester votre flamme avec discrétion. De la psychologie, de la finesse ! Attendez de déceler une « brêche » avant de tenter quoi que ce soit. Laissez-vous accepter, faites-vous choisir...

Les fleurs : le plus tendre des cadeaux et la plus éloquente des déclarations

L'*anémone* vous supplie : « Ne m'abandonnez pas. »
Le *bleuet* jure fidélité.
Le *camélia* : « Je mourrais à vos pieds. »
La *capucine* proclame qu'il vous aime à la folie.
Le *cyclamen* est un souffle de tendresse.
Le *géranium* soupire : « Je m'ennuie de vous. »
Le *jasmin* vous fait plein de baisers et de caresses.
La *jonquille* vous déclare que vous êtes son premier amour.
Le *lys* dit combien votre pureté le séduit.
Le *muguet* fait tinter ses petites cloches : « Je pense à vous. »
La *pensée* dit gravement : « Ma dernière pensée sera pour vous. »
Le *pois de senteur* fait ses compliments à votre élégance naturelle.
La *rose blanche* porte votre pureté au zénith.
La *rose rose* chante l'épanouissement de votre beauté.
La *rose rouge* est la fleur de la passion.
La *tulipe*, enfin, vous propose un amour sincère, durable et paisible.
La *violette*, délicate et subtile, s'épanouit sous votre charme.

En revanche...

Œillets et chrysanthèmes sont des fleurs mortuaires. Elles seraient donc très malvenues.
Le *glaïeul* témoigne d'une fin de non-recevoir à votre égard.
L'*hortensia* vous reproche votre froideur.
L'*iris*, votre frivolité.
Le *lilas* se plaint que votre amour le tyrannise.
Le *myosotis* vous supplie de ne pas l'oublier.
La *pivoine* avoue sa timidité.
La *primevère* propose : « Aimons-nous le temps d'un printemps. »
La *rose jaune* vous accuse d'infidélité.
Le *souci* s'alarme de votre jalousie.

Tenez compte surtout des circonstances : une fin de non-recevoir vient souvent de ce que le moment n'est pas adéquat. Toutes sortes de choses peuvent faire qu'à tel moment une femme n'est pas disponible alors qu'elle pourrait l'être en d'autres occasions.

Êtes-vous réellement amoureux ? Rien n'est impossible, nulle n'est inaccessible si vous vous déclarez intelligemment, c'est-à-dire avec tact et à l'instant propice.

Ce qui compte par-dessus tout, c'est la sincérité. En matière de sentiment, les femmes savent généralement très bien faire la part de l'authenticité, et elles y sont sensibles. N'en rajoutez pas : vous seriez vite percé à jour.

Enfin, soyez patient. Il semblerait qu'hommes et femmes n'aient pas la même notion du temps. Or, dans toutes les entreprises de séduction, le temps est un facteur crucial. Il joue le rôle du suspense dans un film policier : si vous découvrez trop vite le nom de l'assassin, votre plaisir de spectateur s'en trouve gâché.

Les chasseurs le savent : la battue, le pistage, l'affût sont presque plus importants et excitants que le moment où l'on appuie sur la détente.

Inversement, lorsque l'instant se révèle propice, sachez saisir l'occasion favorable. On ne vous pardonnera pas d'avoir laissé passer votre chance alors que la victoire était entre vos mains. Certaines femmes peuvent prendre une hésitation de dernière minute pour un affront.

Toutefois, lorsque toutes vos manœuvres sont restées vaines, lorsque l'élue de votre cœur paraît ne pas même remarquer votre existence, et a fortiori les preuves d'intérêt que vous lui manifestez, il vous faut avoir recours à la ruse.

La recette est alors toujours la même, à quelques variantes près. Elle a été exposée par Stendhal, non sans cynisme, dans *le Rouge et le Noir*, sous le nom de « méthode russe ». Elle consiste à feindre de traquer une autre proie, une amie de votre belle, par exemple. Vous jouez alors de l'orgueil, de la jalousie qui sommeille en toute femme.

Attention cependant de ne pas pousser la chose trop loin. Vous risquez les pires désenchantements : créer une confusion inextricable, perdre votre estime pour celle que vous désirez, lui en vouloir d'avoir accepté trop facilement le subterfuge.

Outre qu'elle est indélicate, la « méthode russe » n'est pas à mettre entre toutes les mains !

Savoir séduire un homme

Un bel inconnu retient votre attention ? Surtout, pas de précipitation. Ne perdez pas de vue que nous, les femmes, vivons mal avec le souvenir d'une liaison peu gratifiante.

J'ai toujours, en ce qui me concerne, respecté une période de flirt avant de m'engager, et je n'ai eu qu'à m'en féliciter. Ainsi, il y a quelques années, je suis tombée follement amoureuse d'un jeune homme qui paraissait partager mon sentiment et que je rencontrais souvent lors de dîners.

Il était très timide et mit longtemps avant de me proposer de nous revoir seuls, au restaurant. Nous nous retrouvâmes dans une pittoresque gargote qui m'enchanta. Le repas se déroula comme un doux rêve. J'étais de plus en plus sous le charme.

Lorsque l'addition arriva sur la table, mon « ami » la consulta longuement et me dit : « Tu dois cent vingt francs et moi quatre-vingt-dix, car je n'ai pas bu de vin. » Puis il ajouta, grand seigneur : « C'est moi qui me charge du pourboire, bien sûr ! »

Vous pouvez imaginer mon désenchantement. Je ne le revis jamais. J'appris plus tard, par une amie commune, que ce jeune homme souffrait d'une avarice maladive.

Laissez donc votre soupirant vous faire la cour. Ce sera pour vous l'occasion de mieux le connaître, d'être sûre de votre inclination avant le passage à l'acte, de sonder ses intentions et, surtout, de profiter de cette période délicieuse qu'est le flirt.

Sachez rester mystérieuse, ne livrez pas tous vos secrets. Il vous faut trouver un équilibre entre la femme énigmatique qui le fera rêver et la femme réelle qu'il découvrira si les choses aboutissent à une relation plus intime.

Comment faire pour ne pas pousser le flirt trop loin ? Beaucoup de femmes ne savent pas dire non. Le résultat est souvent pathétique. L'homme est ainsi fait qu'il n'a d'estime et de respect que pour les femmes qui lui résistent. Son désir croît avec ses sentiments.

Une expression anglaise dit que la femme désire l'homme qu'elle aime, alors que l'homme aime la femme qu'il désire. La nuance est subtile. Elle résume bien le décalage qui existe entre les hommes et les femmes.

Pour lui résister, presque tous les moyens sont bons. Sauf prétexter une « indisposition » passagère. Cela serait de la plus grande vulgarité, et risquerait d'être très mal perçu par votre soupirant.

Surtout, jamais de détails physiologiques ! Les hommes n'aiment pas ça. Vous pouvez, en revanche, lui signifier tendrement votre refus en laissant miroiter un « oui » à venir. Dites-lui que vous avez besoin de réfléchir, d'être sûre de vos sentiments, des siens aussi, et qu'on ne fait pas « ces choses-là » à la légère. Ne le refroidissez pas pour autant avec trop de pudibonderie.

Et ne l'effrayez pas avec des idées de mariage trop arrêtées ! L'époque n'est plus à cela.

SAVOIR VIVRE EN COUPLE

La vie politique récente nous a appris que la cohabitation est une épreuve difficile, prévue par la Constitution, et que la paix ne règne entre les partis qu'à condition que chacun d'entre eux respecte les prérogatives de l'autre.

Hommes et femmes sont, à tous points de vue, différents. Tant par le corps que par l'esprit. Cependant, s'ils ont du mal à vivre ensemble, ils en ont plus encore à vivre les uns sans les autres.

L'homme recherche dans la femme ce qui lui manque, et inversement. Ils sont donc complémentaires.

Vivre en couple exige beaucoup d'efforts et de rigueur. La paix domestique n'est possible que si chacun s'impose des règles de conduite précises, immuables, et les suit scrupuleusement. Cela suffit-il ? Non ! Il faut savoir ajouter le brin de fantaisie qui donne l'impression que la fraîcheur des premiers jours n'est pas éteinte.

La vie en couple est une histoire qui s'écrit à deux et qui peut facilement virer au scénario-catastrophe si l'on n'y prend garde. Les maladresses font boule de neige. Il devient vite difficile de revenir en arrière. Il convient donc de rester vigilant, même après quarante ans de mariage.

Le respect du territoire de l'autre, de son «espace vital», est crucial. On ne surgit pas inopinément dans une pièce où son compagnon a manifestement le désir de s'isoler pour lire, réfléchir...

Évitez les reproches, du type : « Décidément, tu ne supportes pas de rester dans la même pièce que moi, tu as toujours mieux à faire que de passer du temps en ma compagnie », etc. Il faut comprendre que chacun ressent parfois le besoin de se retrouver seul avec lui-même.

On doit respecter également sa vie privée. On ne fouille pas dans les papiers, les lettres, les tiroirs, les agendas de son conjoint...

Évitez de demander d'un ton inquisiteur « Qui était-ce ? » à chaque fois qu'il a répondu au téléphone. Si cet appel vous concernait de près ou de loin, il n'aurait pas manqué de vous le dire.

S'il arrive à votre conjoint de rentrer tard le soir ou de s'absenter pour un voyage d'affaires, ne l'accablez pas de questions à son retour, ne jouez pas les Sherlock Holmes. La jalousie est un poison. Aussi n'essayez pas de le rendre jaloux. Il existe des moyens plus tendres et plus honorables de le ramener à vous.

Par ailleurs, si votre époux discute avec une belle inconnue, ne vous interposez pas. Vous apparaîtriez tout à la fois faible et odieuse. Vous devez jouer l'évidence de la préférence : vous êtes l'élue, l'unique. Il faut lutter contre son instinct de possession. Un être humain, aussi fort soit le lien qui vous unit à lui, reste fondamentalement libre, de corps et d'esprit. Plus vous le tourmenterez, plus il aura envie d'aller voir ailleurs.

Sachez encourager votre compagnon à avoir ses propres loisirs. Il n'en aura que plus de plaisir à vous retrouver ensuite. Il est donc sage de ne pas renoncer à ses activités de prédilection pour adopter celles de l'autre.

Un ami m'a dit un jour : « Si tu veux conserver ton amour, ouvre toutes les portes de la cage, ainsi l'oiseau ne se sentira jamais prisonnier. »

Une famille qui se crée, c'est aussi deux familles qui s'unissent. S'il est normal de préférer passer le dimanche parmi les siens, on doit comprendre que son compagnon pense la même chose. Ne serait-ce que dans l'intérêt des enfants, il est utile d'entretenir de bonnes relations avec sa belle-famille. On ne doit pas éloigner l'autre des siens pour le rapprocher de ses propres parents.

Par ailleurs, un couple nouvellement marié se retrouve presque toujours confronté au même problème : comment trouver des amis communs ? Les amies de madame ne supportent pas toujours son mari et inversement.

Le réflexe est bien sûr de se tourner vers d'autres couples mariés vivant selon le même schéma. Ce n'est pas toujours très enrichissant : on y retrouve le même poids du quotidien et des problèmes identiques. Les hommes parlent de leurs loisirs, de leur travail, pendant que leurs épouses discutent du prix des Pampers tout en surveillant leurs enfants du coin de l'œil. Ce n'est pas une solution !

Continuez donc à fréquenter vos anciens amis ; les rares auxquels vous aurez encore quelque chose à raconter après avoir changé de vie de manière si radicale. Vous les verrez seule, au besoin. Reprenez aussi en main votre vie mondaine, ne vous endormez pas dans vos chaussons, faites-vous des amis communs ; eux n'auront aucun *a priori* puisqu'ils vous auront rencontrés ensemble et qu'ils auront apprécié le couple que vous formez.

Vous n'avez pas de domestiques ? Les tâches ménagères, à la condition qu'elles soient justement réparties, constituent un moyen de maintenir le salutaire sentiment d'être indispensable l'un par rapport à l'autre.

Inutile de tout partager rigoureusement sous le fallacieux prétexte de l'égalité des sexes : si votre mari est plus doué que vous pour sortir les poubelles, laver la voiture, bricoler, vous l'êtes probablement davantage pour traquer la poussière, repasser, changer la couche de bébé ou lui couper les ongles. Néanmoins, il est des tâches que l'on peut effectuer à tour de rôle : passer l'aspirateur, faire la cuisine, surveiller bébé, etc.

La salle de bains doit être utilisée à tour de rôle. Chacun doit y faire des choses qui se passent volontiers de témoin. Ne tombez pas dans l'excès inverse : ne manquez pas de naturel au point de faire comme une de mes amies – dont je tairai le nom car elle est célèbre – qui ne s'est jamais montrée nue devant son mari. Elle a même appris à se remaquiller dans le noir et cache un poudrier et un bâton de rouge à lèvres sous son oreiller afin qu'après l'amour son époux la trouve aussi fraîche que si elle se rendait à une soirée.

Au risque de paraître inconvenante, je rappellerai que l'équilibre du couple passe aussi par l'équilibre sexuel. Si l'on a adopté pour principe la fidélité éternelle, alors il s'agit d'être très habile pour avoir une chance de la préserver.

Messieurs, du tact ! N'oubliez pas que votre femme a une sexualité plus complexe que la vôtre, et non moins exigeante. Quant à vous, mesdames, ne vous endormez pas sur vos lauriers, apprenez à vous renouveler, donnez à votre époux le sentiment de tenir entre ses bras une femme tout à la fois pareille et différente de celle qu'il a connue hier. Et, surtout, ne blessez jamais son amour-propre.

Une dernière chose : jamais de remarques acerbes en public, encore moins une scène de ménage. Souvenez-vous que nous sommes ce que nous voyons dans le regard des autres.

5

SAVOIR VIVRE
LES GRANDS ÉVÉNEMENTS
DE VOTRE VIE

SAVOIR VIVRE VOS FIANÇAILLES ET VOTRE MARIAGE

Le mariage est l'aboutissement de toute histoire heureuse.

Sous l'Ancien Régime, les mariages d'amour étaient rares et les alliances le plus souvent arrangées par les familles. Le mariage, sanctifié par le sacrement, était conclu par un contrat passé devant notaire, comme l'illustre le théâtre de l'époque.

Les degrés de parenté interdisant le mariage pouvaient être lointains : des cousins au troisième degré, c'est-à-dire « remués de germain », ne pouvaient s'épouser. Il existait cependant de nombreuses dispenses, la plupart des grandes familles étant étroitement apparentées.

La parenté morale induite par le baptême interdisait jusqu'au siècle dernier le mariage à l'église entre parrain et filleule ou marraine et filleul, de même qu'entre parrain et marraine.

Les conditions du mariage

Selon la loi française, un homme doit, pour se marier, être âgé de dix-huit ans au moins, une jeune fille, de quinze ans. Il est possible de se marier un peu plus tôt mais l'autorisation des parents ou, du conseil de famille, si les fiancés sont orphelins, est nécessaire.

Le mariage est toléré entre oncle et nièce ou tante et neveu, à condition d'obtenir une dispense. On ne peut pas s'épouser entre parents et enfants adoptifs mais il est possible, dans certains cas, d'obtenir une dispense légale.

L'enlèvement

Cette forme pittoresque et romantique de mariage n'a plus guère cours de nos jours où l'union libre est devenue si courante que le législateur – l'Assemblée nationale – s'en préoccupe. Et pourtant l'enlèvement se pratique encore !

Ma grand-mère m'a raconté sans me donner le nom des protagonistes cette délicieuse histoire : la fille d'un diplomate scandinave, âgée de vingt et un ans, était jeune fille au pair chez un prince russe émigré. Il se trouva que le bébé qu'elle fut chargée de garder avait un grand frère de seize ans très séduisant. Un beau jour, le grand frère et la baby-sitter s'enfuirent vers une destination inconnue. Malgré la réputation libérale des Scandinaves, le père de la jeune fille prit très mal la chose et intenta un procès pour enlèvement. Stupéfait, le père du jeune homme répliqua par un autre procès, cette fois pour détournement de mineur !

La demande en mariage

« Lorsque le prétendant a plu, écrit la baronne Staffe, il fait immédiatement porter la demande en mariage officielle par son père, un parent âgé, un vieil ami ou un supérieur... »

Le bon vieux temps que tout cela ! De nos jours, les jeunes gens se mettent d'accord sans en référer à personne. Il ne préviennent généralement leurs parents que lorsque leur décision est prise. Les familles se rencontrent alors (si ce n'est déjà fait) pour déterminer la date de la cérémonie et son organisation et non plus, comme autrefois, pour fixer le chiffre de la dot. Jusque vers 1946, celle-ci était encore réglementaire dans l'armée. Le tarif était fixé par décret. L'autorisation du chef de corps, obligatoire à l'époque, n'est plus aujourd'hui qu'une formalité (sauf en cas de mariage avec une étrangère ou un étranger). De plus, il était prévu une enquête de moralité. Pour épouser un officier de l'armée française, il était quasi obligatoire d'aller à la messe et de savoir jouer du piano !

De nos jours, les choses ont bien changé.

Il reste toutefois souhaitable que le jeune homme écrive à son futur beau-père afin d'obtenir de lui un rendez-vous au cours duquel il pourra lui demander la main de sa fille. On ne fait plus aujourd'hui sa demande en mariage en gants beurre frais mais les familles se renseignent encore l'une sur l'autre, ce qui est tout à fait légitime.

Les cadeaux du fiancé à la fiancée

Ils étaient jadis très codifiés. Le fiancé devait envoyer à sa future femme une corbeille de fleurs blanches le jour des fiançailles puis, chaque jour, des fleurs blanches ou roses. Ma sœur recevait ainsi des bouquets de cinquante et une roses ! En outre, le jeune homme devait une visite quotidienne à sa future femme.

Les présents ayant quelque valeur n'étaient autorisés qu'à partir du moment où les questions financières avaient été réglées, c'est-à-dire le jour du contrat. Les bonbons au nouvel an, à l'occasion de la fête ou de l'anniversaire de la jeune fille, n'étaient autorisés qu'avec l'assentiment de sa mère ainsi que, comme dit un ancien manuel, « les livrets de musique et des livres bien choisis ».

Une habitude ancienne voulait que la jeune fille fît cadeau d'une chemise à son fiancé. Elle est tombée en désuétude dès avant notre siècle. Il est néanmoins resté longtemps en usage qu'elle lui offrît une « bague d'homme ».

La bague de fiançailles

La bague demeure un symbole irremplaçable : celui de l'engagement des futurs époux. Beaucoup de traditions se perdent. Celle-ci perdure.

Autrefois, le fiancé la choisissait seul et l'achetait. Ensuite, il la présentait à la jeune fille... en espérant qu'elle lui plairait. De nos jours, ils la choisissent ensemble.

En principe, on n'offre pas de bague ornée de perles – qui évoquent, dit-on, les larmes – ni d'opales ou d'aigues-marines, censées porter malheur en raison de leurs reflets changeants. Il existe, certes, de magnifiques bijoux mêlant opales, perles et autres pierres. Gardez-les pour d'autres circonstances que des fiançailles.

La « marguerite », pierre précieuse entourée de diamants, reste la bague traditionnelle.

Pour une raison oubliée, il est d'usage que les jeunes filles ne portent pas de diamants avant leurs fiançailles, car c'est là le privilège des femmes mariées et le symbole de leur engagement. Jusqu'au XVe siècle, le diamant était une pierre exclusivement masculine. Les grands seigneurs en portaient sur leur casque de bataille, à côté des « escarboucles ».

Lorsque le jeune homme a offert la bague, souvent un bijou de famille (à condition que la pierre et l'anneau plaisent à la jeune fille), il ne reste plus qu'à préparer le grand jour.

Les fiançailles

Elles pouvaient jadis durer fort longtemps. Jusqu'à plusieurs années. Elles ne se prolongent aujourd'hui que de six mois à un an.

Les deux familles fêtent cet heureux événement lors d'un dîner ou d'un déjeuner auxquels sont conviés les parents. C'est toujours la mère de la jeune fille qui reçoit. Chacun est libre de donner plus ou moins de solennité à cette cérémonie.

Une à deux semaines après cette réception, les parents de la jeune fille organisent un cocktail. Ce sont eux qui président la table, l'un en face de l'autre. Les parents du jeune homme sont placés à la droite de ces derniers, tandis que les héros du jour siègent côte à côte, à l'un des bouts de la table. On ne les sépare jamais. Quant à la tenue des invités, les dames portent des robes claires, les hommes sont en complet veston. Ils auront l'amabilité, bien entendu, d'offrir aux jeunes fiancés des fleurs blanches, avec peut-être quelques touches pastel.

Les familles traditionalistes ont gardé l'habitude d'une courte cérémonie à l'église, où le prêtre bénit la bague de fiançailles et les futurs époux.

Enfin, sachez que l'on n'envoie pas de faire-part de fiançailles mais que l'on peut les annoncer dans la presse.

Le faire-part de mariage

Sobre, toujours imprimé en caractères dits « anglais », le faire-part se compose de deux feuillets pliés en deux, l'un au nom de la famille de la jeune fille, l'autre à celui du futur mari, de façon que l'on découvre d'abord le nom de la famille qui invite. Exemple :

> *Le comte et la comtesse de Saint-Paul,*
> *La marquise Charles de Pourtalès,*
> *Monsieur et Madame Pierre de Saint-Paul*
> *ont la joie de vous faire part du mariage de leur petite-fille et fille*
> *Hélène de Saint-Paul*
> *avec le baron André Weuleesse.*

Cinq à six semaines avant la cérémonie du mariage, les deux familles envoient des faire-part. D'une façon générale, ce sont, par ordre d'ancienneté, les grands-parents et les parents qui annoncent le mariage et s'il y a des arrière-grands-parents, ils seront cités en premier, bien sûr. Dans le cas où l'un des futurs époux est orphelin et sans famille, c'est le nom de son tuteur qui doit figurer. Mais il arrive aussi que les fiancés préviennent eux-mêmes leurs amis de leur mariage :

> *Pierre Petitjean et Nicole Martin ont la joie de vous faire part de leur mariage qui sera célébré le...*

Cette feuille de papier fort (du vélin épais) qui, repliée, atteint 20 × 15,5 cm, est appelée « billet » par les imprimeurs. Elle est postée dans une enveloppe assortie, fermée mais non collée.

On ne fait suivre son nom ni de ses titres universitaires, ni de son métier. En revanche, on pourra mentionner certaines décorations militaires ou certains titres importants, tels « ministre » ou « ambassadeur ». Un ambassadeur ne se déclarera pas « ministre plénipotentiaire au Congo ». Il fera inscrire :

> *S.E. et Madame Castoriani...*

En revanche, les parents et grands-parents ne manqueront pas d'indiquer leurs titres de noblesse et leur grade militaire s'ils servent ou ont servi dans l'armée :

Le général et Madame de Castellane...

Si le général est en retraite, il fera inscrire « du cadre de réserve » : (C.R.)

Une mère veuve restera discrète et fera simplement inscrire :

*Madame Georges Allard
a le plaisir de vous faire part du mariage de son fils
Monsieur Jean Allard
avec Mademoiselle...*

On n'écrira jamais « Madame veuve de Castellane ». Une dame devenue comtesse par son mariage reste comtesse après la mort de son mari.

Si les parents sont divorcés ou séparés, leurs deux noms figureront séparément. Ainsi, on fera inscrire :

*Le duc de Montmorency,
La princesse de Hénin
vous font part du mariage de leur fille
Mademoiselle Aude de Montmorency
avec le baron Édouard de Riguepeu.*

Ajoutons que, dans certaines grandes familles, on n'a pas « le plaisir » ou « la joie » mais « l'honneur » de faire part, pour la raison que les grandes familles n'expriment pas leurs états d'âme.

Il est également d'usage de préciser le nom du prêtre qui doit célébrer la cérémonie, surtout s'il s'agit d'un parent de l'un ou de l'autre époux :

*Monsieur et Madame Castorian
vous prient d'assister à la messe
qui sera célébrée par Monseigneur de Gribeauval,
évêque auxiliaire de...
(le père... / le révérend père... / l'abbé... oncle de la mariée).*

Il est également poli, à l'adresse de ceux qui ne pourraient assister à la cérémonie, d'ajouter :

> *... vous prient d'assister ou de vous unir d'intention à la messe...*

Certaines familles publient dans les journaux une annonce destinée aux connaissances éloignées. Celle-ci ne dispense nullement du faire-part personnel.

L'invitation à la réception

Un carton volant de 15 × 10,5 cm, c'est-à-dire moitié moins grand que le faire-part, est glissé dans ce dernier pour inviter les amis choisis et les privilégiés au déjeuner ou à la réception qui suit la cérémonie. (On ne dit plus guère en français « lunch », bien que le terme figure toujours dans les dictionnaires.)

Si ce sont les deux familles qui reçoivent, on le précise. Exemple :

> *La comtesse Charles de Pourtalès.*
> *la comtesse Édouard de Nazelle*
> *recevront après la cérémonie au château de Vaudreuil,*
> *le 15 avril 1995 à 12 h 30.*

Répondre à un faire-part de mariage

Il convient toujours de répondre à un faire-part (et de féliciter les parents) dans la semaine qui suit le jour où vous l'avez reçu.

Il vous faut aussi répondre à l'invitation au déjeuner (ou dîner) de mariage, afin que les parents connaissent le nombre de leurs convives. Cette dernière obligation est inutile si vous n'êtes invité qu'à la cérémonie.

Si vous ne pouvez y assister, envoyez un petit mot accompagné d'un cadeau. Et si, à la dernière minute, il vous est impossible de vous rendre à la réception, il est indispensable de faire porter un petit mot rédigé à la main ou d'envoyer un télégramme, surtout si vous êtes invité à un dîner « assis placé ».

Il est fâcheux de voir, autour d'une table ronde prévue pour huit personnes, quatre convives qui ne se connaissent pas tenter de faire connaissance par-dessus bouquets et salières. C'est alors aux familles invitantes de regrouper tous ces esseulés avec le plus de bonne grâce possible.

Envoyer un télégramme n'est pas une mauvaise solution, à condition de ne pas employer un style télégraphique. N'ayez pas l'inélégance d'écrire simplement : « Impossible venir. Meilleurs vœux. Jacques. » Rédigez votre télégramme comme une lettre : vos amis ne se marient pas tous les jours !

L'un de mes cousins, qui se mariait en Nouvelle-Zélande, reçut un télégramme de cent soixante-dix mots le matin de la cérémonie. Voilà une vraie réponse !

La rupture de fiançailles

Il peut arriver que les amoureux se fiancent, l'aient même annoncé dans les journaux, puis qu'ils rompent.

Que faire alors ? Si l'on n'a pas encore annoncé officiellement la date du mariage et lancé les invitations, il suffit de prévenir discrètement ses proches et amis, sans avoir à donner les raisons de cette rupture.

Dans le cas contraire, les familles peuvent publier une nouvelle annonce dans les journaux et envoyer un second courrier indiquant sobrement que « le mariage est remis à une date ultérieure ». Chacun comprendra et se gardera de tout commentaire.

Quant à la jeune fille, elle doit rendre sa bague à son ex-fiancé par le moyen qu'elle juge le plus approprié. Il arrive néanmoins que l'ex-fiancé ait l'élégance de ne pas reprendre le bijou. Les anciens fiancés sont également tenus de retourner les cadeaux qui leur auraient déjà été offerts.

Les alliances

C'est le futur marié qui offre les alliances. Aujourd'hui, les fiancés les choisissent ensemble.

Que préférer ? Il existe tant de modèles d'alliances !

Le simple jonc d'or poli est toujours de bon goût. Il est de règle dans notre famille. Cependant, les alliances plates en or blanc ou en platine enrichies de petits diamants sont aussi les bienvenues. L'inconvénient est qu'elles ne conviennent qu'à la mariée, alors qu'il est si plaisant que les deux époux possèdent deux alliances semblables. Quant aux alliances composées de trois métaux entrelacés, or blanc, or gris et or jaune, leur symbolisme est charmant : ne se marie-t-on pas pour le meilleur, pour le pire... mais aussi pour le quotidien ?

Pour prouver à sa fiancée qu'il n'était pas seulement un financier, mon beau-frère dessina lui-même la bague qu'il offrit à ma sœur, un cabochon incrusté de nacre surmonté d'un solitaire entouré de deux rubis.

La gravure des alliances

Une jolie coutume consiste à faire graver par le joaillier à l'intérieur de chaque alliance la date du mariage et le prénom de son conjoint. Des amis à moi ont fait graver sur leur alliance la superbe devise à laquelle ils se sont juré d'être fidèles : « Jamais trop. »

Notons que dans le mariage israélite, l'époux passe l'alliance à l'index gauche de sa femme et non à l'annulaire. L'épouse sera toutefois parfaitement libre ensuite de la porter au quatrième doigt de la main gauche. C'est ici la rencontre du rite judaïque et de la coutume occidentale.

Trousseau, cadeaux et liste de mariage

De nos jours, l'ancien « trousseau » des mariés porte à rire : les « pyjamas d'intérieur, de percale, de zéphyr ou de crêpe de soie » pour monsieur, les « corsets et combinaisons » pour madame sont tombés dans l'oubli.

En province, certaines familles ourlent encore patiemment des serviettes et brodent des draps à jour en prévision du « grand moment »...

Les cadeaux de mariage

Jadis, on exposait dans une pièce réservée à cet effet non seulement le trousseau de la mariée, mais aussi les cadeaux reçus. Pour les grands mariages, on en publiait même la liste dans les journaux. Dans *l'Écho des dames et des demoiselles*, par exemple, j'ai pu lire (je cite de mémoire) :

> *Le baron de Gonneville : un service de Baccarat de soixante-quinze pièces.*
> *La marquise di Castro : un encrier en bronze ;*
> *Le comte de Riguepeu : un encrier en bronze ;*
> *Le comte de Chosenne : un encrier en bronze ;*
> *Le baron de Bazian : un encrier en bronze ; etc.*

Consternés par cette avalanche d'encriers en bronze, les grands magasins inventèrent la « liste de mariage ». A ce propos, sachez que l'on peut déposer sa liste de mariage à l'Hôtel Drouot, la salle des ventes de Paris, si l'on apprécie les objets d'art et l'argenterie ancienne. Mais les membres de la famille s'enquièrent le plus souvent de leurs souhaits auprès des fiancés.

Si les jeunes gens se marient à l'étranger ou partent y vivre après leur mariage, ne leur offrez pas un piano : ils auraient toutes les peines du monde à l'emporter. Alors qu'un chèque, même important, est un bagage si léger !

Les remerciements

Les fiancés remercient par une carte ou une lettre chacune des personnes qui leur a offert un cadeau, si modeste soit-il. Ils envoient leurs remerciements soit au moment où ils reçoivent leurs cadeaux, soit à leur retour de voyages de noces.

Ils ne devront jamais se contenter de téléphoner et, dans leur lettre ou leur carte, ils n'oublieront pas de mentionner la nature du cadeau : « Mille mercis pour votre superbe guéridon. »

Il faut se garder d'envoyer des lettres types. Chacune doit être personnalisée et manuscrite.

La publication des bans

Les lois, tant civiles que religieuses, font obligation de publier des « bans », c'est-à-dire de les faire afficher dix jours avant la date du mariage, à la mairie de la commune ou de l'arrondissement où sera célébré le mariage, ainsi qu'à celle du lieu de résidence de chaque fiancé.

Sont affichés les noms, prénoms, professions, domiciles et résidences des futurs époux.

Le délai légal est de dix jours pleins mais le procureur de la République peut diminuer cette période de publication, voire la supprimer pour des raisons sérieuses. Pour un mariage religieux, les bans sont publiés à l'église paroissiale de la jeune fille.

L'officier d'état civil ne procédera à la publication du mariage que lorsque chacun des fiancés lui aura remis:

• Un certificat médical datant de moins de deux mois (examens radiologique et sérologique sont obligatoires).

• Un acte de naissance datant de moins de trois mois.

• Le guide des futurs époux remis par la mairie, dûment rempli.

A noter qu'une femme veuve ou divorcée ne peut légalement contracter une nouvelle union qu'une fois écoulé le délai de viduité: trois cents jours après la date de décès du conjoint ou la dissolution du premier mariage.

Mariages express

Il est certains endroits où l'on peut se marier sans formalités. C'est le cas du célèbre village de Gretna Green, en Écosse, où l'on s'épouse sur l'heure, sous l'égide des forgerons du lieu, qui en tirent d'ailleurs de substantiels revenus.

De même, certains États comme la République dominicaine, le Nevada (États-Unis) ou la Jamaïque vous marient sans façon en dix minutes. Il est toutefois prudent de se renseigner auparavant sur la validité en France d'un tel acte: mariés en un clin d'œil à Kingston, capitale de la Jamaïque, vous pouvez vous retrouver simples concubins à Paris.

Les témoins

Un mariage se célèbre en public et en présence de témoins qui signent le registre de l'état civil. Ce sont les fiancés qui les choisissent dès qu'ils ont arrêté la date du mariage.

En principe, même le plus parfait inconnu peut faire office de témoin : il suffit qu'il assiste à la cérémonie. Toutefois, on réserve normalement cet honneur – car c'en est un – à ses meilleurs amis ou à des parents que l'on veut associer de façon spéciale à un bonheur que l'on souhaite définitif. Rien ne s'oppose à ce que le père ou la mère des mariés soient témoins.

Le mariage peut être déclaré nul si les portes de la salle de la mairie ne restent pas ouvertes pendant la célébration. Il semble cependant que le cas ne soit jamais arrivé.

Le jour du mariage

En France, la cérémonie civile doit toujours précéder le mariage religieux. Le prêtre ne peut unir un couple que muni du certificat de mariage civil. C'est un héritage de la Révolution et du code Napoléon.

Dans d'autres pays, anglo-saxons notamment, le prêtre (ou ministre) fait en même temps fonction d'officier municipal. Cette dernière est d'ailleurs reconnue par la loi française, si bien que l'on peut se marier dans certains États étrangers sans mariage civil, à condition d'en avertir les autorités consulaires françaises et s'il existe des accords consulaires entre les deux pays, naturellement.

On peut se marier civilement n'importe quel jour ouvrable et religieusement tous les jours, même un dimanche, à condition que la cérémonie ne perturbe pas les offices.

On évite cependant de se marier au mois de mai, traditionnellement consacré à la Vierge Marie. Mieux vaut attendre le 1er juin...

La tenue de la mariée

La robe blanche de la mariée, symbole de pureté et de virginité, est une invention récente. Elle date de la Restauration, période du retour des lys royaux et du renouveau du culte de la Vierge Marie. Auparavant, on se mariait volontiers en jaune canari ou en rouge...

On ne se mariait toutefois jamais en vert, couleur de l'accouchement, tout au moins pour les reines de France. Rarement une femme se marie en noir, couleur depuis toujours associée au deuil.

Une règle demeure absolue : lors d'un mariage, seule la reine du jour est en blanc ! Il est d'usage également que le fiancé ne découvre la robe de la mariée que le jour du mariage.

Pour son remariage, une veuve portera une robe claire. En aucun cas une réelle « robe de mariée », même de teinte crème ou blanc cassé.

Enfin, la longue robe à traîne, si elle est traditionnelle, n'est nullement obligatoire. Beaucoup de jeunes filles se marient aujourd'hui en tailleur blanc, ce qui ne manque pas de chic.

Le bouquet et les accessoires

Lors de la cérémonie civile, la mariée ne porte pas de bijoux, excepté sa bague de fiançailles. Jamais de sac ni de minaudière. Pas plus que de bracelet-montre. Le temps, ce jour-là, est suspendu. Elle garde un mouchoir de dentelle glissé dans sa manche. Ses chaussures sont en satin blanc, ses bas, clairs.

Une ancienne coutume anglaise veut que la mariée porte également sur elle « quelque chose de neuf, quelque chose de vieux, ainsi qu'une chose prêtée et une chose bleue » – des rubans, par exemple.

Son maquillage doit symboliser l'innocence : des pastels très doux, un rouge à lèvres clair, à peine rosé. Jusqu'à son parfum, qui doit être discret.

Le bouquet de la mariée, offert par le fiancé, était traditionnellement composé de fleurs d'oranger. De nos jours, le bouquet est souvent rond, avec des fleurs blanches mêlant quelques touches de rose. Habitude qui nous vient d'Angleterre : à la fin de la journée, lorsque le jeune couple prend congé, la mariée offre son bouquet à sa meilleure amie ou bien le lance à la volée pour porter bonheur à celui où celle qui l'attrapera. En Espagne, elle le dépose aux pieds de la statue de la Vierge. Quoi qu'il en soit, on ne garde plus, comme autrefois, le bouquet de fleurs d'oranger sous un globe de verre.

La tenue du marié

Le marié porte de préférence la jaquette, magnifique vêtement gris à basques rondes, une chemise blanche à poignets mousquetaire, une cravate grise, des gants gris et un chapeau haut de forme gris. Et, toujours, un bel œillet blanc à la boutonnière. La jaquette est à mes yeux le costume masculin qui a le plus d'allure.

On peut aussi se contenter d'un costume croisé bleu marine. En revanche, le smoking est à proscrire, sauf dans certains pays anglo-saxons. Le marié est néanmoins autorisé à le porter au dîner, si la tenue de soirée est de mise.

Un militaire, même de réserve, peut toujours revêtir son uniforme. S'il se marie à l'étranger, il aura cependant besoin d'en demander l'autorisation spéciale à l'autorité militaire française. Ainsi vêtu, il représente en effet nos forces armées.

Toute autre tenue que celles que je viens de mentionner serait fantaisiste.

Les enfants d'honneur

Les enfants d'honneur sont en général choisis parmi les petits frères, sœurs, cousines et cousins des deux familles ou parmi les enfants d'amis proches. Sensiblement du même âge, ils sont habillés de façon identique.

Évitez de les déguiser en page Henri II ou en fée Morgane. Le « costume Eton », en revanche, est considéré comme chic en Italie et au Portugal.

La mariée – ou ses parents – offre le costume des enfants d'honneur. A l'issue de la cérémonie, et à moins que son voile ne soit une antique dentelle d'Alençon transmise de mère en fille, la mariée distribue à ses amies des morceaux de son voile. Ils leur porteront bonheur.

La tenue des invités

Un mariage est une occasion d'être élégant. Le costume masculin sera de préférence le complet à veste croisée et cravate sobre. Les dames pourront porter un chapeau et leur plus jolie robe, de couleur gaie.

Il est impératif que les mères des mariés s'accordent pour ne pas arriver vêtues de la même couleur ou portant une robe provenant du même couturier.

Le mariage civil

Le mariage civil a lieu à la mairie, en tenue élégante certes mais non en tenue de soirée. S'il a lieu la veille de la cérémonie religieuse, la mariée portera une robe ou un tailleur clair (et non sa robe de mariée), un chapeau et des gants.

Le maire ou son adjoint lit quelques articles du code civil et fait un bref discours. Après les questions rituelles, il déclare les jeunes gens « unis par les liens du mariage ». La nouvelle mariée signe la première le registre d'état civil, de son nom de jeune fille, avant son mari et les témoins. Ces derniers peuvent être deux ou quatre. Le maire remet alors aux époux le livret de famille qui les accompagnera tout le temps de leur vie commune.

Une quête est généralement faite parmi l'assistance au profit des œuvres de la commune.

Un déjeuner ou un cocktail suit habituellement cette cérémonie quand elle ne précède pas immédiatement l'office religieux.

La cérémonie catholique

La cérémonie catholique a lieu en principe dans la paroisse de la mariée. Il y a cependant des dérogations. Ainsi, à Paris, tous les étudiants peuvent se marier à Saint-Séverin qui est leur paroisse d'adoption et tous les comédiens et artistes de spectacle à Saint-Roch. Certaines églises de rite étranger célèbrent des mariages, parfaitement valides, selon les rites grec catholique, syro-malabar, copte, etc.

En vue de la cérémonie catholique, le prêtre vous proposera divers types d'offices agréés dits modernes. Vous pouvez décider d'être tutoyé ou vouvoyé. Vous pouvez également choisir des versets tirés de la Bible ou des Évangiles, voire des vers de vos poètes préférés. Et l'on est toujours libre de choisir un mariage classique, avec des prières en latin, démodées sans doute mais combien empreintes de ferveur !

Vous êtes aussi libre de choisir l'accompagnement musical. J'ai assisté un jour, dans une église de campagne, à un mariage au cours duquel furent joués une aria de Bach, un negro spiritual puis un air de jazz. Une magnifique combinaison !

La mariée entre dans l'église au son des grandes orgues, au bras gauche de son père, sauf si celui-ci, militaire en uniforme, porte son sabre ou son épée. Comme l'arme se porte à gauche, c'est son bras droit que le père offre alors à sa fille.

Les usages mondains exigeaient jadis que le fiancé pénétrât dans l'église au bras de sa mère, juste après la fiancée et avant les témoins et la famille. On préfère souvent, à présent, qu'il attende debout près de l'autel l'arrivée de sa future femme. Mais c'est au bras droit de son mari (ou au bras gauche s'il est en uniforme) que celle-ci redescendra la nef lorsqu'ils quitteront l'église sur les accents de l'indispensable *Marche nuptiale* de Mendelssohn.

Le riz et la voûte d'acier

Très souvent, les proches et les amis jettent des poignées de riz sur les mariés lorsqu'ils sortent de l'église. Cette habitude vient des États d'Amérique producteurs de riz, denrée symbole de fortune au XIXe siècle. En France, on jette parfois des pétales de rose, tradition sans doute empruntée à l'Orient.

Quant à la « voûte d'acier » que les amis du marié, polytechniciens ou saint-cyriens, forment en tenant leurs épées dégainées au-dessus des jeunes époux à leur sortie de l'église, c'est une coutume magnifique. Le geste a sans doute moins de grandeur quand les membres de la « brigade », les cuisiniers d'un restaurant, forment une « voûte » avec des broches à rôtir ou les membres du club de tennis avec leurs raquettes, voire des bouilleurs de cru avec leur pipette...

L'origine de cette cérémonie fut l'accueil fait au roi Louis XVI, le 17 juillet 1789, à l'Hôtel de Ville de Paris, par les députés qui formèrent au-dessus de l'auguste tête cette fameuse « voûte d'acier » destinée à le « protéger ». Il s'agissait en fait d'une imitation des rites d'intronisation maçonnique.

La cérémonie protestante

Très proche de la cérémonie catholique, le mariage protestant est sobre, mais très beau en raison de la ferveur de l'assistance qui chante à l'unisson des hymnes traditionnelles. Après la bénédiction des anneaux vient un discours du pasteur (ou prône), puis l'échange des anneaux suivi d'un chant final.

La diversité des rites des différentes confessions protestantes rend cependant impossible l'énoncé d'une règle générale.

Ainsi, chez les Quakers, le fiancé et la fiancée se lèvent et déclarent simplement :
« Voici ma femme !
– Voici mon mari ! »
Et les voilà mariés.

Le mariage n'est pas considéré par les protestants comme un sacrement. La plupart estiment que l'Église doit tenir compte de l'échec possible d'un mariage. Après examen du cas, elle autorise la bénédiction d'un second mariage.

Il arrive que les deux époux soient l'un catholique, l'autre protestant. Le mariage est alors mixte et le plus souvent concélébré par un prêtre et un ministre. Il peut cependant advenir que l'évêque catholique préfère ne pas déléguer de prêtre et se contente d'envoyer sa bénédiction assortie de l'autorisation pour le couple de se marier au temple.

Le mariage d'un de mes amis, licite aux yeux de l'Église catholique, fut ainsi célébré uniquement par un pasteur anglican.

Quant à la tenue des mariés, de la famille et des invités, elle est absolument semblable à celle qui est habituelle chez les catholiques.

Enfin, voici la magnifique formule que, dans l'église anglicane, l'officiant adresse à la foule avant de procéder à l'union des époux : « Que celui qui a quelque chose à dire contre ce mariage parle maintenant ou se taise à jamais ! » (« *Speak now, or forever hold thy peace !* »)

La cérémonie juive

Chez les israélites orthodoxes, on se marie de préférence le dimanche, lendemain du sabbat. C'est une cérémonie fastueuse qui, parfois, dure une semaine.

Appelé *kidouchine*, le mariage commence par une visite des futurs époux à la synagogue le sabbat précédent, c'est-à-dire le samedi, en compagnie des parents. Les fiancés observent un jeûne traditionnel avant le jour du mariage et ne peuvent se voir avant la cérémonie. L'usage veut que la fiancée offre à son futur mari un châle de prière, le *talitt*.

La cérémonie comprend en général un chant d'introduction, un prône du rabbin, la bénédiction d'une coupe de vin à laquelle boivent les deux époux et le passage de l'alliance à l'index de la mariée en présence de deux témoins au minimum. Suit la lecture de l'acte de mariage, ou *ketouba*, qui précède les sept bénédictions sur une autre coupe de vin à laquelle boivent les époux réunis sous le même châle de prière.

Pour finir, on casse un verre pour rappeler la destruction du temple de Jérusalem. Souvent même, on promène sur les épaules les jeunes époux assis sur des chaises.

La photographie

Un photographe professionnel fixe pour « l'éternité » le regard que les mariés échangent à l'instant où chacun glisse l'alliance au doigt de l'autre, les moments d'émotion, de joie, la glissade de l'oncle Amédée sur les marches de l'église, les grimaces d'un garçon d'honneur, les sourires de tante Amélie...
Des années plus tard, vous les commenterez à vos enfants qui les commenteront aux leurs. Les photos constituent nos indispensables archives familiales.
Certains mariés ont l'exquise politesse d'envoyer à leurs parents et amis, collées dans un petit album, les plus belles photos qui reconstituent le film de cette grande journée. Quelques photos, glissées dans une enveloppe et accompagnées d'un petit mot, seront tout aussi appréciées.

Le voyage de noces

Le traditionnel voyage de noces n'est nullement obligatoire. Certains auteurs, au siècle dernier, le jugeaient même sévèrement. Balzac le raillait en ces termes : « Quelle singulière idée de laisser ses plus charmants souvenirs dans une chambre d'auberge ! »
Les parents ou les amis peuvent mettre à la disposition des mariés un chalet, une maison de campagne ou une villa où les jeunes époux seront plus à l'aise qu'à l'hôtel.
Il arrive aussi que le voyage fasse partie de la « liste de mariage » et les amis des mariés se cotisent pour l'offrir... Un couple que je connais avait ainsi déposé sa liste chez Nouvelles Frontières en précisant les dix destinations qui les faisaient rêver. A leur grande joie et surprise, toutes furent retenues par leurs amis.

La lune de miel

Qu'est-ce que la « lune de miel » ? Certains affirment que les amis de la famille offraient au jeune couple, dans les pays de tradition gauloise et celtique, une jarre ou un tonneau d'hydromel, boisson fermentée à base de miel, qui devait durer vingt-huit jours, le temps d'une lunaison.

Noces de coton, noces de diamant

Les mois passent. Un an. Voici déjà le premier anniversaire de mariage appelé « noces de papier ». D'où vient cette singulière tradition d'attribuer une matière aux années de vie commune ? Elle semble d'origine anglaise et a été codifiée au XIXe siècle. Les dénominations diffèrent d'ailleurs entre la Grande-Bretagne et les États-Unis. A part les noces d'or, d'argent et de diamant, cette coutume n'est guère répandue en France.

Pourquoi le chêne vient-il après l'albâtre, la turquoise avant la cretonne et le nickel avant le velours ? C'est un mystère que seul un alchimiste pourrait expliquer...

Divorce, annulation et secondes noces

Une épouse, veuve ou divorcée, ne peut se remarier qu'après le « délai de viduité », soit trois cents jours après la dissolution du mariage, cela pour préserver la légalité d'une naissance possible. Ce délai est réduit en cas d'accouchement. Un homme peut se remarier beaucoup plus rapidement. En règle générale, pour l'un comme pour l'autre, on se contente d'une cérémonie discrète.

Un divorce étant du ressort de la justice, nous ne l'évoquerons guère. La bonne éducation exige cependant qu'il se déroule dans la plus grande courtoisie possible, sans cris ni scènes pénibles, sans chantage ni marchandage, surtout s'il y a des enfants.

La plupart des femmes divorcées reprennent leur nom de jeune fille en le faisant précéder de « Mme ». Il arrive également qu'elles gardent leur nom de femme mariée si elles se

1 an	Noces de coton	28 ans	Nickel
2 ans	Cuir	29 ans	Velours
3 ans	Froment	30 ans	Perle
4 ans	Cire	31 ans	Basane
5 ans	Bois	32 ans	Cuivre
6 ans	Cuivre (ou chypre)	33 ans	Porphyre
7 ans	Laine	34 ans	Ambre
8 ans	Coquelicot	35 ans	Rubis
9 ans	Faïence	36 ans	Mousseline
10 ans	Étain ou fer	37 ans	Papier
11 ans	Corail	38 ans	Mercure
12 ans	Soie	39 ans	Crêpe
13 ans	Muguet	40 ans	Émeraude
14 ans	Plomb	41 ans	Fer
15 ans	Cristal	42 ans	Nacre
16 ans	Saphir	43 ans	Flanelle
17 ans	Rose	44 ans	Topaze
18 ans	Turquoise	45 ans	Vermeil
19 ans	Cretonne	46 ans	Lavande
20 ans	Porcelaine	47 ans	Cachemire
21 ans	Opale	48 ans	Améthyste
22 ans	Bronze	49 ans	Cèdre
23 ans	Béryl	50 ans	Or
24 ans	Satin	60 ans	Diamant
25 ans	Argent	70 ans	Platine
26 ans	Jade	75 ans	Albâtre
27 ans	Acajou	80 ans	Chêne

sont fait connaître, particulièrement dans leur métier ou leurs activités, sous le nom de leur mari, ou tout simplement si elles ont des enfants. Les en priver constituerait un préjudice.

Il faut ici évoquer ce que l'on pourrait appeler le divorce religieux, en fait la « constatation de nullité du mariage ». Elle ne vaut, bien sûr, que pour les catholiques qui y tiennent. C'est une procédure fort longue et peu encouragée par l'Église. Pour celle-ci, en effet, un mariage librement consenti devant Dieu est indissoluble. Cependant, les autorités catholiques ont compris depuis des siècles la nécessité de certains accommodements. Il s'agit des cas de nullité.

L'Église, ne pouvant défaire ce que Dieu a fait, préfère reconnaître qu'elle s'était trompée et invoquer, par exemple, le fait que son représentant, diacre, prêtre ou évêque ne pouvait légitimement procéder au mariage (ce qui est fort rare), ou estimer que le consentement de l'un ou l'autre des mariés a été obtenu par la force.

Cette dernière clause a jadis permis de nombreux abus : dans certains pays, l'un des parents de la mariée la giflait avant qu'elle ne prononce le « oui » fatidique. Cela permettait ensuite d'affirmer devant témoins que le mariage avait été forcé.

L'Église a introduit depuis quelque temps la notion d'« immaturité » des contractants. Alors qu'un État laïc comme la France accorde le droit de vote à dix-huit ans et, à une jeune fille, le droit de se marier le jour de ses seize ans, l'Église invoque l'immaturité pour des couples qui ont vécu dix ans ensemble et ont déjà plusieurs enfants !

Il existe en fait douze causes, non pas d'annulation du mariage mais de nullité du sacrement. On les appelle « empêchements dirimants ». Outre les deux prétextes évoqués ci-dessus, le droit canon – le droit de l'Église – reconnaît notamment l'impuissance. Au contraire de la stérilité, qui laisse le mariage parfaitement valide.

Enfin, il faut évoquer l'étonnant « privilège paulin », par la grâce duquel un époux ou une épouse qui se convertit au christianisme alors que son conjoint demeure fidèle à sa religion antérieure est autorisé à contracter un nouveau mariage devant l'Église, le premier étant considéré comme nul et non avenu.

Le remariage

Le mariage en secondes noces n'a pas l'éclat du premier. Les remariages célèbres où l'on convoque la presse et la télévision sont l'apanage des célébrités du « show-biz ».

Un remariage se passe en général en petit comité. On n'y convie que les amis fidèles, éventuellement les enfants du premier mariage. Comme pour un mariage ordinaire, les dames seront en robe claire, les messieurs en tenue « de ville », costume et cravate.

SAVOIR VIVRE UNE NAISSANCE

Quelque temps après le mariage, une fête de famille réunit les proches parents : « Ma chère belle-mère, mon cher beau-père, j'ai l'honneur de vous annoncer que vous allez être grands-parents ! » Émotion générale !

D'ordinaire, le beau-père se jette dans les bras de son gendre, la future grand-mère fond en larmes tandis que sa fille lui tient les mains... (Notons que dans beaucoup de familles, un gendre appelle « Père » et « Mère » les parents de sa femme. Si vous ne tenez pas à être aussi formalistes, appelez-les Jean et Jeanne, mais surtout pas « Pépé », « Mémé », « Mamy » ou « Papy » !)

A cette nouvelle, chacun se met à raconter des souvenirs de famille. Il s'agit sans doute de l'un des plus aimables moments de la vie familiale. Les amis, fussent-ils proches, ne seraient pas les bienvenus à cette occasion. Ils seront plutôt prévenus par téléphone...

On ne doit annoncer cette importante nouvelle qu'après trois mois de grossesse au moins, jusqu'à ce que l'heureux événement soit certain...

Autrefois, les naissances étaient si nombreuses que l'on ne prévenait pas ses amis. Les modes féminines des siècles passés étaient souvent destinées à ces états de grossesses perpétuels, d'où les vertugadins, les robes « à la dauphine », etc.

On ne prévenait en fait que si « la reine était grosse », terme habituel à l'époque : savoir si le royaume aurait un héritier était d'intérêt public.

De nos jours, on a moins d'enfants. Un couple de mes amis, marié depuis près de trente ans et approchant de la cinquantaine, avait perdu tout espoir d'avoir jamais une descendance. Ce sont des malheurs qui arrivent. Mais un jour, l'épouse commença à ressentir des malaises. Elle se mit à grossir de façon anormale. Sa mère, consultée, lui déclara sans ambages : « Ma petite fille, je ne vois qu'une chose. Tu as un fibrome ! Cours consulter un médecin ! »

Après examen, le médecin lui téléphona, ravi : « Préparez-vous ! Vous n'avez pas le moindre fibrome ! Vous êtes seulement enceinte de cinq mois ! »

Je vous laisse imaginer l'activité mêlée de stupéfaction qui s'empara de toute la famille ! Et la prodigieuse quantité de layette qui s'amoncela en deux mois...

La layette

Nous sommes très loin de l'époque où les dames « bien » travaillaient un après-midi par semaine dans des « ouvroirs », sortes d'ateliers de tricot destinés à pourvoir en layette les familles nécessiteuses : rose pour les petites filles, bleue pour les petits garçons, mais aussi bleue également pour les filles, dans le cas où l'enfant était « voué à Marie ». Cette coutume date du concile de Trente qui fixa, au XVIIe siècle, l'image de la Vierge Marie vêtue de bleu. Elle reste assez répandue, quoi qu'il y paraisse.

En revanche, on a fort heureusement oublié la sinistre époque où l'on tricotait dans les ouvroirs de la layette grise, pour les plus pauvres...

Les cadeaux

Prévoyez large pour la taille ! Les enfants grandissent très vite : laissez donc aux parents et grands-parents le soin des vêtements du premier âge. Offrez plutôt des grenouillères de première année, faciles à ouvrir et à fermer par le bas avec trois boutons à pression, plutôt que d'admirables vêtements de poupée à boutons de nacre et à rubans, impossibles à enfiler. Et que dire de ce splendide petit manteau en authentique hermine offert à une petite cousine ? Il était tellement beau et ridicule à la fois que les parents n'osèrent jamais en vêtir leur fille. C'est à sa poupée que fut dévolu ce privilège !

N'oubliez pas non plus la saison : un vêtement d'été offert en début d'année risque d'être trop grand en juillet et trop petit l'été suivant.

Le choix du prénom

Quel prénom allez-vous donner à ce petit ange ? Celui que vous voudrez, mieux vaut ne pas vous laisser influencer par la mode !

Une vieille coutume voulait que l'on donnât au bébé le prénom de son parrain ou de sa marraine. Cet usage est aujourd'hui à peu près tombé en désuétude. Vous avez donc l'embarras du choix.

Les prénoms « de famille »

Il en existe des exemples célèbres : ainsi, il y a toujours une fille par génération, dans la famille des ducs de Gramont, pour porter le beau mais singulier prénom de Corisande, depuis qu'une belle personne de la famille se rendit célèbre pour avoir été la maîtresse du roi Henri IV.

Quatre sur cinq des nombreux descendants de Louis-Philippe, roi des Français, et de son épouse Marie-Amélie (ils sont près de mille trois cents aujourd'hui !) comptent parmi leurs prénoms celui de Marie, garçons ou filles. Ainsi, tous les enfants de Mgr le comte de Paris le portent, souvent en dernier.

Chez, les Clermont-Tonnerre, les prénoms traditionnels des garçons sont Gaspard, Aynard, Amédée et Philibert. Chez les Montmorency, c'était Mathieu, chez les Caumont La Force, l'étrange prénom de « Nompar » – c'est-à-dire « nonpareil » ou « incomparable » : Charles Nompar de Caumont La Force... Chez les Rochechouart de Mortemart, le non moins rare Victurnien (Victurnienne pour les filles) est toujours en honneur de nos jours.

Le prénom traditionnel le plus étonnant de l'aristocratie française reste sans doute celui de la famille de Montmorillon. L'histoire est très belle. Les Montmorillon sont une très vieille famille du Bourbonnais, si ancienne que leurs ancêtres combattirent aux croisades aux côtés des miens. Vers 1187, en Orient, le vent tournait pour les chrétiens. Un redoutable chef de guerre était apparu chez les musulmans, le sultan d'Égypte, Saladin. Non seulement remarquable général mais aussi homme loyal et cultivé, on dit qu'il était si estimé par ses ennemis qu'il fut armé chevalier – fait rarissime pour un « Sarrasin » !

A la bataille de Tibériade, Saladin écrasa l'armée franque. Il y eut de nombreux morts et beaucoup de prisonniers dont on exigea rançon, selon l'habitude du temps. Le sire de Montmorillon était parmi eux et sa rançon fut fixée à un prix fort élevé. Montmorillon ne possédait pas la somme : contrairement à une opinion répandue, on ne s'enrichissait pas obligatoirement aux croisades.

« C'est bien, lui dit Saladin. Retourne chez toi y réunir le prix de ta rançon. Si tu ne peux pas, tu reviendras ici te constituer prisonnier. »

Le gentilhomme, revenu dans son Bourbonnais natal, constata avec amertume qu'il ne pourrait jamais réunir pareille somme. Fidèle à la parole donnée, il reprit le chemin de l'Égypte pour se constituer prisonnier. Saladin admira cette loyauté : « Tu as tenu parole, lui dit-il. Pars, tu es libre. A une condition, cependant : à chaque génération, l'un de tes descendants portera le nom de Saladin en souvenir de cet instant. »

C'est ainsi qu'il existe, encore de nos jours, dans la famille de Montmorillon, fidèle au serment prêté il y a près de huit siècles au sultan chevalier, un fils prénommé Saladin.

La mode et les prénoms

Tout le monde ne descend pas des Montmorillon, des Habsbourg ou des Caumont La Force et bien des gens s'en remettent à l'inspiration du moment.

Combien de petites filles ont été appelées Eugénie après 1853, date du mariage de Napoléon III avec Eugenia Maria de Montijo de Guzman, la belle Espagnole ! Combien d'autres furent appelées Nathalie pendant la guerre, lorsque sortit le film *les Enfants du Paradis* ! Aujourd'hui combien de Dorothée...

L'ancienne URSS avait lancé la vogue des prénoms nouveaux composés des initiales des dirigeants ou de slogans alors à la mode. La plupart commençaient par Marx, Engels et Lénine – et certains pays révolutionnaires d'Amérique latine ne manquent pas de jeunes filles prénommées Lenina ou même Stalina !

Plus mystérieux, car provenant de modes fugaces, sont les prénoms à consonance étrangère, Kelly, Joschi et autres Sandra qui fleurissent de nos jours, même si l'on peut considérer que « Kévin » est la prononciation vaguement celtique du vieux prénom médiéval « Gauvin ».

On évite en France de donner à son fils ou à sa fille douze ou quinze prénoms comme c'est l'habitude dans l'aristocratie surtout au Portugal. Ces prénoms ne servent en fait qu'à honorer la famille : un petit garçon recevra ainsi les prénoms de ses deux grands-pères, et une petite fille ceux des grands-mères. Et si l'on veut honorer quelque ami de la famille, pourquoi pas ? Mais n'exagérons rien, à moins d'être d'une grande dévotion et de vouloir placer l'enfant sous la protection de très nombreux saints, comme cela se pratique dans certaines familles de chrétiens d'Orient, par exemple.

De l'influence des prénoms

Une superstition assez répandue veut que les prénoms influent sur la destinée de ceux qui les portent. Il y a sans doute un fond de vérité dans cette croyance. Non pas en raison des vertus prêtées aux prénoms, mais du fait de l'époque et du milieu où ils sont en vogue. S'appeler Manu ou Charles-Édouard change parfois une existence.

Les parents s'abstiendront de ces prénoms calembours qui les font bien rire quand ils les choisissent et que l'enfant portera comme une croix toute sa vie. Les exemples en sont innombrables. Que penser de ce couple Toulemonde, un nom assez répandu dans le nord de la France, qui appela ses jumeaux Côme et Pacôme ? Un de mes amis m'assure qu'en accomplissant ses « trois jours » au fort de Vincennes, il eut la surprise de faire la connaissance d'un garçon qui portait le nom de Garcin Lazare !

De nos jours, la loi autorise à peu près n'importe quel prénom. Il y a encore quelques années on n'avait le choix qu'entre les prénoms indiqués dans les divers calendriers et les noms de personnages de l'histoire ancienne, à condition qu'ils aient vécu réellement, et ce avant le Moyen Age. Les dieux de la mythologie étaient ainsi exclus : pas question d'appeler votre rejeton Jupiter ou Cupidon ! Cela n'a cependant jamais empêché les jeunes filles de s'appeler Diane.

Le choix est donc fort vaste et des enfants prénommés Clafoutie ou Atlantique, tels ceux d'un célèbre couturier, n'étonnent plus personne. Les prénoms doivent cependant être choisis d'un commun accord entre les parents.

Signalons que le tribunal de grande instance peut – sur la requête d'un individu ou de son représentant légal – autoriser les personnes affublées de prénoms ridicules ou qui sont l'objet de risées par la juxtaposition de ce prénom au nom patronymique à en changer.

La déclaration à la mairie

Le père doit déclarer à la mairie la naissance de l'enfant dans les trois jours. Bien souvent, la clinique se charge ellemême des formalités.

Relisez avec attention le document officiel avant de le signer car il arrive que l'officier d'état civil qui le rédige fasse une faute dans le nom ou le prénom. Or cette rédaction est définitive. Le linguiste Dauzat citait l'exemple d'un certain M. Zoé qui, en déclarant la naissance de son fils, crut bon de l'épeler au greffier : « Zoé, Z.O.É. ! » L'employé de la mairie transcrivit consciencieusement : « Zoézedoé ». La famille

Zoézedoé existe toujours et porte l'un des plus curieux patronymes de France !

Le faire-part de naissance

Il est d'usage d'envoyer, quelques jours après la naissance, un faire-part, c'est-à-dire une petite carte imprimée sur papier fort annonçant l'heureuse nouvelle aux amis et connaissances.

Le faire-part de naissance est à peu près semblable au faire-part de mariage, excepté son format, à l'italienne.

On y indique bien sûr la date de naissance de l'enfant. Une coutume d'origine américaine consiste à faire figurer sur le faire-part la photo de famille :

> *Monsieur et Madame Jean-Baptiste de Gribeauval*
> *(éventuellement « née Marthe Castellan »)*
> *ont la joie de vous faire part de la naissance de*
> *Marie,*
> *le 10 octobre 1995.*

Ou encore :

> *Nathalie, Jérôme et Alfred de Gribeauval*
> *ont la joie de vous annoncer la naissance de leur petite sœur*
> *Marie.*

Le faire-part d'adoption

Une jolie idée, assez récente, consiste à envoyer un faire-part signalant l'« arrivée » d'un enfant au foyer de ses parents adoptifs. Il mentionne de préférence l'âge de l'enfant – afin que les amis de la famille puissent noter son anniversaire :

> *Monsieur et Madame Jean de Gribeauval*
> *ont la joie de vous annoncer l'arrivée dans leur foyer de*
> *Jérôme*
> *deux ans et demi, né le 10 juin 1993.*

Un couple de mes amis eut une idée plus belle encore : il convia tous ses proches à l'aéroport pour accueillir l'enfant adopté. Celui-ci, qui venait d'un pays de l'Est, fut à la fois surpris et heureux de se voir ainsi attendu et fêté, acclamé par un si grand nombre de nouveaux amis !

Les visites

Les bons amis accourent « entretenir les caquets de l'accouchée », comme on disait jadis. Mais ne venez pas trop vite ! Laissez à la jeune mère le temps de se remettre – soit quarante-huit heures environ – et prévenez-la de votre visite.

Au siècle dernier, la maman recevait ses amis sur une chaise longue, enveloppée de châles qui accentuaient sa pâleur, avec auprès d'elle une nourrice joufflue, coiffée d'un bonnet à rubans, berçant le petit ange dans sa « barcelonnette ».

Puis, une fois la mère remise sur pied, avait lieu la « messe de relevailles », en général la veille du baptême. Y assistaient la mère et l'enfant, ce dernier porté par la nourrice, ainsi que les femmes mariées de la famille (et uniquement de la famille) pour remercier Dieu de l'arrivée du bébé.

Cette coutume a disparu. Les « relevailles », d'ailleurs, ne sont plus aujourd'hui aussi tardives qu'autrefois. Souvenez-vous que vous ne disposez guère de plus de cinq à six jours pour aller rendre visite à l'accouchée.

Les cadeaux

Sachez que beaucoup d'hôpitaux et de cliniques ne veulent pas entendre parler de fleurs et s'empressent de les faire disparaître le soir même pour éviter toute allergie précoce du nourrisson au pollen.

Apporter ou adresser un cadeau pour l'enfant est tout indiqué mais il ne faut pas négliger la jeune mère : un livre lui sera agréable pour tromper l'ennui des journées d'hôpital. Faire porter des chocolats ou des bonbons sera un geste très apprécié, de même qu'une bouteille de champagne ou un très grand cru pour célébrer l'événement.

C'est sans doute votre présence qui fera le plus plaisir mais ne vous attardez pas trop et ne parlez pas trop fort pour ne pas fatiguer la maman ni risquer d'éveiller le bébé. Enfin, évitez d'embrasser celui-ci.

Le choix du parrain et de la marraine

Demander à quelqu'un d'être le parrain ou la marraine de son enfant est un acte plus grave qu'il n'y paraît. Il s'agit en effet d'instaurer une sorte de parenté morale entre le parrain et l'enfant.

Le parrain ou la marraine sont destinés à remplacer les parents naturels, du moins au point de vue moral, en cas de disparition de ceux-ci. Il convient donc de choisir des parrains qui s'inquiéteront réellement du sort de l'enfant et seront pour lui ces « cousins en dehors de la famille » auprès desquels il pourra épancher son cœur.

Choisir quelqu'un comme parrain ou marraine, c'est donc lui reconnaître de réelles qualités morales.

Le parrain ou la marraine pressentis ne doivent pas non plus accepter votre offre à la légère ! Il s'agit, répétons-le, d'une véritable parenté morale, à tel point que l'Église interdisait autrefois le mariage entre parrain et filleule ou marraine et filleul.

Il n'est pas recommandé de s'adresser à des gens beaucoup plus âgés que vous, les grands-parents, par exemple, comme cela se faisait beaucoup autrefois. En cas d'accident, votre enfant pourrait se retrouver avec pour tout guide un tuteur ou le conseil de famille.

Évitez de même de donner pour parrain ou marraine à votre enfant un frère ou une sœur aînée, ou même une petite cousine : il n'appartient pas aux enfants d'élever ou de soutenir moralement d'autres enfants. Sachez d'ailleurs que l'âge requis pour être parrain ou marraine est de sept ans – l'âge de raison.

Choisissez plutôt quelqu'un de votre âge, qui partage vos idées et soit prêt à s'occuper de votre enfant.

Je le répète, choisir des parrains pour votre enfant est un acte d'importance.

Le baptême catholique

Il est en général célébré environ deux mois après la naissance de l'enfant. Toutefois, les baptêmes d'adultes sont en augmentation : ils sont passés de huit cents en 1970 à trois mille huit cents en 1992. Quoi qu'il en soit, le baptême demeure dans la plupart des cas une véritable institution sociale marquant l'arrivée officielle du nouveau-né dans la communauté.

Le jour du baptême, l'assistance choisira une tenue de ville discrète mais habillée, robe ou tailleur clair pour les dames, costume sombre pour les hommes.

Dans la religion catholique, la coutume veut que le parrain offre à son filleul ou sa filleule un cadeau durable tel que coquetier en argent, timbale ou petits couverts ou encore médailles, gourmettes ou cuillers en argent...

Le parrain se charge également des dragées qui seront offertes aux invités comme au prêtre qui aura officié. Il adresse aussi un cadeau à « sa commère », la marraine. Que l'on ne s'y trompe pas : le titre de « commère » et son masculin « compère » ont infiniment plus de sens qu'il n'y paraît. Il s'agit bien en effet d'être « co-mère » et « co-père », c'est-à-dire seconds parents.

La marraine, de son côté, offre une médaille ou une croix.

Le choix du type de cérémonie n'entre pas dans « les bonnes manières », toutefois, ne craignez pas d'insister auprès du prêtre pour qu'il célèbre le baptême selon les règles traditionnelles, qu'elles soient catholiques ou protestantes. L'eau versée sur le front de l'enfant le lave symboliquement du péché originel ; c'est le premier sacrement de la vie de chrétien.

Le baptême comprend aussi un certain nombre d'exorcismes et de bénédictions, tous fort beaux par leur symbolisme : demandez qu'on allume un cierge, la flamme de l'élan vers Dieu que le bébé tiendra dans sa petite main avec une intense curiosité, demandez qu'on lui dépose sur la langue « le sel de la sagesse », qu'il recrachera avec horreur... Pas de cérémonie à la hâte : le prêtre se doit de vous expliquer la symbolique de chacun de ses gestes et de toutes les prières.

Si vous souhaitez faire baptiser votre enfant à la campagne, n'oubliez pas d'en demander l'autorisation auprès du curé de votre paroisse.

Le repas de baptême

Après la cérémonie à l'église, on donnera un repas de fête, un grand déjeuner, un dîner, voire un cocktail. Tous trois sont admis.

Si le prêtre accepte d'y assister, il sera à la place d'honneur, à la droite de la jeune mère. Le parrain sera à la gauche de cette dernière. La marraine sera à la droite du père et la plus âgée des grands-mères à sa gauche.

L'habitude anglaise, que l'on peut adopter, consiste à faire présider la table par les parents, chacun à un bout de la table, tandis que le parrain et la marraine siègent aux places normalement dévolues aux maîtres de maison. La marraine est alors entourée des deux grands-pères et le parrain des deux grands-mères.

Le nouveau chrétien ne bougera pas de son berceau tandis que les petits cousins courront dans tous les sens en attendant la distribution des dragées. Celles-ci sont offertes par le parrain dans des boîtes de carton ou des sachets en tissu décorés portant la date du baptême et le prénom de l'enfant.

En Italie, ces confiseries, beaucoup plus appréciées que chez nous, font l'objet de toutes les attentions. Elles sont en général enfermées dans de petites boîtes en porcelaine ou en argent, elles-mêmes enveloppées de tulle et de rubans, avec des étiquettes imprimées...

Le baptême protestant

Très simple, la cérémonie se déroule au temple. Le père et la mère s'engagent devant le ministre à élever l'enfant dans la foi de leur culte. L'eau purificatrice est toujours répandue sur le front de l'enfant. Il est difficile d'entrer davantage dans le détail, les confessions protestantes étant nombreuses et les rites fort divers.

La fête familiale, quant à elle, n'est guère différente que pour les catholiques.

Le baptême juif

Peut-on, dans le cas de la circoncision, parler de baptême ? Oui, dans la mesure où cette cérémonie était, au temps d'Abraham, le signe de l'alliance conclue entre Dieu et le peuple d'Israël et que l'enfant y recevait son nom hébreu.

La circoncision a lieu le huitième jour après la naissance, sauf contrordre médical. Elle est pratiquée de préférence le matin. Autrefois seul un mohel, spécialiste de cet acte, avait le droit d'officier. Aujourd'hui, c'est le plus souvent un chirurgien qui opère. Dix hommes sont présents afin de marquer le caractère religieux de la cérémonie. Le rôle des parrains et marraines est purement honorifique et n'engage pas de parenté morale. La cérémonie est suivie d'une *séoudatt mitsva,* un repas de fête.

Pour une fille, les usages varient selon les communautés. Les séfarades, d'origine méditerranéenne, présentent généralement l'enfant à la synagogue, où le rabbin le bénit. Les ashkénazes, originaires d'Europe centrale, préfèrent célébrer la cérémonie chez eux.

Le baptême orthodoxe

Il s'agit d'une cérémonie très importante puisque le nouveau-né, âgé en principe de quarante jours, reçoit à la fois le baptême proprement dit (par immersion), la communion et la confirmation.

La liturgie dure près de trois heures. Tout le monde reste debout. En revanche, on peut aller et venir dans l'église.

Le rite musulman

A l'âge d'une semaine, l'enfant reçoit un prénom, généralement tiré de la famille du prophète (mais les différences de prononciation permettent une assez grande variété) et a le crâne rasé en signe de purification.

Les petits garçons sont souvent circoncis avant l'âge de cinq ans. Le Coran n'en fait pas une stricte obligation, mais la tradition s'est répandue dans les pays musulmans. La coutume veut que la cérémonie s'accompagne d'une grande fête.

Le baptême républicain

Il a été inventé au temps de la Première République, en l'an II, c'est-à-dire en 1794.

Les semaines étaient alors des décades, Juillet s'appelait Messidor et Maximilien de Robespierre faisait du bruit dans le monde. Le faubourg Saint-Honoré s'appelait démocratiquement le faubourg Honoré. La rue Chantereyne, ainsi nommée en raison du grand nombre de grenouilles qui y coassaient – des reinettes – était devenue la rue de la Victoire.

Pour remplacer les vieux saints du calendrier, on avait trouvé des noms plus « aimables » tirés du culte de la Nature, alors à la mode : Saint-Jacques était remplacé par Chou-Fleur et Saint-Pierre par Brutus ou Caton.

La cérémonie est toujours pratiquée dans certaines régions comme le Sud-Ouest, le Nord, ou dans des municipalités traditionnellement de gauche de la ceinture parisienne. Le bébé, coiffé d'un bonnet phrygien et installé dans un couffin tricolore, est placé par le maire sous la protection de la cité. Les parents affirment leur volonté de l'élever dans le culte de la Vérité et de la Raison. Pour le reste, les réjouissances ne sont guère différentes de celles des autres baptêmes.

Les remerciements

Les parents sont tenus de remercier par écrit tous ceux qui ont envoyé ou apporté un cadeau au jeune héros du jour.

Il s'agit d'une lettre personnelle. De même, si de simples connaissances éloignées ont fait un cadeau à votre enfant, elles méritent bien une lettre.

La première communion

Les années continuant à passer, votre enfant ira peut-être au catéchisme puis, vers sa dixième année, fera sa première communion. Il s'agit d'une cérémonie strictement privée qui ne concerne que l'enfant et ses parents, au contraire de la profession de foi. Toutefois, il faut avoir fait sa première communion pour faire sa profession de foi.

La profession de foi

Autrefois appelée « communion solennelle », la profession de foi n'a plus le caractère grandiose qu'elle revêtait jadis, jusque dans les années 60 : c'était alors le grand moment où l'on passait de l'enfance à l'adolescence.
Garçons ou filles avaient, vers l'âge de onze ans, la maturité requise pour prendre la mesure de l'événement. Les jeunes filles portaient d'immenses robes d'organdi blanc, un voile qui traînait presque à terre, des couronnes de fleurs blanches et des souliers blancs. Les garçons se tenaient très droits dans leur costume neuf et portaient au bras gauche une sorte de nœud ou de cravate de soie blanche à franges : le brassard de communiant.
C'était aussi le jour où l'on recevait son premier « vrai missel ». Je m'en souviendrai longtemps ! Nous étions en Berry et, toute fière, je pris ma bicyclette pour aller chercher à l'abbaye de Fontgombault ce fameux livre. Je n'avais jamais suivi la messe qu'aux côtés de ma mère, dans son missel en latin où je ne comprenais pas grand-chose, même si la traduction française figurait en regard. Je pédalais donc joyeusement quand j'eus soudain besoin de freiner. Et au lieu de faire comme tout le monde, en utilisant le frein, je préférai mettre

mon pied dans les rayons de la roue avant. C'était simple ! Aussi simple que le vol plané qui s'ensuivit.

De nos jours, il n'y a plus ni robes d'organdi ni brassards de soie : garçons et filles sont en aube blanche, quasi identiques de matière et de forme.

La cérémonie a aussi moins de gravité car les enfants font leur première communion beaucoup plus tôt. Il s'agit pour eux de renouveler les engagements pris à leur baptême par leur parrain et leur marraine.

On voit de moins en moins de ces grands banquets de communion qui réunissaient jusqu'aux plus lointains cousins. Et rares sont encore les communiants qui se promènent avec leurs parents dans les rues pour se faire admirer.

Il est vrai que dans les familles vraiment pieuses, ces divertissements n'étaient pas de mise – il fallait au contraire laisser l'enfant méditer.

Une petite fête à la maison est cependant toujours de mise. L'on y convie les parents et les proches, qui se font un plaisir d'assister à la cérémonie. On ne s'habillera pas cependant avec le même faste que pour un mariage. Pas de robes à paillettes ! Pas de capelines de soie jaune ! Un homme ne portera pas de smoking. Robes claires et costumes sombres sont conseillés.

Quant aux communiants eux-mêmes, outre l'aube immaculée, les garçons porteront des chaussures noires et les filles des chaussures blanches. Ni colliers, ni bracelets, ni boucles d'oreilles ce jour-là. Seulement une montre et une petite croix d'or.

Les images pieuses

Elles ne sont pas démodées. L'enfant se fera une réelle joie de les distribuer, surtout si elles ont été imprimées pour l'occasion :

> *Souvenir de la profession de foi*
> *de Jérôme Leroy*
> *15 mai 1995.*

Ou, plus simplement encore :

> *Profession de foi*
> *Jérôme Leroy*
> *15 mai 1995.*

On peut aussi mentionner le nom de l'église.

Autorisez l'enfant à choisir ses images lui-même, en vente surtout dans les boutiques spécialisées, situées en général au voisinage des cathédrales en province, ou dans le quartier Saint-Sulpice à Paris. Ces spécialistes se chargent également de l'impression.

La réception

Selon l'heure de la cérémonie, les parents organisent un déjeuner ou un dîner, voire un simple buffet réunissant les parents et les proches amis.

Sachez qu'il est déplacé de danser en sortant de table. Ce serait une erreur – pire, une faute – après une cérémonie religieuse.

A table, le héros ou l'héroïne du jour, toujours revêtu de son aube, peut pour une fois se trouver placé près de sa mère ou de son père selon qu'il s'agit d'un garçon ou d'une fille. Parrain et marraine sont aux places d'honneur, à côté de leur filleul, ou éventuellement en face de lui.

Ce repas est l'une des rares occasions où quelqu'un, le grand-père du communiant, par exemple, ou un prêtre s'il y en a un parmi les convives, peut prononcer une petite allocution, ni trop longue ni trop savante : juste quelques mots émus pour saluer ce jour solennel.

Les cadeaux

L'enfant reçoit de nombreux cadeaux le jour de sa communion. Les cadeaux religieux, crucifix, croix, missels, bibles sont traditionnels.

Montres et stylos ont eu leur heure de gloire mais, de nos jours, tous les enfants en possèdent dès l'âge de cinq ou six ans et ces présents traditionnels sont tombés en désuétude.

Préférez-leur de beaux livres ou des C.D., mais abstenez-vous d'offrir des jouets, qui ne seraient pas convenables en la circonstance.

L'enfant devra impérativement remercier par écrit ceux qui lui ont adressé des cadeaux. C'est pourquoi il est bon de glisser sa carte de visite dans le livre ou l'objet offert, pour que l'enfant sache à qui écrire.

Le cadeau au prêtre

Il est de bon ton d'offrir un présent au prêtre qui a enseigné le catéchisme à l'enfant et l'a fait communier. Il s'agit souvent d'un cadeau collectif. Il suffit de remettre une enveloppe à la personne – généralement une mère de famille dévouée – qui s'est chargée de réunir toutes les offrandes.

Il est bon, également, d'envoyer au prêtre une lettre de remerciements pour la peine qu'il s'est donnée. La formule de politesse à adopter est :

Avec nos remerciements respectueux.

La confirmation

Cette cérémonie catholique, qui avait lieu jadis avant la communion solennelle, se place aujourd'hui vers l'adolescence, sans doute à l'imitation des protestants.

Les deux cérémonies n'ont en fait que peu de rapports. Pour les catholiques, la confirmation est un sacrement (une onction) donné par un évêque. A cette occasion, l'enfant se choisit un second prénom, le « prénom de confirmation ».

Pour le jeune protestant, la confirmation est une profession de foi personnelle, renouvelant les engagements de son baptême et marquant son entrée dans la communauté des adultes. C'est l'occasion d'une fête de famille dont les règles suivent à peu près celles de la communion solennelle catholique.

La bar mitsva

Chez les israélites, le garçon qui atteint l'âge de sa majorité religieuse (treize ans révolus calculés d'après le calendrier religieux et non le calendrier civil) reçoit le titre de *bar mitsva,* c'est-à-dire «fils de la Loi». Les règles religieuses diffèrent selon les communautés.

Depuis quelques années, les rabbins libéraux accordent aux filles le même privilège qu'aux garçons. Elles doivent avoir douze ans révolus (toujours selon le calendrier religieux). Elles reçoivent le titre de *batt mitsva* («filles de la Loi»).

Même si la cérémonie est bien moins importante pour les filles que pour les garçons, elle n'en est pas moins fêtée de façon solennelle et parfois annoncée dans les journaux.

Dans les deux cas, un repas de fête (dit «Séoudatt Mitsva») est organisé en leur honneur, généralement suivi d'une réception. Il s'agit alors d'un événement presque aussi important qu'un mariage. La tenue de soirée est en principe de rigueur (elle est normalement demandée sur le carton d'invitation), de même que les capelines de soie et les bijoux. Après le dîner, les convives peuvent danser.

N'oubliez pas qu'il s'agit d'un des plus grands événements de la vie d'un jeune juif pratiquant et que les cadeaux offerts pour l'occasion sont souvent somptueux.

SAVOIR VIVRE UN DEUIL

J'ai vu Bon-Papa, mon grand-père, sur son lit de mort. Cela reste pour moi un souvenir à la fois impressionnant et magnifique. Il était si digne et si élégant. Son visage était empreint d'une telle expression de quiétude... Il repose aujourd'hui, comme son père et le père de son père, dans la chapelle du Soudun, notre propriété de campagne.

Jadis, on mourait chez soi.

Les amis, les parents et, dans certaines régions, les confréries de « charitons » accouraient, une fois terminée la toilette du mort.

La porte de l'habitation était tendue de noir et portait les initiales du défunt, habitude qui avait encore cours à Paris voici quelques années. Lorsque toute la famille et les connaissances étaient réunies, le maître de cérémonie frappait sa canne par terre et disait à haute voix : « Mesdames et messieurs, nous allons nous former pour le cortège ! »

Le cortège en question suivait le corbillard à travers les rues vers le cimetière. Les gens « chics » suivaient en voiture ou envoyaient leur équipage les représenter s'ils ne pouvaient assister à la cérémonie. Chacun se signait au passage du convoi.

Le faire-part

Dans notre famille, nous n'envoyons pas de faire-part de deuil. Beaucoup, cependant, le font.

Ne figurent sur le faire-part que les parents très proches du défunt, le veuf ou la veuve, puis ses enfants et leurs conjoints, ses petits-enfants par ordre d'aînesse...

A la formule traditionnelle « ont la douleur de vous faire part du décès (ou du rappel à Dieu) de... », les grandes familles préféraient jadis : « ont l'honneur de... » C'est un principe : la joie et la douleur ne s'offrent pas en spectacle.

Le faire-part rappelle les titres du défunt, sa carrière si elle a été exceptionnelle, ses décorations, ses fonctions honorifiques. Sont également indiqués son âge, le lieu et la date de sa mort et, naturellement, le lieu et l'heure de l'inhumation.

Le choix entre l'enterrement et l'incinération dépend de la volonté du défunt ou de celle de sa famille.

Il n'est pas d'usage d'indiquer la cause du décès, encore que l'on puisse, lorsque le défunt était jeune, ajouter les mots « décédé accidentellement » ou « prématurément ».

Les familles protestantes ajoutent souvent à la fin du faire-part un verset de la Bible approprié à la circonstance et faisant allusion à la vie éternelle.

Le faire-part s'envoie, dans la semaine suivant le décès, aux amis et connaissances, tandis que les proches parents sont prévenus par téléphone ou par télégramme le jour même. Il arrive cependant que l'on souhaite procéder à l'enterrement dans la « plus stricte intimité ». Dans ce cas, le faire-part, envoyé plus tard, mentionnera cette décision.

De nos jours, ce faire-part est un carton blanc bordé d'un discret liséré gris foncé, au lieu de l'imposante bande noire de jadis.

Les parents et les amis proches doivent rendre immédiatement visite à la famille. Les connaissances plus lointaines pourront se contenter d'une lettre de condoléances (manuscrite) qui assurera la famille du défunt de leur sympathie. C'est à chacun de juger en raison du degré d'affection qu'il porte à la famille.

On ne doit jamais exprimer ses condoléances par téléphone. Même le télégramme ne dispense pas d'écrire la lettre.

Par ailleurs, on publie souvent un avis de décès dans le carnet mondain d'un ou de plusieurs quotidiens.

Un envoi de fleurs est toujours apprécié, sauf si le faire-part précise : « ni fleurs ni couronnes ». Le fleuriste épinglera simplement sur la gerbe, le coussin ou la couronne, la carte de visite sur laquelle vous aurez rédigé vos condoléances. S'il s'agit d'un enfant ou d'un adolescent, les fleurs choisies seront blanches ou claires.

L'enterrement

La cérémonie peut avoir lieu à l'église ou au cimetière, selon le désir de la famille et les volontés du défunt. Si celui-ci a fait « don de son corps à la science », la cérémonie aura lieu sans cercueil ou bien l'on se contentera d'une réunion « in memoriam ».

Pour se rendre au cimetière, il convient d'être vêtu de noir ou de gris sombre. Quand mon heure sera venue, j'aimerais que ceux qui m'accompagneront portent des vêtements de teintes pastel. Est-il besoin de rappeler que les teintes vives sont du plus mauvais goût ?

Beaucoup de gens se sont étonnés, lors du décès du roi des Belges, Baudouin, de voir la reine Fabiola vêtue de blanc et non de noir. C'est que la couleur du deuil varie selon les époques, les pays et les classes sociales. Au Japon, en Inde, on s'habille de blanc, d'orange au Mexique, de noir en Europe. Cependant nos reines, depuis des siècles, portent le deuil en blanc.

Les enfants portent le deuil de leurs parents durant six mois, l'épouse un an et davantage si elle le juge bon. Le brassard noir n'a pas disparu : mes frères et moi le portons pour les deuils de famille.

L'habitude subsiste d'offrir un repas à ceux qui se sont déplacés de loin pour assister à l'enterrement. Il ne s'agit pas d'un repas joyeux mais réconfortant, qui permet à une famille dans l'affliction d'être entourée de ses amis quelques heures de plus.

6

SAVOIR VIVRE
AVEC VOS ENFANTS

SAVOIR ÉDUQUER SES ENFANTS

Jadis, dans bien des familles, et pas seulement de l'aristocratie, la coutume était de recourir à des nurses puis des précepteurs pour élever les « petits garnements ». Dès sa naissance, le bébé était éloigné de sa mère pour être confié à une nourrice, le plus souvent à la campagne. Une fois sevré, l'enfant était immédiatement mis sous la tutelle d'une nurse. Plus tard, c'était le pensionnat.

Comment imaginer, dès lors, une véritable complicité, une affection unissant la mère à son enfant, surtout quand on sait que ces liens se tissent généralement au cours des tout premiers mois ?

Cette habitude a perduré plus longtemps qu'on ne le croit : jusqu'après la Seconde Guerre mondiale, il existait des pensionnats suisses très chics spécialisés dans l'accueil des jeunes enfants.

Aujourd'hui, dans un monde où les enfants mis en nourrice, via la D.A.S.S., sont considérés comme des « cas sociaux », ces mœurs d'un autre temps nous paraissent cruelles et dégradantes. Non seulement on ne considère plus à présent les bébés comme de simples tubes digestifs, incapables de sentiments, mais les spécialistes prêtent même une « humanité » aux fœtus.

Je connais de nombreuses personnes qui ont du mal à vivre toute séparation, toute rupture, si insignifiantes soient-elles. Une angoisse les étreint lorsque la nuit tombe, dès que le week-end et les vacances arrivent ou se terminent ; le départ d'un ami, même lointain, les jette dans l'affliction, la moindre rupture dans le cycle des jours, des saisons, des événements, leur est souffrance.

Cette angoisse de séparation est difficile à surmonter et peut durablement marquer une vie. Aussi me semble-t-il extrêmement important d'être particulièrement attentif afin d'éviter que votre enfant ne souffre de ce traumatisme.

Le nourrisson rêve de poursuivre avec sa mère la vie fusionnelle qu'il a vécue à l'état de fœtus.

Il faut faire en sorte que bébé accepte, sans pleurs ni cris, d'être séparé de vous à plusieurs reprises dans la journée.

Les psychologues insistent sur la nécessité de parler le plus possible à son bébé. Votre voix le rassure, l'apaise, l'endort plus vite et plus paisiblement. Une mère devrait donc entretenir de longues conversations avec son nourrisson (même si, dans les premières semaines, le bébé, dit-on, n'entend pas), les poursuivre des mois durant, lui expliquer pourquoi vous devez sortir, lui raconter ce que vous devez faire dans votre salle de bains, votre cuisine, dans la rue ou à votre bureau. Parlez-lui comme vous parleriez à un adulte. Embrassez-le avant de partir, mettez dans son berceau son ours ou son hochet, murmurez-lui des mots tendres. Et, à peine rentrée, prenez le temps de lui annoncer votre retour par les mêmes tendresses et les mêmes mots doux. Une grande confiance s'instaurera entre vous ; votre bébé ne craindra plus, ou beaucoup moins, les moments où vous n'êtes pas près de lui puisqu'il est assuré que vous reviendrez.

Lorsqu'il prendra pour la première fois le chemin de la crèche ou de l'école, il vous faudra, les premiers temps, l'accompagner et le reprendre vous-même. Durant le trajet, la main dans la main, parlez-lui longuement, décrivez-lui ce qu'il va découvrir, préparez-le à cette nouvelle épreuve qui lui sera moins douloureuse car vous la partagerez avec lui. Si votre enfant a le sentiment que vous êtes heureuse de l'envoyer à l'école pour vous « débarrasser » de lui, son chagrin, alors, redoublera.

Apprendre à faire de chaque séparation un moment de tendresse et l'occasion de réaffirmer votre indéfectible attachement, voilà ce qu'il vous faut avant tout réussir.

Les parents modernes accordent une extrême attention psychologique, médicale et affective à leur enfant : ils veillent à son bien-être, à son épanouissement, ils guettent ses gestes, tiennent compte de ses humeurs, souvent révélatrices d'un besoin ou d'une angoisse. Ils ont su s'inspirer des sociétés primitives qui privilégient le contact physique, mais ils se sont aussi nourris des théories de Freud, de Françoise Dolto, d'Elizabeth Badinter. Ils savent l'importance du dialogue : il faut tout expliquer au bébé, lui dire la vérité, comme on le ferait avec un adulte, mais sans oublier de l'écouter, jusque dans ses silences.

Ils ont compris qu'un enfant qui n'est pas respecté ne se respectera pas lui-même, et ne respectera pas les autres.

La politesse et la courtoisie sont des passeports pour la vie. Elles la rendent plus facile et plus légère.

Les bonnes et les mauvaises habitudes se prennent au berceau, dit-on. Il est vrai que les bonnes manières deviennent vite de simples réflexes si elles sont inculquées dès l'âge le plus tendre, à condition que les parents donnent le bon exemple dans leur vie quotidienne, en public comme à la maison.

Mais tous ces beaux principes ne peuvent être imposés brutalement à l'enfant qui n'en comprend pas encore la raison. Gifles et fessées sont à bannir, bien évidemment ! Je n'ai jamais eu le sentiment que les châtiments corporels soient la solution à quelque problème que ce soit.

L'appel au bon sens de l'enfant a généralement des résultats bien meilleurs et plus durables : seul un bambin confiant et apaisé peut assimiler avec application et sérénité les innombrables règles du savoir-vivre qui feront de lui une personne agréable aux autres, capable de s'adapter et de faire face à toutes les situations.

La façon la plus habile de lui enseigner la politesse reste le jeu. Une ruse qui permet de contourner la volonté parfois obtuse des enfants. Ainsi, j'ai vu une petite fille de trois ans, guidée par sa mère, mimer avec ses poupées les plus exquises règles du savoir-vivre.

C'est aux parents de déterminer quel type de jeu correspond le mieux au caractère de leurs enfants.

Les règles fondamentales

La propreté

En premier lieu, il faut apprendre à bébé qu'il doit contrôler le flux de ses émissions et qu'il existe des récipients habilités à les recevoir.

Le tout petit enfant est effrayé par cette matière qui s'échappe de son corps, il ne sait rien du phénomène de la digestion et se croit amputé.

Je me souviens de la fessée qu'avait administrée une de mes tantes à un petit-cousin qui, radieux, lui avait offert fièrement son œuvre malodorante. On ne gronde pas un enfant dans ces circonstances, ou bien gentiment, et non sans explication. Il pense sincèrement vous faire là le plus précieux des cadeaux, en l'occurrence une partie de lui-même.

Patience, psychologie et compréhension seront votre credo.

- Après chaque séance sur le pot, il le videra lui-même dans les toilettes et actionnera la chasse d'eau. Selon les psychologues, il s'agit là d'une manière salutaire de « faire le deuil » de cette partie de soi. Vous lui expliquerez, par exemple, que tout cela servira à nourrir les poissons.

- Ensuite, il se lavera les mains. Inspectez les poignets, et aussi les ongles qui doivent être courts, non rongés et propres – et non « en deuil », comme nous disait notre mère.

- Il se débarbouillera après chaque repas. Jusqu'à deux ans, vous lui proposerez de le faire à l'aide d'une serviette imprégnée d'eau, c'est plus facile.

- Les dents, bien entendu, seront brossées matin et soir. Après le goûter, qui est malheureusement un repas très sucré, le brossage s'impose également. Apprenez à l'enfant que ses dents sont ses alliées pour la vie, qu'elles sont vivantes, dites-lui qu'il faut les nourrir, elles aussi, et que le dentifrice est la nourriture des dents.

- Le bain, s'il est ritualisé par des horaires fixes, des jouets, ou encore une histoire à épisodes que vous lui racontez pendant qu'il barbotte, deviendra vite un plaisir. Vous devez veiller à ce que votre petit n'en soit pas dégoûté par une expérience déplaisante (eau trop chaude ou trop froide, savon dans les yeux...).

• En ce qui concerne la propreté des vêtements, il n'y a pas grand-chose à faire. Reflux des premiers mois qui laissent des taches malodorantes, grenouillère salie aux genoux de bébé qui marche à quatre pattes, gâteau étalé partout : c'est la vie !

Dès que votre enfant est plus grand, lorsqu'il revient de promenade couvert de boue, le pantalon déchiré, vous pouvez en revanche le responsabiliser en le chargeant de brosser ses habits, puis de les placer lui-même dans la machine à laver. Voire lui apprendre à les recoudre.

L'enfant doit respecter ses vêtements, pour cela, il faut qu'il les aime. Sans pour autant en faire une victime de la mode, vous pouvez lui demander de vous aider, chaque soir, à préparer ceux qu'il portera le lendemain, lui apprendre à assortir les couleurs, à déterminer les effets les plus appropriés au temps qu'il fait, etc.

• Autre chose : le spectacle d'un nez sale est insoutenable. Veillez à ce qu'il ait en permanence dans la poche un paquet de mouchoirs en papier.

A table

Il est indispensable que l'enfant prenne de temps à autre ses repas avec les adultes, et cela dès son plus jeune âge. C'est pour lui une excellente façon de comprendre le monde où il devra vivre et s'épanouir.

L'ambiance d'un dîner (si les convives sont bien choisis) est un parfait exemple de civilité. L'enfant y apprend comment se comporter et comment se déroule une conversation... Vous lui présenterez l'événement comme un jeu.

D'abord, il dressera le couvert sous votre surveillance. Vous corrigerez gentiment ses erreurs en lui expliquant le pourquoi de chaque chose. Une fois passé à table, il sera fier d'exercer ses bonnes manières. Il s'amusera aussi à guetter celles des convives et vous en fera un compte rendu après le repas, *une fois seuls*. Exemple : Marine a mis trois fois ses coudes sur la table, Serge la pointe de son couteau en bouche, Ondine s'est balancée sur sa chaise... C'est la manière la plus plaisante pour lui d'apprendre ce qu'il faut faire et ne pas faire.

Combien de fois ai-je entendu mes parents me reprendre, lorsque j'étais petite ! « On ne parle pas la bouche pleine ! Ne fais pas les ailes de corbeau avec tes coudes ! On ne coupe pas la parole ! » Lorsqu'on m'avait adressé plusieurs fois la même remontrance sans que j'en tienne compte, mon père m'envoyait au coin pour cinq minutes. Le repas continuait sans moi, et je le reprenais en cours de route. J'ai, par ailleurs, si souvent été privée de dessert que j'en ai perdu le goût des sucreries : pour moi, le repas s'arrête au fromage !

Voici les douze règles d'or que votre enfant doit apprendre à observer :

- Je me lave les mains avant de passer à table et je porte des vêtements décents.
- Je ne commence pas à manger avant que la maîtresse de maison en ait donné le signal.
- Je place mes mains bien à plat sur la nappe et je garde mes coudes le long du corps.
- Je ne parle pas la bouche pleine.
- Je ne coupe pas la parole.
- Je ne tiens pas mes couverts dressés vers le plafond et n'avance pas l'index sur le couteau et la fourchette.
- Je ne coupe pas ma salade avec mon couteau.
- Je ne passe jamais le bras devant un convive. Je demande poliment ce dont j'ai besoin.
- Je me tiens droit, le dos et le ventre décollés du siège (on dit : « Une souris derrière, un chat devant »).
- Je passe la corbeille de pain, et non un morceau de pain.
- J'aide à desservir.
- Je demande la permission avant de quitter la table.

Les règles de mise pour manger avec élégance diffèrent selon les pays. L'art de manier les baguettes est difficile, même pour les Chinois, et la manière de les tenir renseigne immédiatement sur l'origine sociale de leur utilisateur.

L'idée qu'un Chinois bien élevé se fait d'un repas de cérémonie est très éloignée de la nôtre et pourrait même choquer un Français peu ouvert d'esprit. Quant à nos voisins d'outre-Manche, ils ont un tel goût pour le sport qu'ils vont même jusqu'à le pratiquer à table : n'avez-vous jamais vu ces Anglais de bonne famille se livrer à leur acrobatie nationale qui consiste à manger des petits pois en les faisant tenir à l'aide du couteau sur le dos de la fourchette ? C'est, chez eux, un signe de distinction sociale.

Votre enfant doit avoir le réflexe et la courtoisie, lorsqu'il se trouve à l'étranger, d'observer les manières locales puis de les imiter de son mieux.

Le maintien

Avez-vous remarqué comme les petits Africains se tiennent droit et comme leur port de tête et leurs gestes sont gracieux ? Cela est dû tant à l'exemple qui leur est donné par les adultes qu'à leur mode de vie : ils sont actifs toute la journée, galopent des kilomètres, une calebasse en équilibre sur la tête...

Nos enfants, eux, passent de longues heures avachis devant un téléviseur ou courbés sur d'interminables devoirs d'école. Ce manque de maintien affecte souvent leur comportement : ils prennent un détestable côté mollasson, rogue et velléitaire.

Le mode de vie africain n'est certes pas approprié à nos petits citadins, mais il est possible de s'en inspirer en offrant à nos enfants une vie saine et sportive. Je conseille vivement la danse classique, pour les garçons comme pour les filles, ainsi que la natation qui dessine des corps fermes et longilignes à condition qu'elle ne soit pas pratiquée à outrance.

En ce qui concerne les petites filles, elles doivent savoir dès l'âge de deux ou trois ans qu'on ne laisse pas voir sa culotte, et qu'il est préférable de croiser les jambes lorsqu'on est assise.

Le langage

Le langage est le véhicule de la pensée. Un enfant qui s'exprime correctement a souvent une intelligence mieux organisée et une pensée plus sophistiquée que les autres. Il ne faut pas se laisser attendrir trop longtemps par les charmantes fautes des débuts. La fille d'une de mes amies, bien qu'âgée de dix ans, dit toujours « petit shirt » pour « T-shirt », « dicament » pour « médicament » (parce que « médicament », « tes dicaments », « leurs dicaments »...), « c'est qu'est-ce que je fais », « c'est qu'est-ce que je dis », etc. Sa maman ne trouve plus aujourd'hui cela aussi charmant, s'inquiète même, la corrige sans cesse, mais rien n'y fait : l'habitude est prise.

Certains parents ou adultes pensent qu'adopter le langage de leurs enfants les rapproche d'eux. Quelle erreur !

Un jour que mon frère et moi étions invités à goûter chez une camarade d'école, nous fûmes abasourdis d'entendre les parents nous apostropher d'un : « Salut, les mômes ! Ça boume ? » Ils pensaient sans doute se mettre à notre niveau alors qu'ils ne réussirent qu'à se discréditer et à nous choquer.

Les expressions familières, ainsi que le verlan, ne font rire les enfants que lorsqu'ils les emploient entre eux. Ils estimeront déplacé que vous les imitiez, et le respect qu'ils vous portent risque de s'en trouver affecté. Avec les tout-petits, les parents ne gagnent pas non plus à employer un langage enfantin :

« Tu as vu le ouah-ouah ?
– Le quoi ? demande l'enfant interdit.
– Le ouah-ouah.
– Ah ! le chien ! »

Combien de fois mes parents ont-ils dû tempêter pour que les jeunes filles qui nous gardaient n'emploient pas ce genre de langage ?

Pourtant, il n'est pas plus difficile pour l'enfant d'apprendre le mot qui convient, même s'il est châtié, qu'un quelconque autre vocable débilitant. Parlez-lui comme à un adulte ; il n'en apprendra que mieux, et plus vite.

Le savoir-vivre des enfants à la maison

Jusqu'à deux ou trois ans, l'enfant ne fait pas de distinction entre sa propre personne et le monde extérieur. Il perçoit ce qui l'entoure comme une prolongation de lui-même. Or il est indispensable qu'il comprenne rapidement qu'il n'est pas le centre du monde, sans quoi il serait incapable d'égards envers autrui.

Ne le traumatisez pas pour autant, expliquez-lui simplement que vous l'aimez énormément, mais qu'il y a dans le monde beaucoup de gens, bien d'autres enfants qui lui ressemblent et qui ne sont ni moins importants que lui ni moins aimés.

Frapper avant d'entrer

C'est la première règle dont je me souvienne. « Combien de fois t'ai-je dit de frapper avant d'entrer ! », s'exclamait chaque fois ma mère, fâchée par mon intrusion inopinée dans sa chambre.

Expliquez à votre enfant qu'une porte fermée signifie un besoin d'intimité, en particulier celle de la chambre à coucher, des toilettes, de la salle de bain et du salon. Aucune porte, fût-ce celle de l'office, ne doit échapper à la règle. De même, pour l'exemple, n'oubliez jamais de frapper, vous aussi, à la porte de la pièce dans laquelle se trouve l'enfant.

Bonjour, au revoir, s'il vous plaît ?, merci, pardon, comment ?

Nous avons tous assimilé, du moins peut-on l'espérer, ces locutions élémentaires qui facilitent tant les rapports humains. Il faut qu'elles deviennent pour l'enfant un réflexe et, surtout, qu'elles soient toujours nominatives (« Bonjour, *monsieur* », « Merci, *maman* », « Pardon, *madame* »...).

Pour cela, vous pouvez, outre lui donner vous-même le bon exemple, l'initier par le biais du jeu. Rappelez-vous la petite fille qui apprenait tout grâce à ses poupées. On s'amusera à organiser un *tea party* avec des poupées Barbie auxquelles on fera exprimer les règles de civilité, comme si ces demoiselles étaient vivantes.

Vouvoiement et tutoiement

Les enfants doivent apprendre très tôt à vouvoyer les grandes personnes. Le vouvoiement, qu'on appelle aussi vousoiement, est une particularité charmante de la langue française et ne doit pas se perdre. Il constitue aussi une sorte de barrière contre l'irrespect et la grossièreté : il ne s'y prête pas.

L'origine de cette formule de politesse est curieuse : dans l'Antiquité, le tutoiement était d'usage, même entre l'esclave et son maître. En 293 après J.-C., l'empereur Dioclétien constata que l'immensité de son empire le rendait ingouvernable. Il décida donc d'instaurer une «tétrarchie», c'est-à-dire le pouvoir collégial de deux Auguste et de deux César. Dès lors, il fallut s'adresser à l'empereur en lui disant «vous» puisqu'ils étaient en fait quatre ! De là proviennent tout à la fois notre pluriel de politesse et la tradition qui veut que le roi s'exprime en disant : «Nous voulons...»

Autrefois, les parents vouvoyaient même leurs enfants. Cela nous semble à présent quelque peu rétrograde. Je ne tutoie ni mes parents, ni mes grands-parents, ni mes oncles et tantes. Ma mère tutoie ses enfants, mais s'en tient strictement au vouvoiement en cas de dissension. Mon père ne connaît que le vouvoiement.

Pour ma part, je vouvoie volontiers quelqu'un de mon âge, puis, si j'ai fait un peu mieux sa connaissance, je le tutoie. En revanche, je n'oserais jamais tutoyer une personne plus âgée ou qui, je le sens, pourrait en être offusquée.

Le baisemain

Enfants, nous avions coutume de passer nos vacances chez mes grands-parents. Un jour, mon cousin Louis, qui devait avoir huit ans et à qui l'on venait d'enseigner ce raffinement, rencontra la fermière qui ramenait ses vaches à l'étable. Il se précipita vers elle et lui fit le plus cérémonial des baisemains. Imaginez la stupéfaction et le fou rire mêlé de gêne de l'excellente femme !

Inutile d'inculquer aux enfants des manières de singe savant. Le baisemain a ses règles. Elles sont très strictes.

— On saisit délicatement la main que l'on vous tend — car c'est la femme qui choisit si elle y consent — en se baissant. Les lèvres l'effleurent sans la toucher (à moins d'une très grande intimité).
— On ne baise que la main d'une femme mariée ou veuve.
— Jamais de baisemain dans un lieu public.
— On baise l'anneau des hommes d'Église, même si l'on est une femme.

Si vous avez l'honneur de recevoir l'archevêque de Paris, l'épouse du président de la République ou la duchesse de Wurtemberg, tout le monde sera charmé de voir votre enfant lui baiser la main. S'il s'agit d'une parente ou amie de la famille, même âgée, qu'il lui saute au cou. C'est bien plus naturel !

Ranger sa chambre

Même si vous disposez d'une femme de ménage, il est indispensable que votre enfant prenne l'habitude de ranger sa chambre lui-même.

Avant quatre ou cinq ans, il se contentera de remettre ses jouets dans le coffre prévu à cet effet, coffre qui, par la suite, deviendra vite une malle mystérieuse pleine de « trésors » oubliés. Plus tard, vous veillerez à ce qu'il fasse son lit chaque matin (quitte à repasser derrière lui les premiers temps), et aussi à ce qu'il ne laisse jamais traîner ses sous-vêtements sales. Vous pouvez mettre une corbeille à linge dans un coin de sa chambre. Ce sont là les principes de base.

L'idéal serait qu'en grandissant il assume entièrement la responsabilité de sa chambre. L'enfant doit comprendre que l'entretien d'une maison représente du travail.

Lorsque nous étions petits, le grand nettoyage avait lieu le dimanche. C'était aussi le seul jour où nous avions la permission de regarder un film à la télévision et, tant que notre chambre n'était pas parfaitement en ordre, nous n'avions pas le droit de nous poster devant l'écran. Combien de débuts de films ai-je ainsi manqués ?

Être serviable

Un enfant, même tout petit, doit prendre conscience des innombrables services qu'on lui rend tout au long de la journée. Il doit aussi comprendre que tout cela n'est pas un dû et que la vie est faite d'échanges. Dans la cohabitation parents-enfants, certains services doivent être exclusivement du ressort de l'enfant.

S'il n'est pas encore capable d'exécuter des tâches compliquées il est, en revanche, tout à fait à même de rendre de petits services. A vous d'en établir la liste. Une fois qu'il aura pris cette excellente habitude à la maison, il sera également serviable chez les autres.

Remettre les choses à leur place

Quoi de plus irritant que de devoir passer sans cesse derrière l'enfant pour tout remettre en place ?

Par le jeu et par l'exemple, encore une fois, vous parviendrez vite à éviter ce désagrément : souvenez-vous de *l'Enfant sauvage,* de François Truffaut, lorsque le petit Victor, le héros du film, s'amuse à remettre chaque chose à l'endroit qui lui est destiné... Votre enfant, lui aussi, sera ravi par cet exercice qui lui permettra non seulement d'exercer sa mémoire, mais aussi de mieux connaître sa maison, donc de mieux la respecter.

Apprendre à partager

C'est pour moi la chose la plus importante au monde. Savoir partager signifie se soucier du bien-être d'autrui : dès lors, on est capable d'assimiler toutes les règles du savoir-vivre.

Une fois encore, je donnerai l'exemple des enfants africains. Au cours d'un voyage au Sénégal, j'ai été émerveillée de voir cinq gamins déguenillés se partager équitablement, sans récriminations, un seul et unique gâteau. C'est là un principe qui leur est enseigné dès le berceau.

J'ai un peu honte lorsque je me revois, toute petite, le nez au ras de la table pour vérifier le niveau de la crème à la vanille que nous servait au goûter, dans des ramequins transparents, la cuisinière de ma grand-mère. Je frémissais à l'idée que mes cousins ou mon frère Amédée puissent être avantagés par rapport à moi !

Votre enfant doit être habitué à partager dès son âge le plus tendre. Il doit aussi savoir que celui qui fait la répartition est tenu de donner à l'autre la plus grosse part. Félicitez-le à chaque fois qu'il observe ces règles. En grandissant, l'habitude du partage, devenu pour lui simple réflexe, lui forgera un caractère généreux.

Les enfants et l'argent

En la matière, il y a deux écoles.

Certains jugent de mauvais goût qu'un enfant ou un adolescent soit en possession d'argent. Pour beaucoup de parents, l'argent est tabou. Ils n'en parlent jamais devant leurs enfants, lesquels finissent généralement par croire que tout est manne du ciel.

D'autres, en revanche, donnent très tôt de l'argent de poche à leurs enfants. En principe, il s'agit d'une somme fixe qui augmente graduellement en fonction de l'âge des enfants. Souvent même, ils les aident à établir un budget, voire à placer cet argent. Ils pensent ainsi faire de leurs enfants des êtres responsables capables de gérer leurs biens.

Aucune de ces deux solutions ne me semble convenir tout à fait. La première est illusoire. La seconde a quelque chose d'inconvenant.

Je trouve choquante l'idée que l'enfant vienne réclamer son « salaire » à la fin de chaque semaine. Nous, les parents, réclamons-nous le nôtre après une semaine passée à laver ses vêtements, à lui expliquer ses devoirs, à lui préparer ses repas ?

L'exemple à suivre vient des États-Unis, où la plupart des enfants ne reçoivent pas d'argent de poche de leurs parents. Pendant les vacances scolaires ou les week-ends, ils se font vendeurs de journaux, tondeurs de gazon, laveurs de vitre ou promeneurs de chien, ce qui leur permet d'avoir un peu d'argent à leur disposition et d'en mettre une partie de côté afin de pouvoir assumer, plus tard, leurs frais d'université, très élevés aux États-Unis.

En France, le travail rémunéré est interdit aux mineurs de moins de seize ans. En revanche, rien n'empêche d'adopter ce principe à la maison.

Ainsi, lors de nos vacances d'été chez mes grands-parents, il y avait les tâches payantes et les tâches gracieuses. Le château avait beau déborder de personnel, mes grands-parents n'en jugeaient pas moins de leur devoir de nous habituer aux activités domestiques. Nous rétribuer pour les tâches que nous effectuions (ramasser les feuilles mortes, laver les voitures, tondre la pelouse, ranger le grenier, etc.) n'était pour eux qu'une façon détournée de nous donner l'argent de poche qui nous garantissait un peu d'indépendance. Nous étions fiers de pouvoir organiser, à nos frais, de gargantuesques goûters avec nos camarades des châteaux voisins.

Ne faites pas pour autant de votre enfant un petit être calculateur, incapable de rendre service gracieusement. La liste des services rétribués doit être limitée, déterminée à l'avance et immuable.

Du bon usage du téléphone

La fonction même de cet appareil a changé : autrefois, les conversations étaient brèves et strictement informatives. Aujourd'hui, le téléphone est devenu un outil de divertissement, au même titre que la radio ou la télévision. On l'utilise souvent pour ne rien dire et tuer le temps.

J'ai vu un adolescent accaparer toute la soirée la ligne familiale sans presque prononcer un mot. Lorsque sa mère lui demanda, un peu agacée, si sa conversation allait bientôt prendre fin, il répondit ingénument : « Mais... Fabrice me fait écouter ses derniers disques ! »

Difficile d'éviter les innombrables coups de fil que se donnent les enfants et les adolescents. Apprenez d'abord au vôtre à se présenter. L'idéal serait qu'il demande également s'il ne dérange pas.

Ne perdez pas non plus de vue que le téléphone est un service qui peut se révéler coûteux. Il est aussi responsable du fait que, de nos jours, les gens s'écrivent si rarement, se rencontrent moins souvent, et ont par conséquent moins d'activités communes. Cela, joint aux longues heures passées devant la télévision ou dans les transports en commun, concourt tristement à la morosité dont souffrent souvent les jeunes gens.

La télévision

Il convient d'en réglementer l'utilisation. Ne laissez pas votre enfant regarder des heures durant des clips, le son poussé au maximum. Il doit comprendre qu'il vit en communauté et que la pollution sonore existe.

Il me paraît salutaire, ne serait-ce que pour des raisons scolaires, de proscrire la télévision en semaine. Par ailleurs, les parents doivent conserver un droit de regard sur les programmes. Documentaires et bons films sont souvent très instructifs.

La meilleure manière d'empêcher votre enfant de passer ses journées devant la télévision est de placer l'appareil dans votre chambre. Il comprendra qu'il ne peut vous priver à tout moment de votre intimité.

Reste qu'il faut donner le bon exemple : que penser de ces familles où l'on dîne le regard obstinément tourné vers le poste de télévision, comme si l'on n'avait rien à se raconter ?

Les enfants et les domestiques

A la maison, le personnel était très nombreux : femmes de chambre, nurses, maître d'hôtel, chauffeur, etc. Ces personnes n'étaient pas pour autant à notre service, nous les enfants. Il nous était interdit de leur donner des ordres. Nous ne pouvions qu'émettre des souhaits : « Palmira, pourriez-vous m'aider à...? »

En outre, nous étions tenus de faire montre à leur égard d'une extrême politesse. Aussi nous aimaient-ils tendrement. Nous en faisions même nos complices. Nos parents ne nous autorisaient pas à manger des sucreries. Notre nounou, très gourmande, nous approvisionnait en cachette. Elle nous laissait puiser à satiété dans l'énorme sac de friandises qu'elle dissimulait dans la cuisine, dans des endroits où ma mère ne risquait pas de les débusquer.

Je garde néanmoins le souvenir cuisant d'une mauvaise plaisanterie que j'ai faite à Jean-Paul, notre maître d'hôtel, lorsque j'étais toute petite. Un jour, je l'apostrophai : « Jean-Paul, vous êtes un con... chon d'Inde ! » J'étais enchantée de mon mauvais jeu de mots. Hélas ! ma mère rentrait au même moment d'une promenade à cheval, la cravache à la main... Quelques secondes plus tard, j'avais les « fesses en feu ».

Maman m'expliqua longuement que, si l'on doit le respect à ses parents et à ses professeurs, on le doit également aux gens qui travaillent pour vous. Je fus priée d'aller sur-le-champ présenter des excuses à Jean-Paul, ce que je fis, l'air piteux. Je n'ai jamais oublié cette leçon !

Mon père, réputé pour son sens inflexible de la discipline, avait su tisser avec ses domestiques et ses subordonnés des liens solides. En voici un joli exemple : lors du mariage de mon frère, le prêtre constata avec inquiétude l'absence de l'enfant de chœur qui devait servir la messe. Qui se présenta spontanément ? L'ancienne ordonnance de mon père, un vieux soldat qui l'avait suivi dans ses garnisons et ses campagnes.

Si tendre et complice soit la relation de vos enfants avec les domestiques, il existe toutefois une limite à ne pas dépasser : ils ne doivent pas raconter les détails de leur vie privée ou celle de leurs parents.

Le savoir-vivre des enfants chez les autres

A quelques exceptions près, les règles sont les mêmes qu'à la maison (frapper aux portes, rendre service, remettre les choses à leur place, faire son lit, etc.). Souvenez-vous que c'est *vous* que l'on jugera à travers le comportement de votre enfant.

• *Règle n° 1 :* vous devez être prévenu de l'endroit où se trouve votre enfant et, de préférence, avoir une conversation préalable avec la maman dont il est l'hôte. Vous la remercierez de recevoir si gentiment votre petit, et fixerez l'heure du retour. Cela vous évitera bien des inquiétudes.

De même, lorsque vous recevez un enfant sous votre toit, assurez-vous que ses parents sont prévenus. Il s'agit d'une règle absolue. Il y va de la sécurité de nos enfants. Combien de fois a-t-on vu des parents affolés téléphoner à toutes les mères des camarades de classe de leur enfant avant de parvenir à savoir où il se trouvait ?

Je me souviens d'un soir d'été. Ma mère était allée dîner chez des amis, nous laissant seuls à la maison sous la surveillance débonnaire de ma grande sœur. J'eus l'idée de rejoindre des amis dans le parc voisin où ils jouaient tous les soirs. A force de bavarder et de me régaler de sucreries, je ne vis pas l'heure passer. Il était près de 11 heures lorsque je m'aperçus que la nuit était complètement tombée. Je pris mes jambes à mon cou. Trop tard : la maison était en état de siège. La police fouillait le jardin à la lampe-torche ! Ma grande sœur avait alerté la gendarmerie. J'ai encore préféré le « savon » maternel aux sourcils froncés du brigadier...

• *Règle n° 2 :* l'enfant doit dire bonjour à ses hôtes, les remercier de le recevoir et se présenter s'il les rencontre pour la première fois. Exemple : « Bonjour, monsieur, bonjour madame, je m'appelle Malo de Béricourt. Je suis dans la même classe que votre fils... »

Recommandez à vos enfants de regarder les gens en face lorsqu'ils leur parlent. Que penser de ces petits sournois qui marmonnent « Bonjour » en détournant le regard ? En revanche, un enfant ne doit pas embrasser ni tutoyer un adulte qu'il voit pour la première fois.

• *Règle n° 3 :* s'il est invité pour la nuit ou pour le week-end, il est de bon ton que l'enfant offre un bouquet de fleurs à la maîtresse de maison.

S'il s'agit d'un séjour plus long, il offrira plutôt une boîte de chocolats ou des friandises. Dès son retour sous votre toit, il écrira à ses hôtes une lettre de château, dans laquelle il les remerciera encore de leur accueil et leur rappellera quelques-uns des bons moments qu'il a partagés avec eux.

Quant à vous, vous êtes tenu de faire suivre la lettre de l'enfant par un bouquet de fleurs (point trop modeste cette fois) portant votre carte et un mot manuscrit.

• *Règle n° 4 :* l'enfant doit participer avec entrain à toutes les activités de ses hôtes, y compris les tâches ménagères : faire son lit, mettre la table et la débarrasser, etc. A condition que vous le lui ayez enseigné, il pourra, par exemple, préparer un gâteau, faire la sauce de la salade... Bref, se rendre utile.

Ces attentions feront de lui un invité modèle que ses hôtes recevront toujours avec joie.

Le savoir-vivre des enfants dans la rue

Si votre enfant parvient plus ou moins à appliquer les règles du savoir-vivre sous votre toit comme chez vos amis, c'est parce qu'il vous aime et veut vous faire plaisir. Il en va autrement avec les gens qu'il ne connaît pas et qu'il n'est vraisemblablement pas amené à revoir.

Le sentiment d'indifférence est souvent le premier mouvement de nos enfants, comme celui de la plupart des adultes. C'est peut-être là une des raisons qui font que notre monde va si mal ! Il est encore temps d'y remédier en inculquant aux nouvelles générations un authentique sens civique.

Je ne vais pas ici en énumérer tous les principes, la liste serait trop longue !

Je rappellerai seulement que l'enfant doit être encouragé très tôt, par votre exemple, à la solidarité envers les personnes handicapées et les personnes âgées ou en difficulté, dans la rue comme dans les transports en commun.

J'ai moi-même été élevée dans ces excellents principes et n'ai jamais eu à le regretter. Sauf peut-être une fois. Un jour, je m'engouffrais dans la station de métro Abbesses, bien connue pour ses interminables escaliers, lorsque je vis une très vieille femme qui tâchait de les descendre, une valise énorme à la main. J'avais beau être déjà presque en retard pour un rendez-vous de travail, je n'écoutai à cet instant que mon sens du devoir et empoignai la valise. La vieille dame marchait avec difficulté. Nous mîmes vingt bonnes minutes avant d'arriver sur le quai. Une fois installées dans une rame, je m'enquis de savoir où la vieille dame se rendait ainsi. Elle me répondit qu'elle devait prendre un train à la gare Saint-Lazare. Je ne réfléchis pas plus d'un quart de seconde et décidai de l'y accompagner bien que ma station fût le terminus. Je la conduisis jusqu'à la gare et l'installai dans son wagon. La vieille dame ne parvenait pas à croire que j'eusse fait cela gracieusement. Elle voulut même me donner de l'argent ! Je fonçai ensuite à mon rendez-vous, où j'arrivai en nage.

Malheureusement pour moi, mon éventuel employeur ne m'avait pas attendue.

Au square, apprenez à votre enfant à défendre les plus petits que les grands briment si souvent et à réparer les injustices. N'en faites pas pour autant un petit être pédant, bagarreur et sûr de son bon droit. Ainsi l'enfant ne changera pas pour tout l'or du monde son rôle contre celui des persécuteurs.

LE SAVOIR-VIVRE DES ADOLESCENTS

Savoir cohabiter

De nos jours, il est fréquent que les jeunes gens quittent le foyer familial dès la fin de l'adolescence – c'est-à-dire bien avant leur mariage – et décident de tenter l'expérience de la cohabitation avec d'autres étudiants de leur âge.

L'amitié qui les unit ne résistera aux difficultés qu'engendre inévitablement la vie en commun que si chacun a reçu une éducation exemplaire.

Plus l'espace à partager est restreint, plus les difficultés se multiplient. Des rencontres se produisent fatalement aux points de passage obligés, devant la porte de la salle de bain par exemple. C'est là que les bonnes manières sont d'une importance vitale : « Excuse-moi... Pardon... Après toi... » Jamais cette discipline ne doit se relâcher, quels que soient l'humeur, les soucis, la fatigue.

Il est donc impératif que les colocataires aient reçu une excellente éducation, et que leurs revenus soient comparables. Si l'un peut dépenser sans compter tandis que l'autre doit se limiter à un budget serré, mieux vaut choisir un autre partenaire.

Conseils aux jeunes

Avant de vous décider pour un appartement, étudiez d'abord sa configuration. S'il comporte trois pièces, un salon commun et une chambre pour chacun, la tranquillité est assurée. Les deux domaines privés que chacun organisera à sa guise s'ouvrent sur un lieu neutre où la bonne entente est possible. Si, en revanche, il faut traverser la chambre de l'un pour entrer dans celle de l'autre, gardez-vous de signer le bail. Cette cohabitation est vouée à l'échec.

Assurez-vous que vos habitudes ne sont pas incompatibles. Un fumeur invétéré ne coexistera pas longtemps avec un non-fumeur militant. Une personne allergique aux poils de chat ne peut vivre sous le même toit qu'un ami des bêtes. Quant au végétarien convaincu, il trouvera très vite odieux l'amateur de viande grillée et de boudin.

Les couche-tôt et les lève-tard ont du mal à s'entendre car il est parfois difficile de ne pas faire de bruit ou d'empêcher qu'une porte ne claque ! Certes, les conflits peuvent être sinon évités du moins réduits si chacun possède son propre poste de radio et sa propre télévision dans sa chambre, assortis d'un écouteur ad hoc afin de ne pas gêner l'autre.

Le partage de la cuisine et de la salle de bains est beaucoup plus délicat, sauf si l'on suit une discipline militaire sans faille, ce qui est loin d'être simple. Ce partage mérite de faire l'objet d'une discussion et d'un accord préalables.

Dans la salle de bain, ayez deux placards parfaitement séparés, où chacun rangera ses affaires et son linge de toilette. Ne manquez jamais de laisser la baignoire et le lavabo étincelants de propreté.

Dans la cuisine, l'affaire se corse. Un écriteau, une ardoise plastifiée à effaçage à sec, s'avère nécessaire. Chacun y inscrit ce qui manque. Dans le cas contraire, on s'expose inévitablement aux discussions : « J'ai invité des amis hier soir. Tu aurais pu me prévenir que tu avais utilisé tout ce qui restait de spaghettis ! Il n'y avait plus une seule des tomates que j'avais rapportées ! »

Le remplacement des produits consommés relève de conventions strictes. L'idée d'un « pot commun » où chacun met de l'argent chaque semaine pour les achats de première nécessité est à proscrire : les comptes s'embrouillent dès la deuxième semaine et nombre d'étudiants ne peuvent se permettre d'être grands seigneurs. Le mieux est de posséder deux réfrigérateurs.

Il faut vous obliger à tenir des comptes et à partager rigoureusement tous les frais : loyer, électricité... En revanche, il est indispensable que chacun ait sa ligne de téléphone.

En ce qui concerne la femme de ménage, si vous décidez d'en prendre une, il suffit de diviser en deux le montant de sa note.

Il m'est arrivé à deux ou trois reprises de partager un appartement. Bien entendu, ce ne fut jamais pour plus de quelques mois. L'expérience n'a pas été très satisfaisante. Des dissensions se sont élevées au sujet du ménage, du réfrigérateur trop souvent vide, des sorties, des invitations, du café qui manquait... Des riens qui devenaient des montagnes !

Vous souvenez-vous de l'exquise politesse avec laquelle l'excellent docteur Watson relate la manie exaspérante qu'a son ami Sherlock Holmes de ficher son courrier sur la tablette en bois de la cheminée à l'aide d'un couteau à cran d'arrêt, de jouer du violon en pleine nuit et de se livrer à des expériences sur la nicotine avec une machine de son invention capable de fumer vingt cigarettes à la fois ? Holmes lui répond : « Peut-être avez-vous raison, Watson ! Effectivement, je crois que l'atmosphère est un peu épaisse... »

En conclusion, si vous devez absolument partager un appartement avec quelqu'un qui n'est ni votre futur mari ni votre future épouse, entourez-vous de toutes les précautions et faites en sorte que cette cohabitation dure le moins longtemps possible. Vous aurez ainsi une chance de ne pas vous brouiller avec vos meilleurs amis.

SAVOIR-VIVRE ET ÉDUCATION RELIGIEUSE

Il existe une morale universelle. Les religions en font des lectures différentes, mais les principes fondamentaux ne varient guère : tu ne tueras point, tu ne voleras ni ne mentiras, tu honoreras ton père et ta mère... Il convient d'élever nos enfants dans ces principes qui sont autant de garde-fous contre ce qu'il y a en nous de mauvais, d'impitoyable.

Or, pour combattre ses bas instincts, l'enfant a besoin de se soumettre à une autorité suprême, indiscutable : Dieu ou l'idée du bien.

Autre avantage de la foi chez les enfants : elle les aide à dominer la conscience terrifiante de la mort qui les saisit, en général, dès la cinquième année.

Que dire à ces tout-petits qui se réveillent en hurlant qu'ils ne veulent pas mourir ? Les enfants croyants peuvent se raccrocher à l'idée du paradis, des anges et de l'immortalité. Souvent, vers l'âge de sept ou huit ans, les enfants élevés dans des familles athées se tournent d'eux-mêmes vers la religion. Leur foi sera peut-être ébranlée peu à peu, mais ils seront alors mieux armés pour accepter l'inéluctable.

Par ailleurs, les enfants ont besoin d'un carcan moral. Si les principes de la morale puisent leur légitimité en Dieu, l'enfant les respectera volontiers. La morale rassure, elle donne à celui qui en observe les règles le sentiment de faire vraiment partie de la communauté.

Enfin, tous les psychologues le disent, un enfant a besoin de limites, ne serait-ce que pour pouvoir les transgresser. Si toutes les bornes disparaissent, adieu l'enthousiasme ! Plus de révoltes, plus de transgressions. Alors l'enfant tâtonnera longtemps avant de trouver sa véritable personnalité.

Qu'il soit croyant ou athée, il est souhaitable que l'enfant reçoive ne fût-ce que des rudiments d'instruction religieuse. Une religion, c'est surtout une culture : pendant des milliers d'années, l'art a émané de l'idée de Dieu. Instruit, votre enfant comprendra mieux des œuvres comme le *Saint-Jean Baptiste* de Léonard, ou *l'Adoration des Mages* de Botticelli.

SAVOIR-VIVRE
ET ÉDUCATION SEXUELLE

Je garde le souvenir épouvanté d'une histoire que m'a racontée une de mes grands-tantes : à quatorze ans, comme la plupart des jeunes filles de son âge à l'époque, Tante ** ne connaissait rien aux mystères de son corps. La sexualité n'était pas, comme aujourd'hui, au programme de la pédagogie, qu'elle soit familiale ou scolaire.

Un soir que ma tante prenait son bain, elle vit grandir dans l'eau un nuage rouge. Or le rouge est la couleur du Diable, comme chacun sait ! Elle pensa aussitôt que Belzébuth avait volé son âme.

S'ensuivirent des semaines d'angoisse et de culpabilité, peuplées de cauchemars. Vers la fin de chaque mois, aussi impitoyable que ponctuel, Satan se manifestait de nouveau, puis la quittait. Elle passait ses nuits en pleurs, les mains tout à la fois rougies et délavées par l'eau de javel, frottant mille fois le linge qui lui brûlait les doigts : personne ne devait voir la preuve de son impureté.

Ma grand-tante fut tirée de ce mauvais rêve par l'outrecuidance d'une jeune servante qui passait, une lessiveuse à bout de bras : « Mademoiselle tarde à la puberté, lui dit-elle. Remarquez, ça ne me gêne pas. Ça me fait moins de travail, et puis je n'aime pas le sang ! »

Voyez le genre de désastre que peut causer l'ignorance.

Aujourd'hui, tous les parents conviennent qu'il est indispensable que l'enfant parvienne à l'adolescence en étant informé du fonctionnement et des particularités de son corps.

Depuis vingt ans, l'Éducation nationale fait preuve dans ce domaine d'un réel engagement, ce qui n'est pas encore le cas dans de nombreux foyers où les parents sont paralysés par la gêne et la pudeur. Or je crois fermement que l'éducation sexuelle ne peut être assimilée, avec sérieux et sérénité à la fois, qu'à la condition que le corps enseignant marche main dans la main avec les parents, chacun apportant sa contribution. Malheureusement, tous les établissements scolaires ne font pas preuve d'un zèle égal en la matière.

La Maison française de Compiègne et la Providence de Laon, instituts où j'ai fait mes classes, étaient dirigées par des religieuses. Les sœurs étaient tenues de nous enseigner, comme partout ailleurs, les principes de la fécondation et de la contraception. Je puis vous assurer que leurs cours avaient la sécheresse d'une leçon de chimie ! J'ai encore vif dans ma mémoire le souvenir des sœurs Sainte-Croix de Jérusalem nous disant à la promenade, lorsqu'un jeune homme croisait notre sage cohorte : « Baissez les yeux, mesdemoiselles, le péché passe ! »

Songez donc qu'une de mes camarades d'alors, élevée comme moi dans des instituts religieux et bien qu'âgée de dix-sept ans, crut sincèrement être tombée enceinte après avoir embrassé un garçon sur les lèvres !

A la maison, le sujet était tabou. Mes parents ne nous ont jamais entretenus ni de sexe ni d'argent. J'avais vingt-sept ans lorsque ma mère osa me demander, après moult hésitations, si je prenais... « heu... quelque chose ? » Le mot « pilule », trop trivial, n'arrivait pas à franchir le seuil de ses lèvres. Quant au mot « préservatif », n'en parlons pas !

Il m'arrive d'aller passer un week-end chez Maman accompagnée d'un ami cher. Eh bien ! Maman s'ingénie toujours à nous donner des chambres fort éloignées l'une de l'autre et, de préférence, situées à des étages différents ! Elle pense que l'obscurité effrayante des couloirs est un frein au péché et préserve la morale.

Néanmoins, au petit déjeuner, ma mère se hasarde parfois à demander : « Avez-vous bien dormi, monsieur ? » A cet instant, son œil pétille de malice...

SAVOIR ORGANISER DES FÊTES POUR VOS ENFANTS

Les goûters d'anniversaire

Ah ! qu'ils sont loin mes goûters d'anniversaire, ce privilège de l'enfance ! Mes chers parents savaient faire de cet événement « le grand jour de l'année ». Comme je me sentais exister ces après-midi-là !

Chaque anniversaire marque pour l'enfant une sorte d'initiation au monde des plus grands. Les cadeaux qu'il reçoit en sont le symbole.

Bien que l'enfant soit en droit de choisir ses invités, ce sont ses parents qui décident du jour et de l'heure du goûter. Vous choisirez bien entendu un jour où il n'y a pas école, un mercredi, un samedi ou, à la rigueur, un dimanche, quoique beaucoup d'enfants partent en week-end avec leurs parents.

Une invitation écrite doit être envoyée une semaine à l'avance de façon à permettre une estimation du nombre d'enfants qui participeront à la fête. Il n'est pas obligatoire d'utiliser un langage cérémonieux. Tant que les enfants sont très jeunes, il suffit d'un mot aimable sur carte fantaisie :

> *Alexandre de Gribeauval sera heureux de te recevoir pour son anniversaire.*

ou :

> *Alexandre de Gribeauval t'invite à son anniversaire, le samedi 12 avril de 14 heures à 18 heures.*

Il est impératif de préciser l'heure du début et celle de la fin du goûter (de 16 heures à 19 heures, en général) de manière que les parents des jeunes invités puissent s'organiser en conséquence. En principe, à moins que vous n'organisiez à leur intention un cocktail ou une réception parallèle, les parents ne restent pas.

Rangez les objets fragiles, précieux, ou dangereux : vases de Chine, bronzes archaïques, idoles cycladiques... car même avec les enfants les mieux élevés, un accident est vite arrivé.

Je ne vous souhaite pas la désagréable expérience advenue à ma tante qui, n'ayant pas pris cette précaution, a mis des mois à retrouver sa collection de pointes de lance préhistoriques : lors de l'anniversaire de son fils, les enfants s'étaient amusés à jouer au Petit Poucet en essaimant les vénérables silex à travers toute la maison.

Votre fils ou votre fille devront également accueillir leurs amis à leur arrivée et, au moment du départ, les raccompagner jusqu'à la porte.

Pour réussir un goûter d'anniversaire, nul besoin de faste. Ce qui compte, c'est que les petits invités s'amusent. Dans une réunion de ce genre, il y a les calmes et les turbulents. Il se forme toujours des clans. Veillez à organiser des jeux collectifs (pêche à la ligne, Guignol, etc.). Si vous n'en avez ni le temps ni le courage, vous pouvez toujours faire appel à des agences spécialisées qui louent les services d'animateurs et d'animatrices.

Pour composer le goûter, prévoyez l'indispensable gâteau chargé de bougies. Les gâteaux parfumés au marasquin, au rhum ou au Grand-Marnier ne sont pas indiqués, de même que les fruits confits : les enfants les apprécient peu. En revanche, le chocolat est assuré d'un vif succès, de même que les petites saucisses à cocktail, agrémentées de ketchup (jamais de moutarde !).

En réalité, les petits mangent fort peu. Ils se contentent de picorer à la va-vite. Ils ont trop hâte d'aller jouer.

Si votre enfant est invité à un anniversaire, il doit apporter un cadeau au héros de la fête. Si c'est lui qui reçoit, apprenez-lui qu'il ne doit pas faire grise mine devant un présent en s'écriant : « J'en ai déjà deux ! » Qu'il remercie sans défaire la boîte ni faire la grimace. Il pourra toujours l'échanger plus tard.

Les boums

A peine âgés d'une dizaine d'années, les enfants préfèrent les succès du « Top 50 » au jeu de l'âne ou de la chasse au trésor.

La « boum » est ce que l'on appelait jadis une « soirée dansante ». Elle est moins formelle qu'autrefois : les enfants se passent généralement le mot sans que vous ayez à intervenir.

Si une cinquantaine de jeunes filles et de jeunes gens sont invités, il convient d'envoyer une invitation rédigée à la main, ou, encore mieux, imprimée.

Les jeunes organisateurs doivent veiller à ce que leurs invités ne se conduisent pas comme des sauvages. Il est également important qu'ils ne fassent pas trop de bruit. Une excellente et prudente habitude consiste à prévenir les voisins en s'excusant par avance du bruit occasionné par un petit mot collé dans l'ascenseur ou dans le hall. Il faut également prévenir les gardiens de l'immeuble au cas où des amis étourdis auraient oublié le code de l'entrée. A partir de 22 heures, mieux vaut baisser le volume de la chaîne hi-fi et, en été, fermer les fenêtres pour ne pas déranger les voisins. Si certains invités sonnaient à la porte d'en face et dérangeaient vos voisins de palier, priez-les de vous en excuser le lendemain.

En dernier lieu, exigez de votre enfant qu'il remette tout en ordre une fois la « boum » terminée. Les jeunes invités peuvent participer au rangement.

Les rallyes

Des manuels entiers de civilité sont consacrés aux bals d'autrefois. Il y avait les « bals blancs », destinés aux jeunes gens, où les garçons devaient arborer une fleur blanche à la boutonnière tandis que les demoiselles portaient une robe de même couleur. Les couples mariés, eux, formaient « la galerie » et veillaient à la bonne moralité. En revanche, lors des « bals roses », où toutes les femmes étaient vêtues de rose, les couples mariés étaient autorisés à danser. Les bals « par souscription » furent les ancêtres de nos bals de charité, tel le défunt « Bal des Petits Lits blancs » où triompha longtemps Jacques Chazot, ou encore l'actuel « Bal de la Rose », qui est l'un des grands événements annuels de la principauté de Monaco.

Une large part était faite dans les manuels à l'art de « conduire un cotillon », ce final endiablé agrémenté de chapeaux de papier, de serpentins et de mirlitons qui semble avoir été, aux dires de mes grands-mères, fort amusant. Un bon « meneur de cotillon » recevait plus d'invitations qu'il n'avait de soirées libres.

De nos jours, les rallyes ont remplacé les bals. Un rallye est une sorte d'association, un cercle organisé par plusieurs familles afin que des jeunes filles et des jeunes gens s'y rencontrent pour danser et s'amuser sous la surveillance de leurs parents. Je garde un souvenir ébloui de ces fêtes parfois grandioses.

Les rallyes ne sont pas réservés aux noms à particule. Vieille noblesse et bourgeoisie s'y côtoient sans façon. Contrairement à certaines idées reçues, les rallyes ne sont pas des agences matrimoniales : on ne s'y inscrit pas pour faire un beau mariage mais pour se retrouver entre jeunes gens partageant les mêmes valeurs.

Il est en général très difficile d'entrer dans un rallye. Outre que l'on doit être parrainé par un membre du cercle, les listes d'attente sont fort longues : le groupe n'est pas extensible à l'infini, bien qu'une soirée puisse compter jusqu'à six ou sept cents invités !

Pour s'inscrire, deux conditions sont impératives :

• La jeune fille, dûment parrainée, doit présenter deux danseurs pourvus de toutes les qualités morales et sociales.

• Les parents de la jeune fille s'engagent à recevoir les membres du rallye une fois au moins. C'est là un engagement à ne pas prendre à la légère car les divers rallyes rivalisent entre eux. C'est à qui recevra avec le plus de magnificence, préparera le buffet le plus splendide et rédigera le carton d'invitation le plus insolite. Je conserve bon nombre de ces derniers, tous extraordinaires, à lettres d'or sur fond noir, savamment pliés sur carton épais, phosphorescents et constellés, ou encore en forme de pochette surprise avec musique incorporée, voire message électronique enregistré...

Tout cela revient cher et il n'est pas rare que plusieurs familles unissent leurs efforts pour recevoir.

En province, les rallyes comptent rarement plus de deux cents invités, et il est possible de louer un château dans le voisinage.

La chose est moins aisée pour les Parisiens. Où dénicher une salle suffisamment vaste pour recevoir la foule d'un rallye ? L'idéal reste le manoir de famille. Certains n'hésitent pas à louer un train spécial pour y mener toute la joyeuse bande ! A défaut, le cercle de l'Union Interalliée reste en faveur dans beaucoup de rallyes parisiens, ainsi que le Jockey Club, le foyer de l'Opéra, voire l'Institut du monde arabe ou le Jardin d'acclimatation, mais aussi le château de Thoiry ou le pavillon de Breteuil. Toutes les extravagances sont permises.

Des parents avaient loué pour le rallye de leurs deux filles un ravissant château dans les environs de Versailles. Le châtelain accepta d'abriter sous les lambris dorés de sa salle de bal un stand de tir, une machine à barbe à papa, une loterie ainsi que diverses autres attractions. Mais il refusa avec la dernière énergie les autos-tamponneuses dans l'orangerie, malgré les supplications des deux charmantes.

L'abc du rallye

C'est vers l'âge de douze ans que les enfants intègrent leur premier « rallye sucettes » ou « rallye confitures ». Il regroupe une quinzaine d'enfants pour des « sorties goûter » au théâtre ou dans des musées.

A quatorze ans vient le temps des « rallyes bridge » où les adolescents apprennent les subtilités du « noble jeu ». Les jeunes gens les tiennent d'ailleurs en piètre estime mais ils s'efforcent d'y faire bonne figure en attendant les « rallyes danse » lors desquels, si l'on se déchaîne au rythme du rock'n roll, on apprend également la valse, le tango, le rockabilly, etc.

Seize ans enfin : l'âge magique ! L'âge des véritables « soirées ». Les jeunes filles, qui sont généralement inscrites à plusieurs rallyes, peuvent retenir jusqu'à trois ou quatre soirées par mois.

Les premières années, les boissons alcoolisées sont pratiquement proscrites. Une flûte de champagne vers 11 heures du soir. C'est tout (on est d'ailleurs plus strict sur ce chapitre en province qu'à Paris). Le buffet doit être aussi aguichant pour l'œil que pour le palais. La qualité de la musique n'est pas non plus à négliger. On fait généralement appel à un disc-jockey.

Contrairement aux bals de jadis, on fume beaucoup dans les rallyes. J'ai toujours refusé et je refuserai toujours de danser avec un partenaire qui tient une cigarette à la main ou, pis encore, entre les lèvres. Il ne s'agit pas seulement d'un signe de mauvaise éducation. C'est de surcroît fort dangereux pour nos robes qui espèrent survivre à quelques soirées !

Comment s'habiller ?

La robe longue est moins en vogue qu'il y a quelques années. Il est vrai que lorsqu'on est invitée à quatre soirées par mois, une garde-robe conséquente s'impose. Si une simple petite robe noire près du corps manque de fantaisie, les grands décolletés plongeants sont à proscrire. Le meilleur moyen de ne pas se retrouver avec la même robe qu'une autre jeune fille est de faire appel aux service d'une couturière. Mais Paris reste la capitale de la mode et les créateurs ne manquent pas.

Pour les garçons, le smoking est de rigueur. Il est malheureusement de plus en plus souvent remplacé par le costume sombre, surtout lorsqu'il ne s'agit pas d'une grande soirée.

N'oubliez pas votre invitation. Elle sera exigée à l'entrée, ainsi qu'une carte d'identité. A la porte, des « pointeurs » vérifient courtoisement mais fermement les deux documents. Les contrevenants seront impitoyablement refoulés !

Au petit matin, tout le monde est épuisé mais rayonnant. Les parents, quant à eux, sont soulagés : songez qu'il leur faut parfois deux ans pour préparer une belle fête !

7

SAVOIR VIVRE
A L'ÉTRANGER

Au cours de mes voyages, j'ai eu la chance de visiter un grand nombre de pays. J'ai pu constater que les règles fondamentales de la politesse, respect d'autrui et sens de l'hospitalité, sont presque identiques.

En revanche, la notion de « bonnes manières » est assez aléatoire, car elle ne puise pas seulement sa légitimité dans la logique mais aussi, souvent, dans l'Histoire. Des circonstances aujourd'hui oubliées ont donné naissance à bien des coutumes. Ainsi, l'habitude des Anglais de rouler à gauche, à l'inverse de chez nous, viendrait de la guerre de Cent Ans. Ils avaient alors décidé, afin de pouvoir distinguer leurs troupes des nôtres, qu'ils marcheraient à gauche puisque les Français, eux, se tenaient toujours à droite.

Les gens bien élevés savent reconnaître la politesse des autres même lorsqu'elle diffère de la leur. La façon de reposer ses couverts en France et en Grande-Bretagne, une fois le plat terminé, est une pure convention. De même, la manière de poser les mains sur la table : les deux poignets sur la nappe en France et en Italie, mais la main gauche sur les genoux en Grande-Bretagne et en Espagne.

Adopter systématiquement les usages du pays où l'on se trouve relève d'une délicatesse très honorable mais peut aussi engendrer des quiproquos au cas où, par considération, votre hôte adopterait... les vôtres !

Ainsi, en Angleterre, on utilise pour demander le sel ce discret euphémisme : « Je suppose que vous ne voulez pas de sel ? » Sur ce, votre voisin vous passe le sel. Mais s'il connaît parfaitement la France, il vous répondra « Non merci ! » et vous resterez au régime sans sel.

Ajoutons que la France est sans doute le seul pays au monde où le mot « merci » signifie également « non ». Partout ailleurs « merci » veut dire « oui ». J'entendis un jour un Italien quelque peu impatienté jouer à ce propos sur les mots : « Mer... si ? ou mer... no ? » (« *si* » signifie « oui » en italien.)

Reste que voyager, c'est aller à la rencontre d'autres cultures. Il est donc indispensable de connaître les usages particuliers de chacun des pays où l'on se rend.

Savoir vivre en Allemagne

Les règles fondamentales

Le baisemain est monnaie courante en Allemagne. On baise toujours la main d'une femme, qu'elle soit mariée ou non. Une jeune fille bien élevée est tenue de faire la révérence à une femme beaucoup plus âgée qu'elle.

La courtoisie veut que l'on s'adresse à quelqu'un en lui donnant son titre. C'est une façon pratique de savoir d'emblée à qui l'on a affaire et d'éviter les impairs. Ainsi, on dira « Herr Doktor » ou « Herr Professor » à toute personne ayant un titre universitaire, et « Frau Apothekenbesitzerin » à la propriétaire d'une pharmacie ou « Frau Generaldirektor » à l'épouse d'un président-directeur général.

Dans le courrier, cette politesse peut atteindre des sommets, puisqu'un recteur d'université y portera le titre splendide de « Herr Rektor Magnificus » !

Dans une lettre d'affaires, l'adresse du destinataire se place en haut à gauche et non à droite. Sur l'enveloppe, on n'hésitera pas à appeler une dame « Gnädige Frau », c'est-à-dire « gracieuse dame ».

Lorsque vous répondez au téléphone, ne dites pas « Allô » mais déclinez immédiatement votre identité, idem pour celui qui appelle.

Au cours d'une conversation, ne parlez jamais de la *Wehrmacht* ; cette erreur historique serait du plus mauvais goût ! En effet, l'armée allemande ne s'appelle plus ainsi depuis longtemps. On la désigne aujourd'hui sous le nom de *Bundeswehr*.

Si vous êtes invité à dîner, attendez pour boire que le maître de maison ait prononcé le traditionnel « *Prost !* », abréviation de « *Prosit* », lui-même abréviation de « *Pro sit Deus nobis* » (« Dieu soit avec nous ! »).

Rappelons que le bouquet de fleurs que vous apporterez, comme il se doit, à la maîtresse de maison ne sera pas présenté dans un emballage, quel qu'il soit. Cela serait considéré comme très impoli. Souvenez-vous aussi qu'on ne touche jamais, en Allemagne, une pomme de terre avec son couteau. Veillez également, si vous avez été servi par des domestiques, à déposer dans l'antichambre un pourboire à leur intention. C'est l'usage !

Au restaurant, ceux qui ne supportent pas la viande « bleue » demanderont qu'elle soit cuite « à l'anglaise » *(englisch gebraten)*. Par ailleurs, il n'y a jamais au restaurant de corbeille de pain sur la table ; si vous ne pouvez supporter un repas sans pain, demandez-en !

Savoir vivre en Belgique

La Belgique est devenue, avec l'Alsace, la plaque tournante de la nouvelle Europe : les décisions importantes sont prises à Strasbourg et à Bruxelles. Un jour ou l'autre, dans le cadre de votre travail ou de vos loisirs, il est fort probable que vous soyez amené à y séjourner. Il est donc indispensable d'en connaître les mœurs. Elles sont d'ailleurs assez particulières, en dépit de notre tendance à considérer la Belgique comme un pays uniquement francophone, voire comme faisant partie de la France.

La question linguistique

En vérité, la Belgique n'est pas tout à fait francophone : elle se divise en deux communautés, les Flamands et les Wallons, qu'oppose un antagonisme très vivace. Ce problème est devenu un tel enjeu politique qu'il existe en Belgique des offices de tourisme séparés, néerlandophones et francophones, et que la célèbre université de Louvain a dû se scinder en deux pour répondre aux exigences de chacun.

En pays flamand (néerlandophone), annoncez d'emblée la couleur : « Je suis français ! » Vous éviterez ainsi que les Flamands ne vous prennent pour un Wallon, quiproquo qui peut conduire à une certaine agressivité de leur part !

Les Belges s'embrassent volontiers. Alors qu'en France le nombre de « bises » administrées sur les joues est fonction de la région, en Belgique vous en ferez une, ni plus ni moins. On appelle cela *se donner une baise*.

Petit lexique

Septante : soixante-dix.
Nonante : quatre-vingt-dix.
Aller à la cour : aller aux toilettes.
L'*amigo :* le poste de police.
La *drève :* l'avenue.
Une adresse *contraire :* une fausse adresse.
Porte de bois : porte close.
La *carte vue :* carte postale.
Une *aubette :* un kiosque à journaux.
Une *sacoche :* un sac à main.
Un *calepin :* un cartable.
Des *fardes :* des cahiers.
Avoir une *fourche* dans son planning : un temps libre.
Le dîner m'a bien goûté : le repas était délicieux.

Quant à l'expression « s'il vous plaît », qui revient comme un leitmotiv, elle signifie tout à la fois : « Comment ? », « Pardon ? », « Excusez-moi », « Voici », « Merci » et « Je vous en prie ».

Les règles fondamentales

Évitez les confusions lorsque vous êtes invité chez des amis belges : pour eux, *déjeuner* veut dire « petit déjeuner » ; *dîner*, « déjeuner » et *souper*, « dîner ».

Quant à l'invitation, fréquente en Belgique, « à prendre le café », elle correspond chez nous à l'heure du thé, soit aux alentours de 17 heures.

Vous pouvez tout aussi bien offrir à vos hôtes des fleurs que ces exquis chocolats fourrés appelés pralines et présentés en ballotins.

Dans la conversation, évitez les histoires belges, elles jetteraient un froid. Préférez vous concentrer sur les sujets favoris des Belges : le football, le cyclisme et... la colombophilie ! Sachez en effet que la Belgique compte environ trois cent mille « coulonneux » (éleveurs de pigeons voyageurs) ! C'est le hobby national.

Savoir vivre en Chine

La politesse en Extrême-Orient

D'une façon générale, vous ne serez pas invité chez un ami asiatique à moins de faire partie de ses amis intimes depuis de nombreuses années.

Si votre ami chinois ou japonais vient en France, ne l'invitez pas non plus « à la maison », sauf si vous le connaissez très bien ou s'il vit à l'occidentale. Il en serait gêné. Recevez-le du mieux que vous pouvez, mais au restaurant.

En Extrême-Orient, il est rare que l'on offre des fleurs. En revanche, les cadeaux sont innombrables et très appréciés. Généralement de faible valeur – il peut s'agir de trois savonnettes –, ils seront emballés avec le plus de faste et de soin possible. L'emballage a souvent plus de valeur que le cadeau. C'est pourquoi il faut se garder de l'ouvrir devant le donateur. Les papiers blancs, gris, bruns, sont à proscrire. Exigez un emballage doré ou rouge, signe de prospérité et de bonheur.

Il est possible d'offrir une bouteille d'alcool à un Chinois ou à un Japonais rompu aux mœurs occidentales, mais uniquement si cet alcool provient de votre pays d'origine. N'offrez donc pas de saké à un Japonais ni de mao-tai (alcool de riz) à un Chinois.

Il est des occasions spécifiques pour faire des cadeaux : ainsi, au Japon, la fête de la majorité d'un adolescent, la fête du patron de l'entreprise, la fête des employés.

Aux mariés, on offre volontiers de l'argent dans une enveloppe spéciale que l'on trouve dans le commerce. Il en existe de nombreuses sortes, chacune donnant une idée approximative de la somme offerte. Ainsi, la personne gratifiée n'aura pas, là encore, à ouvrir l'enveloppe. Elle s'inclinera respectueusement, et le nombre de ses courbettes sera en rapport avec la somme présumée par le style de l'enveloppe.

Si vous vous rendez à Bali, renseignez-vous sur la date du nouvel an. Le calendrier balinais est en effet si compliqué que le début de l'année peut tomber à des dates très variées. Or, contrairement à chez nous, le nouvel an balinais est un jour de jeûne et de méditation : on ne doit allumer aucun feu, l'électricité est coupée, ce qui signifie qu'il n'y a plus de climatisation ni de réfrigérateurs. Il est donc, ce jour-là, très difficile de trouver un restaurant ou une échoppe ouverte car la tradition est pieusement respectée. Dans certains villages, le conseil des anciens autorise cependant les touristes à se promener, mais ce n'est pas la règle générale.

En Chine

Au cours d'un repas chinois, l'étiquette est radicalement différente de la nôtre. La plus franche gaieté se doit de régner, et les manières y sont, selon nos critères, très relâchées : plus il y a de taches de sauce et de nourriture sur la table, plus le repas est réussi !

Sachez aussi que les habitants de ces pays dits lointains nous reprochent les « quatre hypocrisies occidentales » : pardon, merci, au revoir et bonjour. Inutile, donc, d'en abuser.

En revanche, en Chine comme au Japon, le pire qu'il puisse arriver à un individu est de perdre la face. D'où le flegme imperturbable des visages asiatiques.

L'un de mes amis, cadre dans une célèbre multinationale, eut ainsi à négocier avec des Chinois une importante vente de microprocesseurs destinés à équiper des ordinateurs de fabrication chinoise. L'affaire, qui était sur le point d'être conclue, fut refusée au dernier moment par les représentants chinois. Ils n'achèteraient pas les microprocesseurs. Quinze jours plus tard, revirement : ils étaient preneurs ! Mais ces « hésitations » leur avaient fait perdre la face. Ils trouvèrent donc une solution : devant toute l'assemblée des négociateurs, ils accusèrent froidement leur avocat, dûment prévenu et rétribué en conséquence, de n'avoir rien compris au droit occidental et le renvoyèrent sur-le-champ. L'avocat referma sa serviette et sortit de la salle. Bouc émissaire, il avait sauvé la face de la société chinoise... et le contrat fut conclu !

Savoir vivre au Danemark

Le Danemark est tout à la fois le plus grand pays d'Europe et le moins peuplé. Le Groenland, la plus grande île du monde après l'Australie, est en effet une possession danoise.

Les Danois sont fiers d'avoir été, vers l'an mille, les maîtres incontestés d'une partie du monde connu. La Norvège, la Finlande, l'Islande et même l'Angleterre furent sous leur domination.

Très hospitaliers, les Danois vous invitent volontiers chez eux. Ne vous étonnez pas si vous êtes placé à gauche de la maîtresse de maison : c'est la place d'honneur !

Les salutations sont simples et franches, sans inclinaisons du buste à l'allemande, sans baisemain à la française... On se serre la main, c'est tout.

Il est d'usage que l'invité porte un toast à la maîtresse de maison en levant son verre d'« aquavit » (eau-de-vie de grain souvent parfumée au cumin) et en prononçant un petit compliment.

Il est courant aussi que les invités poussent un quadruple hourra pour remercier le maître de maison. Ces quatre hourras sont brefs mais font trembler les vitres !

Le vin est réservé aux grandes occasions car il est importé de l'étranger, donc rare et cher. Vous serez doublement bienvenu si vous avez la délicate attention d'en apporter chez vos hôtes. Offrir des fleurs est également très apprécié car elles sont un produit de luxe.

Pendant l'hiver, qui est long et rude, les invités arrivent fréquemment chaussés de lourdes bottes qu'ils échangent dès l'entrée pour des chaussures plus légères et sèches.

Un dernier détail : il est indispensable de remercier dès le lendemain les amis qui vous ont invité, par téléphone ou, mieux encore, par une petite lettre.

Le mot « *tak* », merci, revient très fréquemment dans la conversation, ce qui provoque quelques confusions dans les conversations entre Danois et Polonais : dans la langue de ces derniers, « *tak* » veut dire « oui ».

Savoir vivre en Espagne

Les règles fondamentales

Lors de présentations ou de rencontres, contrairement aux Français, les Espagnols ne se serrent pas toujours la main. Un petit salut de la main suffit.

En revanche, les amis se donnent volontiers l'accolade. Le baisemain est toujours à l'honneur dans la bonne société.

Avant de faire vos valises pour l'Espagne, plongez-vous dans un manuel linguistique et tâchez d'assimiler les principes du vouvoiement. Le tutoiement y est en effet très mal perçu, excepté entre jeunes gens.

Adoptez les formules de courtoisie : « don » pour un monsieur, « dona » pour une dame. Ce bel usage s'est conservé jusqu'à nos jours. Lorsque vous vous adressez à quelqu'un, il est préférable de l'appeler par son prénom, « don Rafael », que par son nom « senor Ramirez ». La formule intermédiaire, « don Rafael Ramirez », est cependant très convenable.

Comme la Grande-Bretagne avec l'Écosse, le pays de Galles et l'Irlande, l'Espagne abrite trois régions qui cultivent leur particularisme. Il s'agit du Pays basque, de la Catalogne et de la Galicie. Les habitants y parlent leurs propres langues et n'apprécient guère qu'on désigne celles-ci sous le terme de « patois ». Gardez-vous surtout de dire à un Basque espagnol, un Catalan ou un Galicien qu'il est espagnol !

Les heures de repas sont nettement plus tardives qu'en France : on déjeune en Espagne vers 14 h 30 et l'on dîne vers 22 h 30. Dans les grandes villes, le soir, les restaurants sont souvent déserts avant 23 heures !

Les Espagnols, sous des dehors parfois renfermés, sont en fait très liants. Apprenez donc à distinguer les cinq types d'invitations que vous êtes susceptible de recevoir :

- La *tertulia* : il s'agit d'une réunion hebdomadaire entre amis. Elle se déroule en général au café, un jour et une heure précis de la semaine.
- La *velada* : un groupe d'amis se retrouvent après avoir dîné chacun de leur côté.
- El *sarao* : soirée mondaine en tenue de soirée.
- El *guateque* : ou ce que nous appellerions une surprise-partie.
- Una *francalechela* : ce type de soirée est plus vulgairement appelé chez nous un « gueuleton ».

Gardez en mémoire qu'arriver à un rendez-vous avec vingt minutes de retard est, en Espagne, considéré comme une preuve de délicatesse. Évitez en revanche, lors d'un repas, de féliciter vos hôtes pour la qualité des mets proposés. Cela ne se fait pas.

Après avoir dîné ou déjeuné chez des amis espagnols, il est d'usage de leur exprimer votre sympathie en bavardant un court instant avec eux sur le seuil de la porte avant de prendre congé.

Si vous avez soif de pittoresque, ou soif tout court, ne manquez pas de vous asseoir aux tables des *tabernas*, *tascas* et *bodegas*, petits bistrots où vous seront servis le xérès et les *tapas* (amuse-gueules), jusque tard dans la nuit. On dit d'ailleurs que la culture espagnole s'enseigne au café plutôt qu'à l'université !

N'oubliez pas que l'Espagne est l'un des grands producteurs de vins. Évitez de comparer systématiquement les crus du pays aux grands crus français – vous n'apprécieriez guère l'inverse ! Enivrez-vous plutôt avec respect et délectation de vins, de rioja et de xérès andalous, dont il existe plus de deux cent cinquante variétés...

Si, après tous ces délices, l'envie vous prend de fumer, ne manquez pas de proposer une cigarette à vos amis en la leur tendant directement, comme le veut la coutume.

Si vous ne ressentez toujours pas le besoin d'aller vous coucher, faites donc un petit tour *al casino,* sorte de cercle, équivalent du « club » anglais, où bon nombre d'Espagnols ont leurs habitudes. Ils y passent, selon leur expression, « les heures mortes ». On y vient bavarder, lire, faire la sieste, prendre le café, jouer aux cartes, au billard... dans une ambiance exclusivement masculine.

Dernier détail : si vous assistez à une corrida, à moins d'être un connaisseur, *« aficionado »* en espagnol, calquez vos réactions sur celles de vos voisins. Vous vous épargnerez d'être ridicule.

La correspondance

Le courrier ne s'adresse pas de la même manière que chez nous : une lettre porte comme suscription « Sr D. », abréviation de *Senor Don*, toujours suivie du prénom. Exemple : « Sr D. Miguel Ramirez ».

Pour une dame, on écrira « Sra doña », abréviation de *Senora Doña*, suivi du prénom et du nom.

Pour les jeunes filles, *Señorita* s'abrège en « Srta ».

Lorsqu'on rédige l'adresse d'un correspondant, on omet le mot *calle*, qui signifie « rue ». En revanche, s'il s'agit d'une avenue ou d'une place, on écrira « Pza » pour *Plaza*, et « Avda » pour *Avenida*.

Le numéro de la rue se place après l'indication de celle-ci, accompagné généralement du numéro de l'étage, voire de l'indication « Izqda » (porte de gauche), ou « Dcha » (porte de droite).

Attention ! les Espagnols portent les noms de leurs deux parents, père et mère. Exemple : « Miguel Tacna y Leon ». A la génération suivante, le deuxième nom, celui de la mère, sera remplacé. Autrement dit, si Don Miguel épouse une Doña Maria de Heredia y Costa, leur fils s'appellera Jaime Tacna y Heredia.

Le téléphone

En Espagne, une conversation téléphonique s'appelle *una conferencia telefonica*, c'est dire si les Espagnols ont l'habitude de la faire durer ! Celui qui appelle dit : *« Oiga ! »* (écoutez !) avant de décliner son identité. Son interlocuteur, lui, s'écrie : *« Diga ! »* (parlez !).

Savoir vivre aux États-Unis

Les cinquante États qui forment les États-Unis d'Amérique, de la Floride à l'Alaska, possèdent des mœurs différentes en fonction de leur climat, de la densité urbaine et de la proportion plus ou moins grande de citoyens de vieille souche.

Les habitudes varient énormément entre l'Ouest, plus ensoleillé, et de ce fait plus décontracté, et la côte Est, qui a conservé depuis le temps des premiers colons un style de vie plus guindé. La ville de Boston, capitale du Massachusetts, est réputée pour son formalisme tandis que les habitants du Texas ou de la Californie (qui furent longtemps des provinces mexicaines) sont plus fantaisistes.

Où s'arrête l'Est ? En gros, aux treize États primitifs, peuplés depuis le XVIIe ou le XVIIIe siècle.

Les États-Unis ne forment pas vraiment un pays mais plutôt une « nation », que ses ressortissants ont tendance à considérer comme la première au monde. La « bannière étoilée » flotte partout et il n'est pas concevable de chanter l'hymne national autrement que la main droite sur le cœur. Dans beaucoup d'écoles, les élèves font au « stars and stripes », le drapeau fédéral, un serment d'allégeance tous les matins. Le visiteur se doit donc de faire preuve de respect devant cet emblème.

Ce patriotisme, qui semble parfois un peu exagéré aux Européens, se double d'un extrême attachement à l'État d'origine : « Nous autres, en Alabama... » Un natif de cet État, s'il peut avoir de la peine à situer la France sur la carte du monde, sera profondément étonné, voire choqué, si un Français ignore que la capitale de l'Alabama est Montgomery, 187 000 habitants !

Les erreurs à ne pas commettre

Sachez que Washington, la capitale des États-Unis, se trouve dans le district fédéral de Columbia, d'où son nom de « Washington D.C. », tandis que la capitale de l'État de Washington, tout à fait au nord-est du continent, est Olympia (quelque 34 000 habitants), infiniment moins peuplée que Seattle, sa voisine du même État, qui en compte 520 000.

Quant à la ville de New York, elle se trouve bien dans l'État de New York. La « grosse pomme » n'en est pas pour autant la capitale : c'est Albany avec ses 113 000 citoyens !

L'Amérique est un pays de paradoxes.

Comment se déplacer ?

Lorsqu'on se rend aux États-Unis pour un voyage touristique, mieux vaut prévoir un moyen de locomotion car les distances sont énormes.

Les trains, ingrédients indispensables des westerns, ne servent plus guère de nos jours qu'au transport des marchandises. Des services d'autocars au long cours, mais surtout l'avion, ont remplacé les Western-Pacific pour les trajets locaux (notion qui reste toujours relative aux États-Unis).

La voiture reste le moyen de locomotion le plus utilisé. On roule à droite et la signalisation au sol est jaune. La vitesse est sévèrement limitée : 90 km/h sur les grandes routes

(55 miles/h) et 113 km/h sur les autoroutes (70 miles/h). Les camions et les autocars peuvent aller un peu plus vite, au contraire de chez nous. Dans certains États, les limitations de vitesse sont encore plus rigoureuses.

Tous les Américains respectent ces lois. L'Européen, lui, aura la désagréable impression de « se traîner ». Ces précautions ont une raison d'être : le réseau routier américain est gigantesque et assez mal entretenu, sauf peut-être en Californie. Du côté de New York, le trafic incessant provoque des nids-de-poule capables d'assurer le gîte à toute une basse-cour ! Dans le Nord, les hivers rudes détériorent régulièrement la chaussée. Ajoutons que les pneus à clous ou à chaînes sont interdits dans de nombreux États parce qu'ils endommagent le bitume.

Sachez aussi qu'il est obligatoire de se garer dans le sens de la marche et généralement interdit de faire demi-tour, ce qui oblige souvent à de longs détours. En revanche, il n'est pas illégal de doubler par la droite... sauf dans le Connecticut, le Maryland et le Nebraska !

Un conseil : si une voiture de police se place derrière vous, gyrophares hurlants, inutile de lui céder poliment le passage ; arrêtez-vous sagement et ne bougez plus une oreille. Ne faites aucun mouvement brusque, ne fouillez pas dans la boîte à gants pour chercher votre passeport, ne sortez pas de votre véhicule. Attendez que les policiers viennent vous trouver. Le moindre geste intempestif peut paraître suspect et risque d'attirer une riposte brutale.

Dans un pays de deux cent cinquante millions d'habitants où le port d'arme est un droit constitutionnel et où la délinquance est statistiquement plus élevée que chez nous, les policiers sont assez nerveux et prêts à invoquer la légitime défense plutôt qu'à négocier. Pas de plaisanterie sur la route ! Les policiers américains ne sont pas particulièrement réputés pour leur sens de l'humour !

A Los Angeles, la marche à pied est déconseillée : non seulement vous passeriez pour un original mais la police serait en droit de vous demander avec plus ou moins de courtoisie où vous allez ainsi.

Les règles fondamentales

Les États-Unis sont une nation laïque. Ce qui n'a jamais empêché les Américains de se placer sous la protection divine. La devise « In God We Trust » (En Dieu notre confiance) figure même sur les billets de banque.

Trois sentiments prévalent aux États-Unis : la croyance en Dieu, le respect de la loi et l'amour de la liberté. Cela ne va pas sans quelques contradictions. On sait qu'un des droits fondamentaux des Américains est de posséder une arme, fût-ce une arme de guerre avec ses munitions... Évitez de suggérer qu'il existe d'autres nations au monde et qu'elles peuvent avoir d'autres conceptions de la légalité.

Les lois américaines sont d'ailleurs souvent proches des nôtres. Certaines règles sont néanmoins peu évidentes à respecter, en particulier celles qui découlent de décrets anciens, édictés par des magistrats locaux et ayant acquis par jurisprudence force de loi dans ce pays de droit coutumier. Elles ne sont applicables que dans leur État ou parfois même leur ville d'origine.

En voici quelques-unes, à titre de curiosité : à Meridan, dans le Mississipi, la loi interdit aux hommes d'affaires de jouer du tambour à l'heure du déjeuner en se promenant, tandis qu'à Star, dans le même État, on n'a pas le droit de se moquer de l'architecture publique. Dans le Michigan, on ne peut attacher un alligator à une bouche d'incendie, tandis que le port des bretelles est, en principe, interdit à Nogales, dans l'Arizona. La loi interdit également les concours de grenouilles dans les boîtes de nuit de Boston, et il est prévu des pénalités pour ceux qui auraient l'idée saugrenue de se promener à dos de chameau sur une autoroute. En Californie, il faut demander un permis spécial pour tendre des pièges à souris et plusieurs États, dont la Californie (encore elle), l'Oklahoma, l'Idaho et le Dakota du Nord, interdisent de piéger les oiseaux dans les cimetières ! Dans l'Idaho, on ne peut pas non plus se livrer à la pêche en rivière à dos de girafe ! En Louisiane, défense de siffler le dimanche !

Vous serez également surpris par les prononciations spécifiques à certaines contrées des cinquante États de l'Union. Inutile de tenter de les imiter : imaginez l'effet produit par un Américain s'essayant à l'accent marseillais !

Gardez à l'esprit la délicieuse formule de George Bernard Shaw (Irlandais bon teint) : « La Grande-Bretagne et les États-Unis sont deux pays séparés par la même langue. »

Sachez cependant que la prononciation de certains noms de localité, d'origine espagnole, indienne ou même française, est surprenante. Ne demandez pas le chemin du parc naturel de Yosemite comme il s'écrit : demandez « Yasemiti », voire « Yasamiti ». La ville d'Albuquerque se prononce à peu près « Abakiki » et celle de Des Moines « Di-MO-in », en mettant l'accent sur « mo ». Il en va de même pour Saint-Louis (SayinntLOUiss), pour Bâton Rouge (Batonn'ROUCH) et La Nouvelle Orléans, dont le nom américain, New Orleans, devient « NouOrlinns ». Quant à Los Angeles, dont le nom complet est « El Pueblo de Nuestra Senora la Reina de los Angeles de Porciuncula », il est le plus souvent abrégé en L.A., que l'on prononce « Elle est ».

Chez vos amis américains, vous n'aurez aucun problème : tout ce qui constitue – à nos yeux – les lois de la courtoisie universelle y est respecté.

Gardez toutefois à l'esprit l'usage qui veut que dès qu'une femme entre dans une pièce, en sort, ou se lève de sa chaise, les hommes se lèvent à leur tour et attendent un petit geste d'elle pour se rasseoir. Très respectueux de sa compagne, l'Américain lui avance toujours sa chaise. Il fait également le tour de la voiture pour lui ouvrir la portière.

Les heures des repas sont peut-être un peu en avance sur les nôtres : on déjeune à midi et l'on dîne de bonne heure : vers 19 heures ou 19 h 30. N'arrivez donc pas, en bon Français, à 20 h 30 chez vos hôtes, vous les trouveriez en pyjama devant la télévision !

Le *brunch*, compression des termes de *breakfast* et de *lunch*, est un repas spécial qui se sert le week-end, en famille, mais aussi dans certains hôtels, vers 11 heures du matin. Très copieux, il mélange volontiers le sucré et le salé, le bacon, les œufs au plat, les crêpes épaisses appelées *pancakes* arrosées de sirop d'érable, et les saucisses grillées, le tout dans un joyeux mélange de ketchup, de confiture d'orange ou de raisin, et accompagné de jus d'orange ou de café.

En guise de café, ne vous attendez pas à notre « petit noir », et encore moins à un expresso italien, sauf dans des établissements spécialisés. Le café américain est une boisson chaude, plutôt transparente, dont on peut absorber des litres sans ressentir la moindre accélération cardiaque. Le même type de breuvage se retrouve dans de nombreux pays, de l'Australie à la Colombie ! On le consomme à toute heure du jour.

Le thé est considéré comme plus chic sur la côte Est : n'est-ce pas de Boston, d'ailleurs, que partit la révolution américaine, avec la fameuse Boston Tea Party, en 1773, lorsque les habitants indignés par les taxes infligées par la métropole anglaise jetèrent à la mer toute la cargaison de thé en provenance d'Angleterre ?

Vous pourrez être surpris par certains usages, comme celui qui consiste à couper la viande derrière la fourchette. Rassurez-vous, votre qualité d'étranger vous autorise à conserver vos habitudes. Le couteau est d'ailleurs reposé immédiatement et sert fort peu. La fourchette le remplace souvent pour couper les mets les plus divers, les pommes de terre au bacon frit du petit déjeuner, et la soupe se déguste avec le bord de la cuiller.

L'usage du couteau et de la fourchette est en nette régression depuis que les Américains ont pris l'habitude de fréquenter des restaurants rapides. Ainsi, j'eus un jour la surprise de voir à ma table, en France, au moment du fromage, un homme d'affaires américain se « fabriquer » une sorte d'affreux sandwich avec du pain, du beurre, des feuilles de salade, de l'emmental et du roquefort, et y mordre à belles dents.

Vous êtes invité chez des amis à l'autre bout de la ville ? Vous avez leur adresse ? La partie n'est pas gagnée pour autant ! Sachez que le plan des villes américaines est à peu près identique à celui des colonies de la Rome antique : les rues se coupent à angle droit et sont numérotées à partir de deux axes, comme des abscisses et des ordonnées. Un pâté de maisons est délimité par une avenue et une rue. Les numéros devraient donc se suivre de *block* en *block*. Cela paraît simple ! Pour une raison mystérieuse, ce n'est pas toujours le cas. On pourra ainsi voir se succéder sans complexe le 711, le 733, le 727, le 715 et le 705 ! Comprenne qui pourra.

Ajoutons que notre rez-de-chaussée est considéré comme le premier étage, et que les appartements de « notre » premier étage sont considérés comme étant situés au *« second floor »*. Enfin, dans beaucoup d'immeubles, la superstition fait qu'il n'y a pas de treizième étage...

Si vous tenez à arriver avant le dessert chez vos amis, prévoyez donc de partir longtemps à l'avance !

Même si les Américains ont toujours eu la réputation d'aborder de manière très libre presque tous les sujets, mieux vaut rester vigilant. La mode étant au *« politically correct »*, veillez à n'utiliser aucun mot qui pourrait laisser croire à une discrimination quelconque entre les individus. Le moindre écart peut vous conduire devant le tribunal. Même chose en ce qui concerne le « harcèlement sexuel » : je ne plaisante qu'à moitié en vous conseillant de prendre un avocat avant de regarder un beau garçon qui passe... Les procès sont devenus le sport national !

Pour le reste, tout dépend du milieu dans lequel vous êtes reçu. Si certains croient dur comme fer que Paris ne se trouve qu'au Texas, d'autres en revanche vous interrogeront sur des sujets aussi complexes que la prononciation exacte dans le texte original des décasyllabes de *la Chanson de Roland*...

Deux sujets à éviter : les inégalités entre Noirs et Blancs et la question religieuse – cette dernière en particulier dans l'Utah, fief des Mormons, lesquels, quoique ayant renoncé depuis peu à la polygamie, restent assez sourcilleux.

Avertissement aux fumeurs

Le tabac est aujourd'hui, sur le sol américain, frappé d'une sorte de prohibition. On se souvient pourtant qu'il a fait la fortune d'un certain nombre d'États du Sud, au même titre que le coton ! Mais on parle toujours du tabac de Virginie, et Maurice Leblanc, dans l'un de ses *Arsène Lupin*, a fait la part belle à un certain « paquet de Maryland ». Les temps changent... C'est ainsi que Lucky Luke, le célèbre *« lonesome poor cowboy »*, l'homme qui tire plus vite que son ombre, a dû remplacer son éternel mégot par un brin d'herbe pour faire une percée cinématographique aux États-Unis. L'usage du tabac est désormais sévèrement réprimé dans la majorité des États et des foyers. Il est même très mal vu de fumer dans la rue et dans les parcs publics. Chez vos amis, on vous demandera probablement d'aller fumer sur le balcon.

Savoir-vivre en Grande-Bretagne

Les règles fondamentales

Messieurs, évitez la cravate rayée ! Outre-Manche, il y a de fortes chances pour que, viendrait-elle de chez Dior ou de chez Gucci, elle corresponde aux couleurs d'un régiment, d'un club ou d'un collège... dont vous ne faites évidemment pas partie.

L'usage anglais veut qu'on ne s'adresse qu'à une personne à qui l'on a été présenté. A une dame, on dira « Madam ». A un homme, on dira « Sir », exception faite des véritables « Sir », c'est-à-dire des personnages anoblis à titre personnel par la Couronne.

Il convient de nommer ces derniers par leur prénom précédé de leur titre. Par exemple, Winston Churchill était appelé « Sir Winston » ou, à la rigueur, « Sir Winston Churchill ». L'appeler « Sir Churchill » eût passé pour un manque d'éducation *« very shocking »*.

Tandis qu'en France nous disons volontiers « Madame » ou « Monsieur », on n'emploie jamais en Angleterre les termes de « Mister » ou « Mistress » isolément. En revanche, on dit « Mister Brown » ou « Mistress Brown » (Monsieur, Madame Brown). De même, une jeune fille doit être appelée « Miss Jane » et jamais « Miss » tout court.

Lorsque vous êtes présenté, ne tendez la main que si l'on vous la tend. Les Britanniques considèrent le *shake hand* comme non hygiénique et ne le pratiquent que lors de rares occasions : départ définitif pour des contrées lointaines, grands événements familiaux, nomination à un grade élevé...

Surtout, pas de baisemain ! Cette pratique est fort mal vue chez les Anglais.

Lors d'une rencontre, la formule classique est *« How do you do ? »* (littéralement : « Comment allez-vous ? »). Ne répondez pas : « Très bien, merci ! », mais reprenez en écho : *« How do you do ? »* En revanche, à la question un peu plus précise : *« How are you ? »* répondez cette fois : *« Very well, thank you ! »* Disraeli, ministre de la reine Victoria, disait : *« Never explain, never complain. »* (« N'expliquez jamais, ni ne vous plaignez. ») Vous tâcherez de faire vôtre cette excellente maxime : pas d'effusions, donc.

En revanche, vous parlerez volontiers du temps qu'il fait et des animaux de compagnie. Les Anglais raffolent de ce genre de conversation.

N'oubliez pas non plus que nos voisins cultivent l'art de la litote, c'est-à-dire qu'ils disent le moins pour faire entendre le plus. S'il pleut des cordes – « des chiens et des chats » en anglais – vous pourrez dire d'un ton grave : « Je crains qu'il ne fasse pas aujourd'hui aussi beau qu'hier. » Une journée où il ne pleut pas sera *« a nice day »* (« une belle journée »). Si le soleil est éclatant, que les oiseaux exultent et qu'il n'y a pas un nuage à l'horizon, vous pourrez oser *« a glorious day »* (« une glorieuse journée »).

Il y a quelques confusions à ne pas commettre : l'Angleterre proprement dite n'occupe qu'à peu près un tiers de la Grande-Bretagne. Elle est divisée en cinquante-sept comtés, héritages des subdivisions normandes, tandis que le pays de Galles – the Wales –, qui fait partie de la Grande-Bretagne depuis 1536, n'en compte que huit. L'Écosse, elle, ne fut rattachée au royaume qu'à l'issue de guerres sanglantes, en 1603. Elle est divisée en douze « régions ». Quant à ce qu'il reste de l'Irlande du Nord, elle est partagées en *boards*.

Un conseil : si l'on profère devant vous une contre-vérité flagrante, une erreur que pour une raison ou une autre vous tenez à rectifier, ne dites jamais « pardon, vous vous trompez » : vous passeriez pour un malappris. Utilisez une formule telle que : « Oh ! Je suis sans doute mal informé mais j'aurais cru que... »

Les loisirs

Les Anglais sont de grands amateurs de musique. Le festival de Glydebourne est d'ailleurs célèbre dans le monde entier.

Ne manquez pas d'aller à l'Opéra. Dans les loges, dissimulé dans la paroi frontale, vous trouverez un tiroir discret contenant une lorgnette de théâtre. Elle est à la disposition de chacun et vous aurez à cœur de la remettre à sa place à la fin de la représentation. De même, vous pouvez commander un petit souper au foyer, avant le spectacle, qui vous attendra à l'entracte avec un carton à votre nom.

Si vous assistez à une partie de cricket, n'oubliez pas que ce sport n'est pas une discipline galloise mais anglaise. Rappelez-vous aussi que le lancer de tronc d'arbre est spécifiquement écossais et que les Anglais se flattent d'avoir inventé à peu près tous les sports sauf le judo et le lancer du disque ! A propos du cricket, n'essayez surtout pas d'en comprendre les règles. Il faut être né Anglais pour y parvenir.

Il en va de même pour le polo. Ce jeu, importé d'Iran, est passionnant... pour les joueurs et pour les poneys. Moins pour le spectateur néophyte : un terrain de polo est deux fois grand comme la place de la Concorde et l'action, trois fois sur cinq, se déroule à l'extrémité opposée. Faites comme tout le monde : applaudissez quand les autres applaudissent. Les parties de polo sont surtout l'occasions d'un merveilleux spectacle et de pique-niques distingués avec argenterie, gobelets de cristal, sandwiches de tomates et de langue de mouton fumée...

La cuisine anglaise

Vous vous verrez offrir des œufs à la coque au petit déjeuner. Le Français bien élevé ne cherchera pas à y tremper des

« mouillettes ». Si on lui offre des œufs brouillés, il les mangera sur une tartine de pain beurré.

D'une façon générale, abstenez-vous de tremper tout corps solide dans un liquide. En particulier vos biscottes dans le thé ou le café. Cela n'est déjà pas très bien vu en France mais, en Grande-Bretagne, vous vous classeriez sans retour possible parmi les grossiers personnages.

De même, sachez que lorsque vos hôtes vous proposent de vous « laver les mains », ce n'est là de leur part qu'une manière discrète de vous indiquer les toilettes.

A noter : les Anglais ne tolèrent pas l'inexactitude. La politesse veut même que l'on arrive à un dîner, un déjeuner ou un rendez-vous quelques minutes avant l'heure fixée.

La cuisine anglaise, infiniment meilleure qu'on ne le dit, n'a guère évolué depuis Henri VIII, exception faite des caris importés de l'empire des Indes...

Elle comprend d'infinies variétés de tourtes, de fouaces, de pâtés en croûte cuits à la graisse de veau, allant du *steak and kidney pie* (bœuf et rognons) aux *cornish pasties* (chaussons aux légumes de Cornouailles), en passant par les *meat pies* (petits pâtés à la viande hachée), les *saussages rolls* (friands à la saucisse), *mince pies* (aux fruits confits), etc. Certains plats nationaux, comme le *haggis* écossais (panse de brebis farcie d'abats et de bouillie d'avoine), ont cependant du mal à passer... les frontières ! On cite à cet égard la perplexité des douaniers japonais qui, au vu de sa composition, l'ont classé comme... engrais pour l'agriculture.

Le thé vous sera proposé à toute heure de la journée, depuis le *earley morning tea*, vers 7 heures du matin, jusqu'à la dernière tasse avant de se coucher. Entre les deux, se seront succédé le *breakfast* (solide petit déjeuner) puis, éventuellement, un *elevenses* (une sorte d'apéritif composé de thé et de gâteaux), ensuite un *lunch* plutôt léger à notre goût, encore un autre thé vers 17 heures, accompagné de gâteaux et de *muffins*, sortes de brioches, peut-être un *high tea* accompagné de viandes froides et de crudités puis, enfin, un *dinner* plutôt sommaire et, éventuellement, un *supper*. Une telle profusion surprend beaucoup le voyageur français, habitué à ses trois repas quotidiens.

Si vous allez au restaurant, sachez que la viande « bleue » s'appelle *rare*, la viande saignante, *medium*, et la viande à point, *well done*. Précisons que les critères de cuisson ne sont pas tout à fait les mêmes que les nôtres, et qu'un beefsteack *well done* est en fait pratiquement carbonisé.

Autre institution, le porto. Très longtemps ennemis invétérés de l'Espagne, cette autre grande puissance maritime, les Anglais ont, en revanche, noué depuis des siècles des liens solides avec le Portugal et son célèbre vin cuit. En Grande-Bretagne, le porto se sert cérémonieusement : on ne fait jamais passer la bouteille d'un côté à l'autre de la table. Elle se transmet de main en main dans le sens des aiguilles d'une montre. Une légende prétend que le Diable est aux aguets derrière votre épaule droite, et Dieu seul sait ce qu'il se passerait s'il venait à se saisir de votre verre... Pour information, les verres ne se placent jamais au front de l'assiette mais un peu sur la droite.

La correspondance

Dans la correspondance, l'équivalent de notre « Monsieur » est « Dear sir » ou « Dear Mister Brown ». Il n'y a là aucune trace de familiarité. La formule finale sera immanquablement « Your sincerely ».

Plus familièrement, traduisez « Mon cher Albert » par « Dear Albert » et non par « My dear Albert », qui serait vulgaire. La formule finale sera cette fois « Yours faithfully ».

Savoir vivre en Grèce

Les règles fondamentales

Ne vous y trompez pas : pour dire oui, un Grec secoue la tête de droite à gauche et, pour dire non, il l'incline de bas en haut. De plus, « oui » se dit *« né »*. Cela ne simplifie pas vraiment la compréhension !

Bien qu'il s'agisse du même breuvage, ne demandez jamais un café turc, mais un café grec. D'une façon générale, évitez de parler des Turcs. Le temps des guerres avec l'Empire ottoman n'est pas si lointain, et l'île de Chypre, partagée en deux, reste un grave sujet de dissension entre les deux pays.

Comme dans beaucoup de pays méditerranéens, abstenez-vous de tout geste inconsidéré : indiquer, par exemple, que vous êtes au nombre de cinq en montrant votre paume ouverte laissera croire que vous jetez un mauvais sort. Vous verrez sans cesse des Grecs égrener nonchalamment un court chapelet, le *koboloï*. Cette habitude leur vient des musulmans. Le prince de Grèce joue toute la journée avec son *koboloï*...

Enfin, une invitation à déjeuner est normalement prévue pour 2 heures de l'après-midi, à dîner pour 10 heures du soir, voire plus tard.

En Grèce, le baisemain est considéré comme quelque peu saugrenu, sauf dans la haute société accoutumée aux mœurs internationales et notamment françaises. En effet, on a l'habitude de baiser la main aux seuls prêtres, archimandrites ou higoumènes (orthodoxes).

Surtout, n'employez jamais le mot « pope » qui pourrait se traduire en français par le terme quelque peu péjoratif de « curaillon ».

Savoir vivre en Italie

L'Italie est formée d'un grand nombre de régions, dont les diversités et les antagonismes sont profondément enracinés dans l'Histoire. Contrairement à la France, la réunification de l'Italie en est à ses débuts : elle ne date réellement que de 1918 !

Ces disparités transparaissent dans la langue. Ainsi, le mot *salsamenteria* qui, à Rome, désigne une charcuterie, est quasi incompréhensible cent kilomètres plus au nord, à Arezzo, où la même échoppe portera le nom de *salumeria*, tandis que dans les Abruzzes on parlera de *norcineria*.

De même, les habitants de Parme, dont la cuisine ruisselle de beurre, de crème et de fromage, plaignent les natifs de Naples, ces pauvres gens nourris de pizzas, et les Piémontais mangeurs de châtaignes.

Les Vénitiens, quant à eux, fiers de leur antique livre d'or de la noblesse et de leurs prestigieuses victoires militaires, se considèrent comme étant hors norme.

Mais tous les autres Italiens s'accordent à trouver pour le moins singuliers les natifs de la Sardaigne. Il est vrai que ceux-ci disposent d'un grand nombre de dialectes à l'étymologie si complexe que les habitants du sud de l'île sont obligés de recourir à l'italien courant pour se faire comprendre des natifs du nord.

D'une façon générale, le nord de l'Italie diffère profondément du sud. Beaucoup de princes siciliens n'ont jamais voulu faire partie de l'Annuaire de la noblesse italienne parce qu'ils ne reconnaissaient pas la monarchie libérale venue de Savoie, et l'on entend encore des proverbes tels que « Mieux vaut avoir un mort dans la maison qu'un Pisan qui frappe à la porte ». Ce dicton est lucquois. Pourtant, seuls vingt petits kilomètres séparent Lucques de Pise !

Le voyageur devra donc être particulièrement vigilant. Il s'abstiendra surtout de tout geste intempestif... car la gestuelle aussi fait partie du langage italien et peut prendre des sens inattendus, parfois offensants. Ainsi, se pincer l'oreille suggère des mœurs homosexuelles !

Par bonheur, les règles de politesse, très raffinées, sont semblables d'un bout à l'autre de la Péninsule.

A table, la *pasta* préside à tous les repas. En Italie, on mange les pâtes avec la fourchette uniquement, et il n'y a qu'un étranger pour les enrouler à l'aide d'une cuiller ! N'oubliez jamais que les Italiens sont très fiers de leur cuisine, l'une des meilleures au monde.

Sachez que le baisemain et les révérences sont encore couramment pratiqués.

La correspondance

Vous userez de suscriptions telles que :

> *Gentile Signora* (Aimable dame)
> *Lucia Rivarossi*
> *Via di Donna Olimpia, 40*
> *CASTRO (provincia di Viterbo)*

Pour un homme, les formules varient en fonction de la profession et du statut social :

> *Egr. Signore* (*Egregio :* excellent, remarquable, hors du commun)

ou

> *Esimio Professore* (Estimé professeur)

On emploiera également des formules telles que « Gentilissimo » ou « Chiarissimo » (très aimable, ou illustre).

Je me suis longtemps demandé ce que signifiait l'abréviation « la S.V. » C'est simple : « la Signoria Vostra » veut dire « Votre Seigneurie ».

Pour un aristocrate, on utilisera sur l'enveloppe l'abréviation « N.H. » ou « N.D. » (« Nobil Huomo » ou « Nobil Donna »).

Au téléphone, ne dites pas « Allô ? » mais *« Pronto ! »* (« Prêt ! »).

Savoir vivre au Japon

Ici, l'étiquette diffère légèrement du reste de l'Extrême-Orient. Bien entendu, il serait du plus mauvais goût de faire la moindre allusion au fait que la civilisation japonaise est pour partie une adaptation des mœurs chinoises et coréennes.

Comme dans tout l'Extrême-Orient, on invite très peu chez soi les étrangers. Tout se passe au restaurant. Le hall des grands hôtels sert souvent de point de rencontre.

La carte de visite revêt au Japon une importance qui ne cesse de surprendre les Occidentaux. L'offrir est une façon de se présenter, ne serait-ce que pour bien faire comprendre son nom.

Le plus modeste employé de la plus modeste firme possède une carte de visite, indiquant le nom de son entreprise et son rang au sein de celle-ci. L'adresse personnelle peut être également indiquée, surtout dans le cas de travailleurs indépendants.

Faites donc, dès votre arrivée, une ample provision de cartes, imprimées dans les deux langues, recto verso. Beaucoup d'hôtels s'en chargent. Présentez la carte posée sur les deux paumes réunies, écriture japonaise en dessus et, surtout, ne rangez pas immédiatement celle de votre interlocuteur dans votre poche. Gardez-la devant vous, sur la table. C'est l'usage, et c'est bien pratique : cela vous évitera d'appeler « Yamamoto » M. Yatamoto.

Le prénom est rarement utilisé. Le nom de famille est souvent suivi du titre, par exemple « Otaka shasho », littéralement « Otaka directeur ». Quant à vous, Européen, vous serez qualifié de « San », soit « Monsieur » : Dubois San, signifiant Monsieur Dubois.

L'usage des courbettes rituelles est trop compliqué à apprendre pour un court séjour. Contentez-vous d'une inclinaison de la tête. Cela deviendra vite une habitude, d'autant que les Japonais hochent très souvent la tête pour marquer l'attention qu'ils portent à vos propos. De même, le mot *« haï »* (oui) ne signifie pas toujours que votre interlocuteur est d'accord avec vous, mais plutôt qu'il vous écoute attentivement.

Les Japonais ne se regardent jamais droit dans les yeux. Quant à leur éternel sourire, il sert à exprimer tout à la fois le doute, l'interrogation, l'embarras, ou encore la honte... et parfois aussi l'amusement. C'est un peu comme quand les Anglais chics tirent consciencieusement sur leur pipe en émettant entre deux bouffées un *« well »* rêveur : cela leur laisse le temps de réfléchir.

Ultime conseil : prévoyez un grand nombre de chaussettes et de collants car vous aurez d'innombrables occasions de laisser vos chaussures à l'entrée d'un temple, d'une maison... ou même de certains hôtels ! Un président des États-Unis fut un jour dans l'immense embarras, alors qu'il se déchaussait avant de pénétrer dans un temple, toutes caméras braquées sur lui, de s'apercevoir qu'une de ses chaussettes était trouée !

Au restaurant

Vos amis japonais vous aideront dans le choix des mets qui, plus variés que nous ne le croyons en Europe, font appel aux ressources locales. Le poisson sur la côte, la viande à l'intérieur des terres. Le bœuf de Kobé, nourri à la bière et massé quotidiennement, est très réputé.

Au cas où vous seriez seul, le menu vous laissera perplexe car il n'est en général pas traduit en anglais. Heureusement, la vitrine des restaurants s'orne toujours de reproductions en plastique coloré des plats proposés, et le serveur vous expliquera en quelques mots d'anglais de quoi il s'agit.

Chacun sait que l'on mange avec des baguettes, que l'on repose ensuite soit sur des porte-baguettes spéciaux soit côte à côte sur le bol à riz. Surtout, ne plantez jamais les baguettes dans le riz : c'est un rite réservé aux funérailles.

La vie est plutôt chère au Japon et, si vous venez à manquer d'argent, ne comptez pas vous rabattre sur les merveilleuses auberges de campagne. Elles sont aussi coûteuses que les hôtels quatre étoiles ! Il n'est pas d'usage d'offrir un pourboire car le service est souvent inclus dans la note de l'hôtel.

Téléphoner

Téléphoner du Japon en France, par exemple, peut poser quelques problèmes : les lignes internationales ne sont plus aujourd'hui un monopole d'État. Vous aurez à choisir entre trois compagnies privées que vous contacterez par leurs indicatifs :

1. K.D.D. ; indicatif 001.
2. I.D.C. ; indicatif 0061. C'est le réseau le moins cher.
3. I.T.J. ; indicatif 0041.

Au téléphone, à moins de parler japonais, dites « Allô » ou « Hello ». Évitez le traditionnel *« Moshi moshi »* car votre interlocuteur se présentera aussitôt en japonais et, dans l'attente d'une réponse, répétera indéfiniment « *Moshi moshi* ».

Savoir vivre au Portugal

Comme l'a écrit un sociologue anglais, « le Portugal est un petit pays qui se souvient toujours d'avoir été un grand pays ».

Il fut, en effet, jusqu'à une date récente, une grande nation colonisatrice. Le souvenir de « Don Henri le Navigateur », souverain qui régna en réalité sans jamais naviguer, mais qui lança des expéditions aussi fabuleuses que celles de Vasco de Gama ou de Magellan, fait partie du trésor historique du Portugal. Il est de bon ton, dans la conversation, de rappeler le passé prestigieux du pays.

Voilà peut-être pourquoi les Portugais sont si formalistes, et les formules protocolaires si compliquées. Malgré tout, la plus grande familiarité peut s'installer très rapidement. Comme les Italiens, les Portugais raffolent des titres de Docteur, Professeur, etc. Un étudiant en dernière année de droit donnant des leçons d'économie ou de mathématiques à un élève de troisième verra comme une évidence son nom précédé de ces titres. Un auteur portugais écrivait d'ailleurs, au début du siècle : « Nous avons fait la révolution pour que tout le monde soit appelé Excellence. »

L'heure portugaise est spéciale. Le Portugal est le seul pays méditerranéen entièrement tourné vers l'Atlantique. Il est aussi le seul pays d'Europe à suivre l'heure britannique. Longitude oblige...

Les règles fondamentales

Si vous êtes invité chez des amis portugais, évitez de comparer le Portugal à l'Espagne. Les rivalités historiques sont encore très vivaces et, si presque tous les Portugais comprennent l'espagnol, pas un seul ne voudra le reconnaître. Ils sont à cet égard beaucoup plus obstinés que les Flamands vis-à-vis du français. En revanche, parler français est très bien vu.

Il existe un antagonisme réel entre le Sud et le Nord du pays. Les habitants de Lisbonne appellent sans façon les habitants de Porto « les mangeurs de tripes », tandis que les gens de Porto traitent aimablement leurs compatriotes de Lisbonne de « mangeurs de sardines et de salade ».

L'un des seuls sujets de conversation sans danger reste le football, sport national. A condition de vanter l'équipe de Porto si l'on est à Porto et l'équipe de Benfica si l'on se trouve à Lisbonne. La rivalité qui oppose ces deux équipes prestigieuses est telle que leur dernière rencontre s'est déroulée en terrain neutre... au parc des Princes, à Paris !

ANNEXE

SAVOIR PORTER
ET RECONNAÎTRE LES DÉCORATIONS

Croix, rubans, colliers, médailles, plaques, etc., sont décernés à titre de distinction ou de récompense, dans l'ordre civil et militaire. L'Antiquité y voyait un encouragement à la bravoure des soldats. Les Grecs offraient des couronnes ; les Romains des armes, des objets divers, suivant la nature des actions. Nos rois suivirent cette tradition et créèrent une série d'ordres.

Pendant les croisades, les Hospitaliers de Saint-Jean de Jérusalem se reconnaissaient à leur croix à huit pointes, blanche sur un manteau rouge ; les Templiers à la croix longue, dite *latine*, rouge sur un manteau blanc ; tandis que les chevaliers teutoniques ou l'ordre de Santiago utilisaient d'autres emblèmes...

Pendant la Révolution, la Convention les supprima tous, excepté l'Ordre de Malte – île qui est aujourd'hui reconnu comme nation, aussi étrange que cela puisse paraître – et l'ordre du Saint-Sépulcre. Quant aux grands ordres espagnols, Calatrava, Saint-Jacques, Alcantara et Montesa, ils existent toujours en tant qu'associations privées mais ne sont plus reconnus par leur gouvernement depuis 1931, ce qui leur enlève beaucoup de crédibilité. De même, certains ordres anciens, tels la Toison d'Or ou l'ordre constantinien de Saint-Georges, d'origine gréco-italo-espagnole, sont partagés entre diverses obédiences mi-familiales mi-nationales, qui se disputent les grandes maîtrises.

Restons loin de ces querelles. En revanche, c'est bien de ces ordres que proviennent un grand nombre des décorations décernées dans le monde occidental. Si égalitaire que soit une société, elle croit indispensable de distinguer certains de ses citoyens, généralement pour services rendus à la patrie.

Le gouvernement consulaire réagit contre le radicalisme de la Convention, et Bonaparte, devenu premier consul, créa, en 1802, l'ordre de la Légion d'honneur.

Il existe dans le monde d'innombrables sortes de décorations, depuis les Héros de l'Union soviétique (environ treize mille titulaires) jusqu'à la rarissime Rose d'Or du Vatican, en passant par des distinctions aussi étranges que l'Éléphant du Danemark – exclusivement décerné aux princes ou chefs d'État et dont l'insigne, un petit pachyderme d'émail blanc, est un des plus jolis bijoux que je connaisse –, l'ordre de Saint-Janvier des Deux Siciles, l'Aigle Blanc de Pologne, fondé par Ladislas le Bref, l'Ann Born Seirbhise irlandais, le Hot Ha Agvoura israélien ou l'Ordre royal de Saint-Olav, en Norvège...

Bon nombre de manuels déclarent qu'il est d'usage, lorsqu'on se trouve à l'étranger, et afin de faire honneur à ses hôtes, de porter en évidence sa décoration locale. L'idée est assez élégante. Malheureusement, elle s'oppose au décret du 6 novembre 1920, qui préconise le contraire : les décorations étrangères le cèdent, dans l'ordre, à la Légion d'honneur, la croix de la Libération, la médaille militaire et l'Ordre national du mérite. En revanche, si vous êtes titulaire de la Victoria Cross, vous pouvez la placer avant les palmes académiques...

Les ordres français comportent au maximum cinq classes : grand-croix, grand-officier, commandeur, officier et chevalier (la filiation avec les ordres religieux est évidente !).

On est « nommé » chevalier, « promu » officier ou commandeur et « élevé à la dignité » de grand-officier et de grand-croix.

Enfin, malgré une légende abondamment répandue, sachez qu'on ne peut demander une décoration pour soi-même mais seulement pour autrui.

Le port des insignes

A propos de décoration, je ne résiste pas au plaisir de vous raconter une anecdote. Un défunt ami de ma famille venait de recevoir la Légion d'honneur. Mon père, venu lui faire ses compliments – comme il se doit aux nouveaux décorés – eut la stupéfaction de voir accourir le nouveau légionnaire les bras tendus et... portant son ruban tout neuf à droite !

« Cher ami ! lui dit mon père en s'arrachant à ses effusions, je suis très heureux de ce qui vous arrive, mais... vous portez votre décoration à droite !

– Pas du tout, répondit naïvement l'ami de mon père, j'étais simplement en train de vérifier l'effet qu'elle produisait... dans la glace ! »

Les décorations se portent de trois façons : en insigne (grand modèle ou miniature), en barrette et en ruban.

« En Europe continental, précise le *Manuel du protocole,* il est d'usage, toujours selon le décret de 1920, de porter à la boutonnière d'un vêtement civil la rosette ou le ruban de l'ordre le plus élevé dont on est titulaire. » Ajoutons que c'est la date de création d'un ordre qui doit déterminer la préséance.

Porter une décoration sur un pardessus n'est pas considéré de bon goût, encore qu'il y ait de solides arguments pour et contre. Ce qui est certain, c'est que l'ostentation est toujours à proscrire. Dans les pays anglo-saxons, par exemple, et notamment en Grande-Bretagne, on ne porte jamais de décorations sur un vêtement de ville : seuls le font les domestiques, et encore, uniquement sur leur tenue de service !

Sur une veste, on ne porte qu'une seule décoration, à la boutonnière gauche, et les rubans ou les rosettes panachés, mêlant les couleurs de plusieurs ordres ou décorations, sont interdits aux citoyens français.

En France, on ne peut porter qu'une seule rangée de décorations, à gauche, contrairement à l'ex-Armée rouge soviétique, dont les officiers supérieurs étaient constellés d'insignes et de plaques, de haut en bas et de droite à gauche...

Les militaires en uniforme portent des accumulations de rubans qui peuvent atteindre plusieurs rangées, tandis que l'uniforme de cérémonie ne comporte qu'une seule « brochette » de décorations miniatures.

Rappelons enfin qu'il est interdit de porter ou de distribuer des ordres réels ou fictifs. En effet, l'article 259 du Code pénal punit le port illégal des décorations d'une peine de six mois à deux ans d'emprisonnement.

Les décorations françaises

Grand-croix

Cette décoration, formée d'un cordon – en fait un large ruban – allant de l'épaule droite à la hanche gauche, ne peut se porter qu'avec un nœud dit « papillon ». Elle est accompagnée d'une plaque (vilainement appelée « crachat ») arborée à droite ou à gauche selon le règlement propre à chaque ordre. Comme on ne porte qu'un seul cordon, on est autorisé à porter également les plaques d'autres ordres, mais on estime que deux plaques à droite et quatre à gauche sont un nombre à ne pas dépasser, au cas, peu fréquent, où l'on aurait l'embarras du choix.

Commandeur

On peut porter deux commanderies au même ruban en sautoir, excepté les Français qui ne peuvent porter que le collier de la Légion d'honneur s'ils en sont titulaires. Les autres sont accrochées à un bouton. Il s'agit là d'une survivance de l'Ancien Régime. Ainsi, sur un tableau célèbre, on voit le roi Louis XVI la poitrine barrée du cordon bleu – l'ordre de Saint-Louis – portant également la Toison d'Or glissée à travers la boutonnière gauche.

Chevalier

On porte les insignes de chevalier à gauche, à hauteur du deuxième bouton.

Pour les dames

Les règles sont à peu près les mêmes que pour les messieurs, mais les insignes sont généralement un peu plus petits : par exemple, la plaque de grand officier de la Légion d'honneur est de 72 mm pour les dames, et de 90 mm pour les messieurs.

Fourragères et aiguillettes

Un mot sur les régiments décorés : c'est une coutume qui remonte à Napoléon III qui, lors de la campagne d'Italie de 1859, décora de sa main les drapeaux du 2e régiment de zouaves et du 76e d'infanterie. Il y en eut bien d'autres et, depuis, les hommes de ces corps portent à l'épaule gauche une « fourragère » tressée aux couleurs des décorations du régiment. Cette fourragère provient, comme son nom l'indique, de l'ancienne corde à fourrage grâce à laquelle les soldats de cavalerie rapportaient jadis des bottes de foin ou de luzerne pour leurs chevaux.

Il ne faut pas confondre cette fourragère – qui se porte à gauche et ne comporte qu'un seul « ferret » de métal (pointe qui termine la tresse) – avec les aiguillettes, privilège des officiers d'état-major et des aides de camp. Ces dernières ont deux ferrets. Un cas particulier : les aiguillettes d'or de la garde républicaine, qui comportent deux ferrets et se portent à gauche.

BIBLIOGRAPHIE

ANDRÉANI (Ghislaine), *Le Nouveau Savoir-vivre*, Hachette, 1992.
Annuaire de la noblesse de France, Paris-Monte-Carlo (s.d.).
BAUDRY DE SAUNIER, *Principes et Usages de la bonne éducation moderne*, Flammarion, 1940.
COMTE-SPONVILLE (André), *Petit traité des grandes vertus,* P.U.F., 1995.
COUTANT DE SAISSEVAL (Guy), *Les Maisons impériales et royales d'Europe*, Éditions du Palais-Royal, 1966.
DENUELLE (Sabine), *Le Savoir-vivre*, Larousse, 1992.
GOUFFÉ (Jules), *Le Livre de cuisine*, Hachette, 1870.
GUILLEMARD (Colette), *Les Dîners en ville, guide de l'invité*, Carrère, 1988.
GUY (Christian), *Almanach historique de la gastronomie française*, Hachette, 1981.
PACOUT (Nathalie), *Le Savoir-vivre aujourd'hui*, Marabout, 1988.
PERRIN (Dominique) et TANNEY (Brigitte du), *Le Nouveau Savoir-vivre à l'étranger*, Hermé, 1987.
REBOUX (Paul), *Le Nouveau Savoir-écrire*, Flammarion, 1933.
ROTHSCHILD (Nadine de), *Le Bonheur de séduire, l'art de réussir*, Fixot, 1991.
PERTHES (Justus), *Almanach de Gotha*, 1875-1906.
PETROVIC (Ilaria), *Manuel de savoir-vivre*, De Vecchi, 1992.
STAFFE (Baronne), *Usages du Monde*, Flammarion, 1941.

Remerciements

L'auteur tient à remercier Jacqueline Raoul-Duval, Rémi Simon et Marine Saglio, qui ont bien voulu la conseiller tout au long de la rédaction de ce livre.

Que l'Hôtel Crillon, la maison Christian Dior et Alexandre Zouari trouvent ici également l'expression de sa gratitude.

Table

Introduction	9
1. SAVOIR VIVRE AU QUOTIDIEN	15
Savoir s'habiller au féminin	17
Courte histoire de la mode	17
Mode et élégance	18
Les vêtements	19
Les chaussures	21
Le sac	22
Les gants	22
Le maquillage	22
Le parfum	23
Pour la nuit	24
Quelques conseils	24
Savoir s'habiller au masculin	26
Le costume	26
La cravate et la pochette	31
Les chaussettes	32
Les chaussures	33
Quelques conseils	35
Savoir vivre dans la rue	36
Le poids de l'histoire et des traditions	36
Du sens civique	37
Faire ou ne pas faire l'aumône	38
Les rencontres fortuites	39
Du bon usage du téléphone portatif	39
Du port du parapluie	39
Savoir voyager	41
En voiture	41
En autobus, en métro, en tramway	44
En bateau	44
En avion	47

Savoir-vivre et argent	50
L'argent prêté	50
L'argent trouvé	51
Les pourboires	52
Savoir vivre avec les animaux	56
En ville	57
En vacances	58
En voyage	58
2. SAVOIR COMMUNIQUER	61
Savoir parler	63
La prononciation	64
L'accent	64
L'argot et les grossièretés	65
Les fautes à ne pas commettre	66
Savoir faire un discours	67
Parler européen	68
Savoir se taire	68
Savoir s'adresser à des personnes titrées	69
Les titres de noblesse	69
La noblesse en France	71
La particule	72
Les pseudonymes	73
La noblesse d'empire	73
La hiérarchie	74
Les princes de France	75
Les ducs	76
Les autres titres de noblesse	76
Les titres de courtoisie	76
Comment s'adresser à une personne titrée ?	77
Les autres formules d'usage	79
Comment s'adresser aux militaires ?	81
Savoir répondre à une insulte	82
Savoir écrire	84
L'art d'écrire une lettre	84
Le style	85
La ponctuation	86
La présentation	87

Le papier à lettres	87
Le papier gravé ou imprimé	89
L'encre	90
Machine à écrire et ordinateur	91
Le post-scriptum	92
La question des marges	92
L'enveloppe	92
A chaque papier son enveloppe	93
Le timbre	94
L'adresse de l'expéditeur	94
L'adresse du destinataire	94
Les abréviations	95
La suscription	99
La date	99
La signature	100
L'appel (ou en-tête)	100
La lettre aux enfants	100
Les formules finales	101
D'un homme à une femme	101
D'une femme à une femme	102
D'un homme à un homme	102
Les formules d'usage	103
Les formules d'adieu	107
La signature	108
La lettre de château	109
Les cartes postales	109
Savoir utiliser sa carte de visite	111
Le papier et le format	112
Le libellé	112
La carte de visite d'un couple	114
Quelles cartes choisir ?	115
Quand utiliser une carte de visite ?	115
Quand faut-il éviter d'utiliser votre carte de visite ?	116
Savoir téléphoner	117
Le décalage horaire	118
Comment se présenter ?	118
Le bon usage du répondeur	121
Le signal d'appel	121
Le bon usage du téléphone portable	122

Savoir utiliser les autres moyens de communication 123
   La télécopie (ou fax) 123
   Le télégramme 124

3. SAVOIR RECEVOIR ET ÊTRE REÇU 125

Savoir inviter 127
   A quel moment envoyer vos invitations ? 128
   Qui inviter ? 128
   Établir le plan de table 129
   La préséance 129

Savoir s'excuser 136

Savoir remercier 137
   Les fleurs 137

Savoir s'habiller pour un dîner 140
   Être élégant à dîner 140
   Quels bijoux porter ? 141
   Quel parfum choisir ? 142
   L'exactitude 142

Savoir accueillir ses invités 144
   L'art des présentations 144
   L'apéritif 145

Savoir ordonner un repas 146
   Le savoir-vivre à table 146
   Composer un menu 147
   Comment dresser la table ? 151
   Les assiettes 153
   Les couverts 155
   La salière 160
   Les rince-doigts 160
   La serviette 161
   Les carafes d'eau 162
   Le vin 162
   L'ordre des vins 163
   Comment servir à table ? 165
   Les plats rebelles 165
   La conversation à table 170
   Après le repas 174
   Quand prendre congé ? 175

Savoir recevoir à la campagne 176
   La chambre d'amis 177
   Petit déjeuner, déjeuner et dîner 178
   Distractions et activités 179
   Être reçu en week-end 179
   L'invité idéal 179

Savoir se comporter à la chasse 182
   La chasse au bois ou en plaine 183
   La vénerie 186
   Les règles essentielles 188

4. SAVOIR VIVRE A DEUX 191

Savoir séduire 193
   L'art de faire sa cour 194
   Savoir séduire une femme 195
   Savoir séduire un homme 198

Savoir vivre en couple 200

5. SAVOIR VIVRE LES GRANDS ÉVÉNEMENTS DE VOTRE VIE 205

Savoir vivre vos fiançailles et votre mariage 207
   Les conditions du mariage 207
   L'enlèvement 208
   La demande en mariage 208
   Les cadeaux du fiancé à la fiancée 209
   La bague de fiançailles 209
   Les fiançailles 210
   Le faire-part de mariage 211
   L'invitation à la réception 213
   Répondre à un faire-part de mariage 213
   La rupture de fiançailles 214
   Les alliances 214
   La gravure des alliances 215
   Trousseau, cadeaux et liste de mariage 215
   Les cadeaux de mariage 216
   Les remerciements 216
   La publication des bans 217
   Mariages express 217
   Les témoins 218
   Le jour du mariage 218

- *La tenue de la mariée* 219
- *La tenue du marié* 220
- *Les enfants d'honneur* 220
- *La tenue des invités* 221
- *Le mariage civil* 221
- *La cérémonie catholique* 222
- *La cérémonie protestante* 223
- *La cérémonie juive* 224
- *La photographie* 225
- *Le voyage de noces* 225
- *La lune de miel* 225
- *Noces de coton, noces de diamant* 226
- *Divorce, annulation et secondes noces* 226

Savoir vivre une naissance 230
- *La layette* 231
- *Les cadeaux* 231
- *Le choix du prénom* 232
- *La déclaration à la mairie* 235
- *Le faire-part de naissance* 236
- *Le faire-part d'adoption* 236
- *Les visites* 237
- *Les cadeaux* 237
- *Le choix du parrain et de la marraine* 238
- *La baptême catholique* 239
- *Le repas de baptême* 240
- *Le baptême protestant* 240
- *Le baptême juif* 241
- *Le baptême orthodoxe* 241
- *Le rite musulman* 242
- *Le baptême républicain* 242
- *Les remerciements* 242
- *La première communion* 243
- *La profession de foi* 243
- *La confirmation* 246
- *La bar mitsva* 247

Savoir vivre un deuil 248
- *Le faire-part* 248
- *L'enterrement* 250

TABLE

6. SAVOIR VIVRE AVEC VOS ENFANTS 251

Savoir éduquer ses enfants 253
    Les règles fondamentales 256
    Le savoir-vivre des enfants à la maison 260
    Le savoir-vivre des enfants chez les autres 268
    Le savoir-vivre des enfants dans la rue 270

Le savoir-vivre des adolescents 272
    Savoir cohabiter 272
    Conseils aux jeunes 272

Savoir-vivre et éducation religieuse 275

Savoir-vivre et éducation sexuelle 277

Savoir organiser des fêtes pour vos enfants 279
    Les goûters d'anniversaire 279
    Les boums 281
    Les rallyes 281

7. SAVOIR VIVRE A L'ÉTRANGER 285
    Savoir vivre en Allemagne 288
    Savoir vivre en Belgique 289
    Savoir vivre en Chine 291
    Savoir vivre au Danemark 293
    Savoir vivre en Espagne 294
    Savoir vivre aux États-Unis 297
    Savoir vivre en Grande-Bretagne 304
    Savoir vivre en Grèce 308
    Savoir vivre en Italie 309
    Savoir vivre au Japon 311
    Savoir vivre au Portugal 314

ANNEXE
Savoir porter et reconnaître les décorations 317

Bibliographie 321

*Cet ouvrage composé
par D.V. Arts Graphiques 28700 Francourville
a été achevé d'imprimer sur presse Cameron
dans les ateliers de Brodard et Taupin
à la Flèche (Sarthe)
en juin 1996
pour le compte des Éditions de l'Archipel
département éditorial
de la S.A.R.L. Écriture-Communication.*

Imprimé en France
N° d'édition : 96 – N° d'impression : 1400P-5
Dépôt légal : juin 1996